中國學術思想

研究輯刊

四十編

林 慶 彰 主編

第 4 冊

揚雄《太玄》思想研究

劉 為 博 著

花木蘭文化事業有限公司

國家圖書館出版品預行編目資料

揚雄《太玄》思想研究／劉為博 著 -- 初版 -- 新北市：花木
蘭文化事業有限公司，2024〔民 113〕
目 4+200 面；19×26 公分
（中國學術思想研究輯刊 四十編；第 4 冊）
ISBN 978-626-344-768-4（精裝）
1.CST：（漢）揚雄 2.CST：太玄 3.CST：學術思想
4.CST：哲學
030.8   113009251

ISBN-978-626-344-768-4

中國學術思想研究輯刊
四十編　第 四 冊　　　　　　　ISBN：978-626-344-768-4

揚雄《太玄》思想研究

作　　者　劉為博
主　　編　林慶彰
總 編 輯　杜潔祥
副總編輯　楊嘉樂
編輯主任　許郁翎
編　　輯　潘玟靜、蔡正宣　美術編輯　陳逸婷
出　　版　花木蘭文化事業有限公司
發 行 人　高小娟
聯絡地址　235 新北市中和區中安街七二號十三樓
　　　　　電話：02-2923-1455／傳真：02-2923-1452
網　　址　http://www.huamulan.tw 信箱 service@huamulans.com
印　　刷　普羅文化出版廣告事業
封面設計　劉開工作室
初　　版　2024 年 9 月
定　　價　四十編 15 冊（精裝）新台幣 40,000 元　　　版權所有・請勿翻印

揚雄《太玄》思想研究

劉為博　著

作者簡介

劉為博，1973 年生，輔仁大學博士、臺灣師範大學碩士畢業，任職於國立臺灣師大附中，現居台北市。斐陶斐榮譽學會 104 年榮譽會員。曾協助編輯漢學研究中心《兩漢諸子研究論著目錄資料庫》關鍵詞及類目表，並發表〈揚雄《法言》中的君子觀〉、〈試論嚴遵《老子指歸》的「道」〉、〈略論《史記》中的隱士〉等論文。醉心語文教學、秦漢學術及哲學思想。

提　要

　　《漢書・揚雄傳》說：揚雄以「經莫大於《易》，故作《太玄》」，可知《太玄》與《易》有相當密切的關係。一般把《太玄》當作「擬《易》」之仿作，輒因《易》的價值而忽略甚至輕視《太玄》之作。事實上，從時代背景觀之，《太玄》是有所寄託的個人創發；就學術思想而言，《太玄》是創新會通之作。《太玄》轉承黃老道家思想，重視儒家人倫，應用當時流行的陰陽五行及曆法、天文思想。它不僅為西漢的思想領域作了轉化與總結；也是一部可以代表漢代思想發展里程碑的鉅著。它不如《淮南子》的體系宏大，也沒有《論衡》「疾虛妄」的批判精神，但卻是綰合銜接這兩者思想的重要作品。

　　哲學思想部分，《太玄》結合《易》的精微思想，闡明氣化流轉理論並建立宇宙論體系。它也承《老子指歸》以「虛無」為本來解「玄」，這對後世（尤其是魏晉）哲學思想產生啟發之功，也就是說本體論的規模，在《太玄》中已初具。另外《太玄》中的「天」與「人」思想，是承《易》、《老》而來，鈎連了儒、道的特殊天人關係，建立了完整而繁複的數字系統，希望以此來套用、解說所有世間的事理。當然，它最主要的特色還是在突破其時災異思想與政治糾結的迷思，也因而孕生出另一股會通儒道的新思惟。

　　研究西漢後期學術思想，《太玄》是不可被忽視的重要作品。

目次

第一章　緒　論

西漢後期，社會與政治問題嚴重，身為士大夫的揚雄，對於政治亂象、社會問題、學術風氣無力改變，乃作《太玄》以明志，申明《易》理與道家「玄」理，訂立生命安頓的哲思以及趨福避禍的指導。除了展現當時知識份子治世濟世的熱忱企望，於今來者也可藉揚雄悉心撰寫的作品，一窺西漢宣、元之後學術思想的發展脈絡。

漢代經學興盛，重視家法師說，揚雄將《太玄》與《易》並列，是大膽嘗試之作。然當時學界各家競爭，《漢書・揚雄傳》說：「玄文多，故不著；觀之者難知，學之者難成。客有難玄大深，眾人之不好也」可知《太玄》在當時並沒有受到重視。但揚雄還是吸收當時天文、曆法、陰陽五行以及《易》學精華，用心建立了一套繁複的思想系統，對於爾後學術思想研究方向產生了影響，後代學者也發現其價值而投以關注。

本論文定題為「揚雄《太玄》思想研究」，旨在探討《太玄》一書中的哲學思想，並整理呈現歷代學著對於《太玄》研究的可觀成果，期待能一展《太玄》一書的思想特色與價值。

第一節　《太玄》的研究價值

《太玄》是西漢後期解《易》的作品中，及今所能見最獨特的著作。本節將擬定本論文之研究主題、範圍、動機、採取方法及步驟，簡介各章的主旨大綱，並制定論文架構、說明行文格式。

一、研究範圍

在研究範圍部分，本論文以探討漢代（西元前206年～西元220年）學術思想的傳承發展為主，並輔以西漢的政治、社會、經學、蜀學發展等外緣，以呈現《太玄》創作背景。論文核心是揚雄《太玄》的思想特色。計有以下四個研究面向：

文意的闡發：梳理文章的思想脈絡，並在歷代學者注解、校正、考據的說法與版本中，找到客觀合宜之解詮說法。

蘊涵的揭揚：透過詮釋，嘗試鉤勒出經由後代學者闡發，《太玄》所隱含的思想，並廓顯《太玄》的義理。

哲理的創發：分析比較《太玄》在中國哲學史及漢代哲學史中的思想特色及價值。

首象的詮解：在《太玄》篇傳詮解的過程中，對於「經文」與「傳文」所帶來不同層次的思想意義。

二、研究方法

本論文研究目的有三：

一、研探《太玄》的思想特色

二、呈顯《太玄》思想的創造性

三、整理《太玄》仿《易》在中國哲學史及《易》學研究上的成就與地位。

在研究方法的處理上，本文擬由三方展開：

（一）在文獻處理方面，參照整理前賢的研究成果，就目前所能見《太玄》文本篇章與注疏作考證的工夫，並將其版本、年代及文字研究考訂。

（二）採用歷史研究法，以歷史資料為據，探究西漢後期政治、社會、學術、天文、曆法方面的狀況，凸顯《太玄》一書在學術界的價值以及對後世的影響。

（三）在內容分析部分，擬採文本詮釋法作義理的疏通及哲學的思辯，統計歸納其文字所涵攝的思想特色；並以比較研究法將《太玄》的思想與西漢後期學術特質（比如讖緯、災異風行）、思想家的思維特色（比如桓譚、王充的理性思維）作比較分析，以呈顯《太玄》的思想體系及其特質。

因此，就詮釋角度而言，誠如海德格在〈何謂思維？〉（Was heisst Denken）中說：「每一翻譯已是一種詮釋」、「每一詮釋即是與原典及其話語之間的一種

對談」。〔註1〕我們永遠不知道「太玄」是什麼？我們知道的是「你了解的太玄」。從創造詮釋學的角度，來看待《太玄》的思想，當注重「層面分析法」，即：

「實謂」了解原作者或原典實際上說了什麼（包含：校勘、考證、校讎、版本）為前詮釋學的原典考證。

「意謂」詮釋者必須假定原典本文具有原作者真正的想法，「意謂」代表著「客觀意思」的存在，屬於析文詮釋學。

「蘊謂」原思想家可能表達什麼？他所說蘊涵什麼？（不論高低深淺），屬於歷史詮釋學。

「當謂」本來應當說出的。詮釋家應當如何重新表達原典本當表達的核心，屬於批判詮釋學。

「必謂」創謂〔註2〕——創造思考。原思想家如果於今必須（會）說出什麼，屬於創造的詮釋學。

關於《太玄》研究的版本、文字校訂及創作背景等問題，屬於「實謂」層次，本論文將集中第二章節；「意謂」、「蘊謂」的層次，則於本論文第三、四章的整理論述；至於《太玄》與當今哲學思想及漢代思想的關係，屬於「當謂」、「必謂」層次者，則將於本論文第五、六章呈現。

此外，對於《太玄》的形上學思想、氣論、尚智思想暨架構以及其價值理想的投射，本論文擬以「本體詮釋」的方式論之。所謂「本體詮釋學」（Onto-Hermeneutics）？成中英指出：「『本體』是中國哲學中的中心概念，兼含了『本』的思想與『體』的思想。本是根源，是歷史性，是時間性，是內在性；體是整體，是體系，是空間性，是外在性。『本體』因之是包含一切事物及其發生的

〔註1〕參見《Was heisst Denken》，Max Niemeyer，Tubingen，1984年，頁107、110。譯文轉引參考傅偉勳，《從創造的詮釋學到大乘佛學：「哲學與宗教」四集，臺北：東大，1999年5月，頁19。

〔註2〕傅偉勳「創造的詮釋學」中，「實謂」屬考據學、校讎學、版本學的課題，此層是文意探索前的準備工夫；「意謂」是根據「實謂」的研究，客觀詮釋原典的意思或作者意向，對文意進行分析，是依文解義的功夫；「蘊謂」和「當謂」則是去發掘原典的深層結構，探究原典可能的義理，說出原思想家應當說出的話；「創謂」則是哲理創造性的展現，超越原思想家的思想侷限，有突破性的理路創新。此處所言的「創造詮釋學」，參見傅偉勳〈創造的詮釋學及其應用——中國哲學方法論建構試論之一〉，《從創造的詮釋學到大乘佛學：「哲學與宗教」四集，臺北：東大，1999年5月，頁1～46。

宇宙系統，更體現在事物發生轉化的整體過程之中。因而『道』之一詞是本體的生動寫照，而『太極』之一詞則為本體的根源意義。就其質料言本體是氣，就其秩序言本體是理。」〔註3〕以「本」為源，探求「玄」的形上學宇宙論及本體論；以「體」為用，整理呈現《太玄》完整體系及有機系統的特色。

本論文對於《太玄》的思想研究，問題意識聚焦在：仿《易》的改造與超越（出）《易》的思想價值，這是本論文研究的重心。

在研究步驟部分，本論文將先由兩漢時期的社會、政治背景，學術方向、倫理思想等外緣問題作探討。然後進入研究重心，先後就漢代學者相關於《太玄》的研究以及注《易》的作品，作一闡發（如：由《易》與象數及災異的結合模式；《太玄》與《易》傳等相關《易》學著作的比較），以期呈顯《太玄》在漢代學術思想中的特殊價值。而如「氣」與「玄」的關係、以及《太玄》中呈現的天人關係、還有人倫關懷，也都將整理學者們的研究，作不同層面的探究與說明。最後，針對《太玄》對後代學術的影響，及其在哲學思想上的成就，加以整理呈現。

以下將《太玄》的研究價值加以重申：

首先，《太玄》之作，在經學發達的西漢後期，加上災異盛行，讖緯之說興起，所以揚雄以《易》為經之首而仿《易》作《太玄》，能夠吸收各家學說的精華又不囿於一端，竊以為這正是《太玄》的首要價值。其它如：蜀學的啟蒙、政治制度與社會狀況的關懷、對經學的改造、黃老學的傳承等，都是值得注意而可深入探討的論題。

其次，《太玄》是思辨性格濃厚的著作，關於《太玄》本身所擁有的思想特色，以及《太玄》對於桓譚、王充思想的影響，歷代學者對王充與揚雄的思想已提出比較。今將《太玄》作為主體思想，與整個漢代思潮及單一哲學家思想作一交叉比較，是本論文論述的重心。

西漢後期，黃老思想由政治理論的取向，轉向了個人對於道家思想的體悟與喜好。《太玄》之作，當為此思潮影響下的產出。此外，《易》與道家思想的連結乃至對於魏晉玄思的啟發，亦是此期值得關注的問題。總之，《太玄》受到西漢後期黃老思想影響，而它綜合儒道的仿《易》之作，在整個學術史上的地位，也應是被確立與強調的。

〔註3〕參見成中英〈何謂本體詮釋學〉，《本體與詮釋》，北京：北京三聯書店，2000年5月，頁5。

　　專門研究《太玄》的著述對於其價值的探討，是思想研究的另一塊資源寶藏。將《太玄》從只是「覆醬瓿」的「個人曆法」之作解放出來，才發現《太玄》是集合了漢代科學、天文學、曆法、經學、思想乃至於美學的巔峰之作。所以整理前賢的研究成果，或可以發現《太玄》在被揚雄完成的當下，都沒有被發掘出的價值。

第二節　歷來學者對《太玄》的評價

　　《太玄》一書的價值由由前文充分論述以可充分理解，歷代各家對於揚雄以及《太玄》一書的考據與評價之文甚多，本節所摘取的評語，集中擷取學者針對《太玄》一書的價值與影響的評語，並以民國為前後為兩階段，分別以「古人評介」與「今人綜述」兩類呈現。

一、古人評介

　　受到經學正統思想的影響，漢代對於《太玄》的整體價值與在學術上的定位，沒有予以肯定。然對於《太玄》的價值，其實在東漢已有桓譚、王充的肯定，在魏晉之後更有多位學者關注而加以褒揚，比如：魏晉玄學《易》、《老》、《莊》思想的會通，對於《易》學義理詮釋的重新重視，都可以在《太玄》思想中見其端。唐時王涯以丞相之位注《太玄》，宋時邵雍研究《太玄》，著《太玄準易圖》、《正玄》，其《皇極經世》亦深受《太玄》影響。司馬光《潛虛》也是「乃擬《太玄》而作」，以五行及河洛之數，建構其思想體系，並納入義理之學。這都是對於《太玄》服膺、肯定，仿而效之的鉅著。以下整理摘取歷代學者對於《太玄》的評語，列表呈現：

出　　處 〔註4〕	評價內容	補充說明
桓譚 〔註5〕	揚雄作玄書，以為玄者，天也，道也。言聖賢制法作事，皆引天道以為本統，而因附續萬類、王政、人事、法度，故宓羲氏謂之易，老子謂之道，孔子謂之元，而揚雄謂之玄。	

〔註4〕此表格所以之評論，凡未加註釋說明出處者，皆引自清朱彝尊，《經義考·擬經一·卷268》（第八冊），臺北：中研院文哲所籌備處，1997年6月。不將每一筆加注，直接在人名之後括號引用頁碼。

〔註5〕引文出自《後漢書·張衡傳·卷八十六》注。

張衡〔註6〕	吾觀太玄，方知子雲妙極道數，乃與五經相擬，非徒傳記之屬，使人難論陰陽之事，漢家得天下二百歲之書也。復二百歲，殆將終乎？所以作者之數，必顯一世，常然之符也。漢四百歲，玄其興矣	盛讚《太玄》之作是西漢二百年來的代表作，且將會是整個漢朝的代表作品。
陸績〔註7〕	雄建立玄經，與聖人同趣，雖周公繇大易，孔子修春秋，不能過是。論其所述，終年不能盡其美也。考之古今，宜曰聖人。	
王隱（74）	玄經雖妙，非益也，是以古人謂其屋下架屋。	
袁準（74）	太玄幽虛而少效。	
韓顯宗（74）	揚雄著太玄經，當時不免覆盎之談，二百年外則越諸子。	有經書的價值。
劉知幾〔註8〕	夫載筆立言，名流今古。如馬遷《史記》，能成一家；揚雄《太玄》，可傳千載。此則其事，尤大記之於傳，可也。	
吳祕（76）	太玄其事則述，其書則作。……與太初曆相應，亦有顓頊曆，此其事則述也。作二百四十三表、七百二十九贊、十一篇，此其書則作也。	
司馬光〔註9〕	易與太玄大抵道同而法異……殊途而同歸，百慮而一致，皆本於太極、兩儀、三才、四時、五行而歸於道德仁義禮也。	
楊時（80）	揚雄作太玄準易，此最為誑後學，後之人徒見其言艱深，其數汗漫，遂謂雄真有得於易，故不敢輕議，其實雄未嘗知易也。	
朱彧（80）	揚子雲作太玄以擬易，先儒已有屋下架屋之誚。於嘗讀之，拘拘於句法之蹈襲、字訓之模仿，信乎其不可也。	
鄭東卿（86）	揚雄之太玄，子明之洞極，仿易為書，泥於文字，後是忽之，以為屋下加屋，頭上安頭。	
朱熹〔註10〕	然而如太玄之類，亦是拙底工夫，道理不是如此。蓋天地間只有箇奇耦，奇是陽，耦是陰。春是少陽，夏是太陽，秋是少陰，冬是太陰。自二而四，自四	

〔註6〕參見《後漢書·張衡傳·卷八十六》。

〔註7〕參見《太玄經釋·述玄》，今收在司馬光校注，《太玄集注》，北京：中華書局，1998年9月，頁231。

〔註8〕參見劉知幾，《史通·外篇·卷十八》四庫叢刊史部第16冊，臺北：臺灣商務印書館，1979年11月，頁130。

〔註9〕參見司馬光校注，《太玄集注》，北京：中華書局，1998年9月，頁5。

〔註10〕參見《朱子語類·卷一三七》。

	而八，只恁推去，都走不得。而揚子卻添兩作三，謂之天地人，事事要分作三截。又且有氣而無朔，有日星而無月，恐不是道理。	
王炎（86）	為太玄曰：「吾以準易也。」無西子之美而效其顰，亦增其醜而已。	
陳淳（86）	太玄本為擬易而作也，而又參之以易緯以序卦氣，準之太初曆以考星度，蓋雜乎為書而不純於易；密於數而道則未也。	
陳埴（91）	太玄模仿周易，只是起數不同，先儒謂將易變作十部，太玄亦得，但無用耳。	
葉適（92）	以位當卦，以卦當日，出於漢人。若夫節候暑刻推其五行所寄，而吉凶禍福生之，至玄而益詳。	
高似孫（92）	揚雄氏欲以一人之力而規三聖所成之功，是為難乎。子雲豈不知此者，然子雲亦有得於易之學而欲自神其用。其曰：「天以不見為玄，地以不形為玄，人以腹心為玄」此子雲之所以神者也。子雲之意，其疾莽而作者乎？	以為太玄價值不在擬易、曆法、卦氣，而是證君臣上下去就之分。
趙汝楳（94）	揚子雲擬易以作太玄，而主於曆。	
林㮚（95）	淵哉，太玄之為書乎。……如有心於卦氣也，則去玄文可也，何必規規於聖人。……如有心於曆法也，則自為之名可也，而何必規規於聖人也。	
鮑雲龍（101）	學雖未純，亦一奇也，自先漢以來，至今千數百年，好之者不下一二十家。	至今，學者劉韶軍則整理出一百四十多位學者的評說〔註11〕。

　　歷來對於揚雄及其論述的評價甚多，此表格集中整理呈現學者對於《太玄》的評價。

　　歷代學者中，肯定《太玄》價值者，認為《太玄》思想特殊，推崇其仿經、達經的價值；否定《太玄》者，則多以屋下架屋，或者不知《易》、「玄虛少效」來反對它。比如晉人王隱就以《世說新語・文學》中謝安之語指出《太玄》仿《易》之多餘。其後宋時楊時、朱彧都持此說，以為《太玄》不如《易》而質疑其價值。

　　宋人吳秘在桓譚、張衡對《太玄》的稱讚後，提出了《太玄》「其事則述，

〔註11〕參見劉韶軍，《楊雄與《太玄》研究》，北京：人民出版社，2011 年 8 月，頁397。

其書則作」的看法，也點出了《太玄》與「曆法」相合的用心。值得注意的是，
自司馬溫公以「道同而法異」加強說明《易》與《太玄》思想的內在連繫後，
此後學者多針對《太玄》的體例與《易》及《易》傳作細部的比照，並且將關
注的焦點擺在「有沒有如《易》的價值」之上，也就是有沒有如「經」的價值。

二、今人綜述

　　民國以來，學者們在歷來《太玄》研究的基礎上，重新檢視並廓顯《太玄》
的思想與時代價值，對《太玄》展開更全面的探討與研究。由於學者們的努力，
以致今人對於《太玄》產生更全面的體認，並在論及《太玄》的價值時，也就
擁有更深刻的評價。由於大陸地區對於《太玄》的研究已有多部論著，且已有
學者收錄歷代學者對揚雄及《太玄》的評價、「玄圖」以及 1945 年以前（以大
陸為主）的研究成果記錄。所以，本論文以下製表節錄公元 1945 年以後，台
灣與香港關於《太玄》研究的成果。

出　處	評價內容	補充說明
羅光〔註12〕	這種勉強湊數的結構，和漢朝易學氣數的學者以卦爻配一年的日數相間，都不能和曆數相符合。 太玄僅只有一種架子，套上了漢朝的陰陽家的術語內容則空洞。	
徐復觀〔註13〕	揚雄另創一套符號數式，把它看成是玄的展現，而將儒、道、律、易、曆組成一個大系統，這只表現當時的學術風氣，及他的知識型的性格，向未知世界的熱心探求	
韋政通〔註14〕	他的主觀願望是會通孔、老之學，以求日漸腐朽的儒學得到大解放。 揚雄的《太玄》，對東漢張衡等人的科學成就，實具有啟迪之功，這使個人的心智經驗，所產生的價值不再限於個人。	指揚雄「玄乃為仁義而作」之說
勞思光〔註15〕	太玄一書所表現之思想，仍是以老子之形上觀念為主。 所謂以三生者，大抵指占法而言，占易取二為本，故四營而成易，今太玄取三為本，故極為九營，此皆可視為數字遊戲，無深意可論。	

〔註12〕參見羅光，《中國哲學思想史·羅光全書冊七》，臺北：學生書局，1996 年 8
　　　　月，頁 186。
〔註13〕參見徐復觀，《兩漢思想史·卷二》，臺北：學生書局，1976 年 6 月，頁 497。
〔註14〕參見韋政通，《中國思想史》（上），臺北：水牛圖書出版事業，1993 年 7 月，
　　　　頁 503～505。
〔註15〕參見勞思光，《新編中國哲學史·第二卷》，臺北：三民書局，1981 年 1 月，
　　　　頁 123。

蔡仁厚 〔註16〕	太玄是摹易之作，符號結構，看似甚巧，實則不免於鑿，不如易經原通合理，其演算系統也多強為牽合。	
岑溢成 〔註17〕	體系嚴密，以及用數為基礎來說明生成變化這兩方面，在中國哲學史上，揚雄太玄的成就是最為突出的。	
陳鼓應 〔註18〕	將一切自然與人文社會相關的所有事物羅織於其所構造之幽攤萬類的總體世界圖式中，表達其宇宙論與自然觀。	
陳福濱 〔註19〕	太玄經不僅模仿周易的形式、體例，同時也吸收了周易中一系列的概念、範疇、命題和學說，建構了自己的哲學體系，進一步闡發了周易的辯證思想，就整個辯證系統之觀點而言，太玄仍具其價值。	
趙中偉 〔註20〕	《太玄》的優點在於：1.運用思維論證，破除神學色彩 2.結合自然科學，建立三位邏輯 3.上承易老哲學，下開魏晉玄學。它的拘限性則是 1.以主觀框架硬套客觀事物 2.注重幽深神祕性，忽略主體健動性 3.因襲過甚，缺少創新。	以「玄」為主體思維的思想體系價值

由上引述可知，1945 年以後，《太玄》研究在台灣發展的趨勢：四大哲學家方、牟、羅、唐對於《太玄》的評述不多，並認為《太玄》是「勉強湊數的架子」、「空洞」。至勞思光時，點出了《太玄》的道家形上思想，韋政通則讚揚了《太玄》「會通」儒道的用心及科學精神。徐復觀是臺灣第一位專著漢代思想史之學者，他對於《太玄》的論述研究，也成為華人兩漢哲學思想界必參引的鉅著。陳福濱師首先以思想為主題，完成了揚雄的思想專著，自此台灣開始有多篇的學位論文以揚雄為主題。趙中偉師對「玄」的哲學義理作提點，可視為《太玄》思想在臺研究逐漸受到重視的一個重要指標。由香港馮樹勳陸續在《師大學報》及《政大學報》發表的〈太玄儒道思想歸趨辨〉、〈太玄與易的「殊途同歸」關係〉可知，《太玄》研究在台灣，由原本的乏人問津，逐漸轉為多樣且豐富的研究領域。

民國以來，《太玄》的研究面向大有拓展，蒙文通、嚴靈峰、鄭萬耕、劉韶軍等學者都對《太玄》做了輯佚、補注和校定的工作，而由諸位學者對其論述與評價觀之，也見到了《太玄》一書不同層面的價值：

〔註16〕 參見蔡仁厚，《中國哲學史大綱》，臺北：臺灣學生書局，1992 年 9 月，頁 95。
〔註17〕 參見岑溢成，《中國哲學史》，蘆洲：國立空中大學，1995 年 8 月，頁 289。
〔註18〕 參見陳鼓應，《道家易學建構》，臺北：臺灣商務印書館，2003 年 7 月，頁 157。
〔註19〕 參見陳福濱師，〈《太玄經》與《易經》的比較論「數」與「變化」〉，《哲學與文化》，第 21 卷 8 期，1994 年 8 月，頁 679。
〔註20〕 參見趙中偉師，〈揚雄《太玄》「玄」義的研究〉，《兩漢文學學術研討會論文集》，兩漢文學學術研討會籌備委員會，臺北：華嚴出版社，1995 年 5 月，頁 48～51。

在學術史的發展上，自學者證實《太玄》在西漢哀、平後的內容與版本流傳，已較能明白的指出《太玄》與時代思想（潮）間的互動關係，如對於黃老思想的承繼與轉向，與魏晉玄學興起可能的連繫等，都是民國以前的學者所未能盡言的。

在哲學思想方面，除了闡明《太玄》氣化流轉理論與宇宙論體系結合《易》思想的精微之外，學者也重視《太玄》承《老子指歸》以「虛無」為本的思想對後世（尤其是魏晉）哲學思想的啟發之功，也就是說本體論的規模在《太玄》中其實已初具。另外《太玄》中的「天」、「人」論證，是承《易》、《老》而來，鉤連儒、道的特殊天人關係，它最主要還是希望能破除災異思想帶引出迷信、權威訴求，從而孕生出另一種以敬德為本、不同於俗的思維。

而在時代背景方面，若回到西漢後期政治社會動亂的狀況觀之，則揚雄作《太玄》的人文關懷精神，實亦道家慈柔、儒家用世乃至陰陽家找尋宇宙秩序真理精神的高度發揚。雖因時代思潮的侷限，《太玄》未能導引經學系統的發展，但其尚智、愛人的用心，還是值得褒崇的。

第三節　前人研究成果檢討與論文大綱

本節整理《太玄》迄今為止的研究成果，包括：《太玄》成書的時間、卷數、流傳以及版本，以此為基礎，除了文本的客觀資料呈現，也整理歷來研究者的研究成果，從中理出《太玄》思想研究可能擁有的基礎與發展空間。

一、前人研究成果回顧

《太玄》是今存可見最早漢代仿《易》的創作，關於它的研究與流傳，本節以民國為界，分別簡介學者對於《太玄》的研究狀況。

（一）歷代關於《太玄》的整理與研究

《太玄》的研究始於三國時期。三國荊州宋衷作《太玄解詁》，是今可見第一位注《太玄》者〔註21〕，但它未對全部經文注解。其後東吳陸績《釋失》注本也都對於《太玄》加以注解，晉范望則吸收宋、陸兩人之注說，完成《太玄解贊》。

〔註21〕范望注：「本經三卷，雖有章句，辭尚婉妙，並宜訓解。且此書也，淹廢歷久，傳寫文字或有脫謬，宋君創之於前。」參見范望注，《太玄經》，北京：中國書店，萬玉堂本，2014 年 1 月，頁 58。

范注注意到漢代象數易學及陰陽五行學說與《太玄》的關係，並提出「家性」之說，以表示首名豐富的內容，他解〈玄搃〉：「謹問其性而審其家」時說「八十家各有同柔之性也審其家性以知休咎。」可知他重視玄首「家性」的陰陽剛柔之性及蘊含的變化之義。這也是目前研究《太玄》時代最近、最重要的著作。

　　唐代研究《太玄》的代表人物是王涯，著有《說玄》五篇，分別為：〈明宗〉、〈立例〉、〈揲法〉、〈占法〉、〈辨首〉。王涯繼承了王弼的易學思想，提出「首主」的思想，也和王弼一樣，王涯研究《太玄》側重義理，是《太玄》研究發展的新階段〔註22〕。

　　宋元時期，《太玄》的研究思潮進入一個高峰，相關著作有五十部以上，最具成就的當屬司馬光的《太玄集注》。六卷集注本注《經》、《首》、《測》，後有許翰《玄解》為後四卷作注並作「太玄曆」於後。《集注》卷首《太玄序》，司馬光介紹了漢到宋以來的注家，可說是一部簡明的《太玄》研究史；而《集注》本身採用漢宋以來七家注，再加上自己的考證及文字音義疏解，「司馬光幾乎已經是把《太玄》放在了易學詮釋或者說經典詮釋的地位上，這才是溫公於《太玄》最大的貢獻。〔註23〕」

　　明初有葉子奇的《太玄本旨》在序中提出八點對於《太玄》的疑問，他將《太玄》與周《易》進行比較，認為周《易》是「道」，而《太玄》只能視作「術」。清黃宗羲的《易學象數論》和胡煦的《周易函書約存》對《太玄》的筮法有詳細考察。陳本禮《太玄闡秘》以史解玄，對《太玄》中許多贊、測辭做了解釋注解，及詳盡的考據研究，強調揚雄的幽忠，以為《太玄》為刺莽之作。俞樾《諸子平議》中有〈太玄平議〉59條，學者說：「《太玄》校者甚少，樾之所撰，頗有可取。〔註24〕」清儒多因研究經書或是史書，對於揚雄及《太玄》關注就有研究撰述的空間。《漢書‧揚雄傳》是《漢書》中文字最長的一篇傳記，王先謙《漢書補注》載錄了中有疑義之處，學者往往也就以單一論著討論研究揚雄以及《太玄》的相關課題。

　　以上，便是民國之前，歷代學者研究《太玄》的成果簡述。

〔註22〕宋張演《太玄索引序》說：「唐王涯五論，頗為玄學所宗，然特明其事例之可言者與揲蓍之法而已，不足以盡《玄》也」參見《永樂大典‧卷4936》，頁8276。
〔註23〕田小中語，參見田小中，〈司馬光《太玄集注》研究〉，《重慶文理學院學報》（社會科學板）第32卷6期，2013年11月，頁34。
〔註24〕參見王雲五，《續修四庫全書提要‧子部數術類‧〈太玄平議〉提要‧1161～1162冊》，臺北：臺灣商務，1972年。

（二）民國以來關於《太玄》的整理與研究

民國之後，學者陸續整理歷代對於《太玄》研究的成果，重新發掘《太玄》的價值，並對《太玄》展開更深入的研究。

民國以來，在中國哲學、經學以及道家思想的研究方法上，不再侷限傳統一元的角度，而以人本的精神，重新回歸當代，去理解原典的特色。於是，相對於西漢後期以經學為主的「官方哲學」，學者注意到了民間思想的價值，提出了不同角度的理解，對於揚雄其人以及《太玄》的特殊價值，有了重新的判准，對《太玄》的研究也就進入新的領域。《古史辯》就指出《太玄》一書在《易》學系統中的特殊之處，見圖如下：

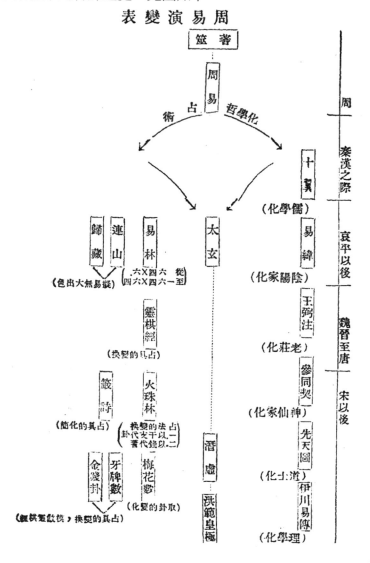

周易演變表

由上圖可知〔註25〕，顧頡剛已點出，司馬光仿《太玄》而作的《潛虛》，蔡沈《洪範皇極》都是屬於《太玄》一系，《易》學中以「數」為主，且介於占術與義理取向之間的作品。

　　江紹原最早作《太玄新解》於 1936 年至 1937 年間，連載於北平《華北日報》「中國占卜研究」專欄。臺灣的《太玄》思想研究，以 1993 年陳福濱師的《揚雄》為早期思想專論作品，1992 年李周龍《易學拾遺》則有兩章節論述《太玄》與周《易》的關係以及《太玄》的卜筮法。大約同一時期，大陸地區鄭萬耕著有《太玄校釋》、《揚雄及其太玄》，而《太玄校釋》一書更被張岱年譽為「近年研究古典哲學著作的新成就〔註26〕」。劉韶軍著有《太玄校注》，並將司馬光的《太玄集注》點校出版，另有《揚雄與太玄研究》一書，對於揚雄生平、《太玄》成書及《太玄》傳文解析，都有詳盡的考證說明。葉福翔《易玄虛研究》，由「易玄合論」和「易玄虛引論」三部分構成，先將周《易》、《太玄》作比對，再引入《潛虛》進行研究。黃開國的《一位玄靜的儒學倫理大師──揚雄思想初探》、王青的《揚雄評傳》以及香港劉殿爵、陳方正編《法言太玄經逐字索引》，以及馮樹勳在〈揚雄初仕與為郎考〉、〈《太玄》與《易》的「殊塗同歸」關係〉等都是《太玄》研究的重要著作。

　　在版本的整理與收集方面：李周龍的博士論文《揚雄學案》，對於《太玄》在台灣所能見的版本，作了詳盡的版本考據功夫。劉韶軍《揚雄與《太玄》研究》也對於《太玄》一書的版本、流傳、注解、校正作了全面的而詳盡研究。

　　在序跋評述的整理方面由這些序跋文獻的匯集，可以幫助我們了解歷來學者對於《太玄》的評價，也可掌握《太玄》在歷代的流傳狀況。嚴靈峰《周秦漢魏諸子知見書》詳細記錄了公元 1945 年以前《太玄》著作的卷數、作者、著作年代合簡單的內容介紹。劉韶軍《揚雄與《太玄》研究》一書以及解麗霞《揚雄與漢代經學》，都在全書正文之後，作了完整的歷代《太玄》序跋評述收錄。鄭萬耕《太玄校釋》的附錄部分，除了收錄諸家論《玄》的文字，還收錄了王薦、胡一桂、葉子奇、陳本禮的圖解。金生楊《漢唐巴蜀易學研究》中整理了「歷代

〔註25〕　參見顧頡剛，《古史辯‧第三冊‧周易筮辭考》，上海：上海古籍出版社，1982
　　　　　年 8 月，頁 254。
〔註26〕　參見鄭萬耕，《太玄校釋‧序》，北京：北京師範大學出版社，1989 年 2 月，
　　　　　頁 2。

《太玄》研究著作一覽表」〔註27〕。田小中《太玄易學思想研究》的附錄一〈六十年《太玄》研究綜述〉，則整理了大陸地區 1945 年以後的《太玄》研究成果。

在哲學史的論述方面：臺灣的中國哲學史，均將揚雄放入漢代哲學的研究領域中，比如徐復觀《兩漢思想史‧第二卷》、勞思光《新編中國哲學史‧第二卷》、羅光《中國哲學思想史(兩漢、南北朝篇)》……等，但對於《太玄》的看法，則略有不同〔註 28〕。大陸地區的哲學史著作中，則有：馮友蘭《中國哲學史新編》、張岱年《中國哲學史史料學》、任繼愈《中國哲學發展史》(秦漢)、鍾肇鵬等的《四川思想家》、金春鋒《漢代思想史》、祝瑞開《兩漢思想史》、王鐵《宋代易學》均有專門章節論及《太玄》〔註29〕，對於《太玄》的背景及哲學思想，都有詳盡的研究。另外，早期日本學者也對《太玄》的哲學思想，作了可觀的研究探討，比如：鈴木由次郎的《太玄易　研究》，不僅將每一筆首文都作中日文的翻譯對照，還將《太玄》與《潛虛》思想作比較，可見其研究的深入與精縝。

在學位論文的研究方面：在臺灣，關於《太玄》的第一篇博士論文是李周龍 1979 年 6 月臺灣師範大學國文學系所著之《揚雄學案》，它對於揚雄《太玄》思想做了完整而全面的考察。其後則有黃嘉琳，2007 年 6 月文化大學碩士論文《揚雄太玄法言之氣論思想研究》針對《太玄》思想做了分析。在中國大陸，則有劉韶軍《太玄校注》、田小中《太玄易學思想研究》兩篇博士論文對《太玄》作專門的研究。

單篇論文的研究，針對《太玄》作討論的方向，則更為廣闊〔註 30〕。計有：揚雄生平考證；《太玄》的思想體系；《太玄》的「三」進位架構；《太玄》的注本；《太玄》與《易》的關係；《太玄》與漢代思想；《太玄》首辭、贊辭解析；《太玄》的符號系統；《太玄》的押韻……等研究方向。

綜觀以上研究著作，清以前的學者，都偏重對於《太玄》一書的注解，並強調它與《易》的主從關係，即便如司馬溫公，還是重視《太玄》與《易》的關聯，然而，針對《太玄》本身，卻始終未能正視其為單一創作的價值。民國

〔註27〕參見金生楊，《漢唐巴蜀易學研究》，成都：四川巴蜀書社，2007 年 8 月，頁140～147。

〔註28〕參見本章第二節「歷來學者對《太玄》的評價」。

〔註29〕關於以上書目的詳細資料，請參見本論文參考書目的「單篇論文」之「專書論文」部份。

〔註30〕關於以上書目的詳細資料，請參見本論文參考書目的「單篇論文」之「期刊論文」部份。

以後，對《太玄》研究展現了多元的方向，對其研究內容包含了背景考據、哲學特色、文化特色、天文曆法、綜合比較、三進位的符號運算方式、以及思惟方式等論題的研探，竊以為如此全方位而多樣的研究，正是《太玄》研究領域興盛的時期表徵。

二、論文架構與大綱

本論文計分為七章，以下分別簡介各章的旨趣與研究綱要：

第一章　緒論，擬定本論文的研究動機與範圍，說明研究方法與步驟。本章以呈現《太玄》從成書迄今的研究成果為主，並載錄歷代學者對於《太玄》的評價，並整理說明《太玄》對於當代學術以及後代學說的影響。

第二章　本章探討的外緣問題在作者與作品的部分，其範圍包括：揚雄其人及生平，《太玄》成書的時間、卷數、真偽、版本……等相關問題，陳述並討論西漢在昭、宣之後，政治、社會、學術界的環境與問題，呈現《太玄》的成書背景；並藉由揚雄個人生平與志向的探討以及《太玄》的寫作特色整理，廓顯《太玄》之作在當時學術思潮、社會風氣以及《易》學研究中的特殊風格。末節並簡介《太玄》的體例格式。

第三章　針對《太玄》與《易》的體例、架構以及內容作比較。並介紹《太玄》的首名、首序、贊辭、測辭、筮法與占斷方式。

第四章　針對《太玄》傳文與《易》傳作比較。呈現《太玄》在架構摹擬之外，思想體系建立的特色與創意。

第五章　《太玄》中的形上思想，以道家思想的核心──「玄」所展開的哲學思想體系作論析。簡述《太玄》對道家道論的吸收與改造，呈顯《太玄》以虛無解玄以及宇宙論架構縝密的思想特色。

第六章　將《太玄》思想與當代思想作橫向的剖析，說明它與道家思想、儒家思想及漢代思想的聯繫。另外，縱向會通《太玄》與《易》、《易》傳的關係，和尚智、數化的理性思想對後代思想家以及魏晉玄學發展的影響。

第七章　結論，將本文的研究成果整理歸納。

第二章　揚雄與《太玄》

　　本章記載揚雄生平事略，並將歷代學者研究有所疑義的考據問題加以論證分析。而《太玄》成書時所屬的社會生活與學術環境，下文也將予以陳述說明。

第一節　揚雄其人與《太玄》之成書

　　關於揚雄生平的原始資料，主要見於《漢書・揚雄傳》〔註1〕

一、揚雄的生平

　　《漢書・揚雄傳》說：揚雄，字子雲，蜀郡成都人，生於漢宣帝甘露元年（公元前53年）。其生平事蹟，可分作三階段觀之〔註2〕：

（一）好賦

　　年少時候的揚雄，好學好深沈之思，且醉心於聖哲之書，不汲汲於富貴，儼然君子風範。家族在漢興時溯江處巴江州，後遷往郫縣，世代以農桑為業。揚雄是蜀地揚氏五世傳之子，家無儋石之儲，曾作〈逐貧賦〉自嘲，博覽好學，

〔註1〕 揚雄本人有〈自序〉傳，依據班固為太史公作序的體例，由「遷之《自敘》云爾」判斷「雄之《自序》云爾」以上所述當為揚雄〈自序〉傳原文。劉知幾《史通・雜說》：「班氏於司馬遷、揚雄，皆錄其《自敘》以為列傳也。」今尚有〈答劉歆書〉可供生平研究作資料佐證。

〔註2〕 在此參考徐復觀在《兩漢思想史・卷二》中之說作分點：四十四歲以前是作辭賦；四十四歲到五十七、八歲之間是作《太玄》；而《法言》之作則在五十八歲以後。臺北，學生，1976年6月，頁501。

不為章句，同為蜀人的司馬相如之成功途徑，是揚雄效法的對象。《漢書》說：「先是時，蜀有司馬相如，作賦甚弘麗都雅，雄心壯之，每作賦，常擬之以為式……。」揚雄至 43 歲（元延二年），呈〈甘泉賦〉，受到了漢成帝的欣賞，始在京城為黃門郎之官。此外，〈反離騷〉、〈成都城四隅銘〉、〈大人賦〉、〈河東賦〉、〈校獵賦〉、〈長楊賦〉等都是此期的名作。此階段揚雄除了以賦來展現才華，也希望以「曲終奏雅」的方式，達到諷諫的效果。

（二）草《玄》

「哀帝時，丁傅、董賢用事，諸附離之者，或起家至二千石。時雄方草太玄，有以自守，泊如也。」這階段朝廷被丁傅、董賢等人攬權，揚雄因而自覺「賦」的學術功能有「賦勸而不止」和「頗似俳優淳于髡、優孟之徒」之虞，所以他改變方向，致力於《太玄》學術體系的創發。此階段揚雄曾與劉歆、王莽先後為官，同時期為官的董賢、王莽也都在哀帝時位極三公，但揚雄還是淡泊自守，依舊官居黃門郎。

（三）完成《法言》、《方言》

從《太玄》到《法言》是揚雄學術思想上的大反省〔註3〕，他認為此期是由前兩期善賦及草《玄》的知識取向，走向對於當世學術思想關懷的向前伸展，由《法言·自序》可見到其作《法言》之原委和動機。而十五卷的《方言》（原名《輶軒使者絕代語釋別國方言》），則是他經過二十七年的努力，記錄各地不同的方言而成〔註4〕。

在新莽始建國二年（公元十年），揚雄因劉棻事件投天祿閣〔註5〕，幾死。時人為之語：「惟寂寞，自投閣；爰清靜，作符命。」之後，揚雄以病辭官，然後又被召為大夫，新莽天鳳五年（公元十八年）卒，享年七十一歲。

揚雄一生的三個階段，從漢朝到新朝，《漢書》說他「用心於內，不求於外」。此中「內」可解釋為內在修養、學術事業，「外」則是功名利祿、榮華富貴。所以無論是在人生抉擇或是學術研究的方向上，他都是一位認真為學且不

〔註3〕參見徐復觀，《兩漢思想史·卷二》，臺北：學生書局，1976 年 6 月，頁 501。
〔註4〕〈答劉歆書〉提到：「……故天下上計孝廉，及內郡衛卒會者，雄常把三寸弱翰，齎油素四尺，以問其異語，歸即以鉛摘次于槧，二十七歲於今矣。」
〔註5〕劉棻為劉歆之子，王莽時為侍中，封隆威侯。劉歆令棻從揚雄學作奇字。當時王莽擅自造作符命因而篡位，所以自立後下令永絕符命。居上公的劉棻卻與甄尋再作符命獻上，王莽位此株連殺害多人，因而牽連到曾教劉棻奇字的揚雄。治獄事使者找到揚雄時，揚雄恐不能自免，所以在獄史問案拘提時投閣。

汲汲於功名富貴的學者。

關於揚雄的生平，歷代有許多學者做了詳盡的研究，今針對其中有疑義的部分，提出加以論述：

（一）揚雄的姓氏

《漢書·揚雄傳》的一段記載，成為學者討論揚雄的姓氏的依據：

> 揚雄字子雲，蜀郡成都人也。其先出自有周伯僑者，以支庶初食采於晉之（楊）〔揚〕，因氏焉，不知伯僑周何別也。揚在河、汾之間，周衰而揚氏或稱侯，號曰揚侯。會晉六卿爭權，韓、魏、趙興而范中行、知伯弊。當是時，偪揚侯，揚侯逃於楚巫山，因家焉。楚漢之興也，揚氏遡江上，處巴江州。而揚季官至廬江太守，漢元鼎間避仇復遡江上，處岷山之陽曰郫，有田一土廛，有宅一區，世世以農桑為業。自季至雄，五世而傳一子，故雄亡它揚於蜀。

揚雄的祖先有一位叫周伯僑的，因為他是庶出之子，最早被分配到晉之「楊」地，於是就以地名作為他的姓氏了。但是如今也不知道周伯僑是誰的後代。清代學者段玉裁以為揚雄先祖楊侯就是春秋時晉國羊舌肸，因食邑在「楊」，又叫楊肸，所以子孫姓當為楊；他還舉楊修語「修家子雲」認為當從揚雄當與楊修為同一宗；又提出《廣韻》中「揚」字注下不言姓，三項論證說明「揚雄」當作「楊雄」。王念孫則以《漢書》各版本及各篇章比較，認為從「楊」者多，並舉〈鄭固碑〉「有楊烏（揚雄之子）之才」之例佐證之，王先謙從之〔註6〕，而提出：揚雄之前世系多從「楊」姓，故從「手」之說，當為唐以後之訛。在段玉裁、王先謙的考證後，汪榮寶的《法言義疏》及楊樹達的《漢書窺管》皆用「楊」為姓。

徐復觀對此說做了考證及辯駁，以為揚雄的姓當為「揚」。茲整理其論述如下：

1. 自唐以來，子雲之姓從「手」或從「木」早已紛歧不一，但古從「手」者眾。
2. 若唐人偽造〈自序〉，則抄寫時改姓由「揚」為「楊」者易，由「楊」改為「揚」較難。
3. 「揚」、「楊」兩字可同，同為郫縣的「楊姓」及蜀地之「楊姓」都不與揚雄同姓，而《漢書》記載揚氏改姓乃因五世祖楊季晚年避仇，可知「揚」為子雲（先祖）刻意為之。

〔註6〕參見王先謙，《漢書補注》第拾壹冊，上海：上海古籍出版社出版發行，2008年，頁5306。

4. 《說文·十二上》：「揚，飛舉也。」揚雄字號子雲，或出於此。

5. 《廣韻》不言姓而為姓之字多，以「湯」、「方」字為例。〔註7〕

學者根據徐氏的觀點延伸補充，認為子雲依據高祖〈大風歌〉合揚雄的姓與名；並根據《華陽國志》曾提及漢成帝郫縣的楊莊，但《漢書·揚雄傳》所說的「無它揚於蜀」，如果「揚」、「楊」兩字通同不分。〈揚雄傳〉自不會如此言〔註8〕。

　　由上，兩造學者的說法都言之有據，然《漢書》既以「揚」字記載揚雄的姓氏，且今所能見《漢書》最早的北宋景祐本、殿本都作「揚」，若沒有更新的相關史料，本文擬採徐氏之說，以從「手」部之「揚雄」作為關於揚雄論辯考訂後之確論。

（二）入京為官時間

　　揚雄從蜀地到長安作官的時間，此事產生爭議之處在於〈揚雄傳〉與班固論贊的部分內容有出入：

> 孝成帝時，客有薦雄文似相如者，上方郊祠甘泉泰畤、汾陰后土，
> 以求繼嗣，召雄待詔承明之庭。（《漢書·揚雄傳》）

> 初，雄年四十餘，自蜀來至游京師，大司馬車騎將軍王音奇其文雅，
> 召以為門下史，薦雄待詔，歲餘，奏羽獵賦，除為郎，給事黃門，
> 與王莽、劉歆並。（《漢書·揚雄傳·論贊》）

本傳提到永始三年（公元前14年），皇帝郊祠甘泉，揚雄39歲，已被推薦待詔承明之庭，始遊京任官。贊文提到揚雄受到王音賞識其文，召為門下史，且薦雄待詔，歲餘，揚雄奏〈羽獵賦〉時，則除為郎，給事黃門。若先得到客之薦（楊莊）待詔，又讓大司馬車騎將軍召為門下客，40多歲開始依序完成〈甘泉〉、〈河東〉、〈羽獵〉、〈長楊〉四賦，則本傳、贊文記載看似並無矛盾。

　　然根據考證，王音從陽朔三年任大司馬車騎將軍而卒於永始二年丙午，時揚雄40歲，據〈自序〉所載，所以《資治通鑑·考異》卷三十二注「揚雄待詔」時便說：「雄〈自序〉云：『上方郊祠甘泉泰，召雄待詔承明之庭，奏〈甘泉賦〉……』，是在今年，時王音卒已久，蓋王根也。」也就是說，40歲才遊京師，而元延二年，漢成帝率百官「郊祀甘泉，以求繼嗣」，揚雄43歲，才上

〔註7〕參見徐復觀，《兩漢思想史·卷二》，臺北：學生書局，1976年6月，頁445～449。

〔註8〕參見問永寧，〈試論揚雄的姓〉，《唐都學刊》第23卷第3期，2007年5月，頁20～23。

〈甘泉賦〉的揚雄，不可能見到當時已死去的王音。通鑑胡三省注以〈自序〉內文矛盾推論召揚雄為門下史的是王根而非王音，《四庫總目題要‧揚子雲集》亦從此說。徐復觀則藉揚雄另外的作品〈答劉歆書〉中提及楊莊推薦揚雄的時間，而推定今《漢書‧揚雄傳》所言之王音當為班固著書時之訛誤。今人劉韶軍引宋、明學者對此說的辨析與說法，並擬定九點歸納，當可作為揚雄入京為官時程之參考〔註9〕。劉氏考證歷代學者的種種辯解，認為或出於迴護仕莽之意，或專信王音而疑其它，或以王根代王音，皆不能合。但若除去王音，則《漢書》本傳前半段（即〈自序〉）的說法與班固的論贊之說並沒有矛盾。所以，或許可將班固引用王音資料的可信度保留、存疑。

此外，尚有學者，將揚雄入京為官時間推至 30 多歲，其論述亦言之有據，且值得參考〔註10〕。然根據本傳「初，雄年四十餘，自蜀來至游京師」的字句

〔註9〕 劉氏將揚雄入京時間考證整理分為九點：

1.揚雄至京歲數四十餘，周壽昌有「四為三之誤說」。（案古四作三，傳寫時由三字誤加一畫，應正作三十餘，始合，參見《漢書注校補》，收錄於《續修四庫全書》第 267 冊，卷 49，頁 783。）

2.揚雄卒年七十一歲

3.揚雄卒天鳳五年

4.揚雄至京時間為元延元年，時年四十一歲

5.四賦所上時間為元延二年正月、三月、十二月、三年秋（〈甘泉〉、〈河東〉、〈羽獵〉、〈長楊〉）

6.荐者為客，奏〈羽獵賦〉後除為黃門郎

7.仕莽、投閣、美新皆非烏有，不必迴護

8.生年當在甘露元年

9.〈自序〉與《漢書》本傳的矛盾，全在亦只是王音召為門下史並荐之事。王音之事，有確鑿證據證明其非是，故捨此而無不合。

參見《楊雄與《太玄》研究》，北京：人民出版社，2011 年 8 月，頁 42～43。

〔註10〕 董作賓〈方言學家揚雄年譜〉依周壽昌有「四為三之誤說」，指揚雄游京為 32歲。參見董作賓，〈方言學家揚雄年譜〉，《中山大學語言歷史學研究所週刊》第 8 集 85～87 期合刊，1929 年 6 月，頁 3481。

鄭文在〈對揚雄生平與作品的探索〉一文中說：「如《七略》之說，子雲在永始二年之前至京師，已在王音門下，後因揚莊之言，乃被召見，為黃門侍郎。不過，王音為大司馬，在陽朔三年（公元前 22 年）九月至永始二年（公元前15 年）正月，共七年多，這時子雲三十三歲至三十九歲。在這一段時間裡，成帝都沒有行幸甘泉為羽獵之事，自無所謂子雲作賦了。是本傳所謂王音『薦雄待詔，歲餘，奏《羽獵賦》，除為郎，給黃事門』為不確」。參見《文史》總24 期，1985 年，頁 204。

馮樹勳在〈揚雄初仕與為郎考〉提及：「揚雄的初仕經歷，以〈答劉歆書〉的寫作判斷，揚雄於陽朔元年（公元前 24 年），完成〈反離騷〉，即自蜀向長安

以及成帝甘泉郊祀的時間，本文認為當以元延二年，43 歲之後，上完〈甘泉賦〉、〈羽獵賦〉的揚雄，任官黃門郎為是。

（三）蓋天說與渾天說

揚雄的《太玄》所採取的天文學對天體的看法，後代學者亦加以紀錄與討論。《晉書・天文志》記載漢時成熟的天文學說有「論天三家」，即：「蓋天說〔註11〕」、「宣夜說〔註12〕」及「渾天說〔註13〕」。《漢書・揚雄傳》記載揚雄的看法是：

遊歷。陽朔三年（公元前22年），揚雄年33歲，值大司馬大將軍王鳳薨，由大司馬車騎將軍王音繼任，王音任用揚雄為門下史，並薦舉其人；而蜀人為郎的楊莊，則薦揚雄之文，以為似司馬相如。成帝因此於陽朔四年（公元前21年）任用揚雄為郎官，而劉歆早於河平年間已任職為郎，王莽則已於前一年藉由王鳳遺薦受任郎官，故確有與揚雄同官之事實。」參見《書目季刊》第四十三卷第二期，2009年9月，頁73～74。

〔註11〕《周髀算經》（參見《四部叢刊初編》第388～389冊，景上海涵芬樓藏明萬玉堂翻宋本。）記錄的蓋天說認為：「天圓如張蓋，地方如棋局。」《晉書・天文志》進一步記載：「其言天似蓋笠，地法覆槃，天地各中高外下。北極之下為天地之中，其地最高，而滂沱四隤，三光隱映，以為晝夜。天中高於外衡冬至日之所在六萬里。北極下地高於外衡下地亦六萬里，外衡高於北極下地二萬里。天地隆高相從，日去地恆八萬里。」
按照這個宇宙圖式，天是一個弧形，地也是一個弧形，就如同心球弧，兩個弧形的間距是八萬里。北極是「蓋笠」狀的天弧的中央，日月星辰繞之旋轉不息。蓋天說認為，日月星辰的出沒，並非真的出沒，而是因為離遠了就看不見，離得近就看見它們照耀。天和地形成半球殼一樣，這就是所謂的『天圓地方』的蓋天說。

〔註12〕《晉書・天文志・天體・卷十一》說：「宣夜之書亡，惟漢秘書郎郗萌記先師相傳云：天了無質，仰而瞻之，高遠無極，眼瞀精絕，故蒼蒼然也。譬之旁望遠道之黃山而皆青，俯察千仞之深谷而幽黑。夫青非真色，而黑非有體也。日月眾星，自然浮生虛空之中，其行其止皆須氣焉。是以七曜（指日、月及金、木、水、火、土五星）或逝或住，或順或逆，伏見無常，進退不同，由乎無所根繫，故各異也。故辰極常居其所，而北斗不與眾星同沒也；攝提、填星皆東行，日行一度；月行十三度。遲疾任情，其無所繫著可知矣，若綴附天體，不得爾也。」可知東漢秘書郎郗萌記載宣夜說：宇宙是無限的，天體飄浮在虛空之中，互相遠離，受「氣」的推動而運行，進退不一，而只有北辰北斗步與星同沒。此說不認為天有某種形狀，只對天作了定性的簡述。

〔註13〕《晉書・天文志・天體・卷十一》：「渾天如雞子，天體圓如彈丸，地如雞中黃，孤居於內。天大而地小。天表裡有水，天之包地，猶殼之裹黃。天地各乘氣而立，載水而浮周天三百六十五度四分度之一。……天轉，如車轂之運也。周旋無端，其形渾渾，故曰渾天也。」渾天說認為天是雞蛋，地是蛋黃，天大地小，天表有水包圍著地。

　　　　大潭思渾天，參摹而四分之，極於八十一。旁則三摹九據，極之七
　　　　百二十九贊，亦自然之道也。

而《法言·重黎》也言

　　　　或問「渾天」。曰：「落下閎營之，鮮於妄人度之，耿中丞象之，幾
　　　　乎！幾乎！莫之能違也。」「請問『蓋天』。」曰：「蓋哉！蓋哉！應
　　　　難未幾也。」

由《漢書》本傳「大潭思渾天」之句可知，《太玄》之作當是以渾天說為據，
開展其天地人三玄、四分、九據的思想體系。而《法言·重黎》之文句，更是
明白的展現揚雄對於渾天說的支持。

　　只是根據史籍的記錄，我們可以進一步得知揚雄的認知態度轉變的過程：

　　　　通人揚子雲因眾儒之說天，以天為如蓋轉。常左旋，日月星辰，隨
　　　　而東西。乃圖書形體行度，參以四時曆數昏晝夜，欲為世人立紀律，
　　　　以垂法後嗣。余難之曰：「春秋晝夜欲等平，旦日出于卯，正東方，
　　　　暮日入于酉，正西方。今以天下人占視之，此乃人之卯酉，非天卯
　　　　酉。天之卯酉，當北斗極。北斗極天樞，樞，天軸也。猶蓋有保斗
　　　　矣。蓋雖轉而保斗不移，天亦轉周，斗極常在。知為天之中也。仰
　　　　視之，又在北，不正在人上。而春秋分時，日出入乃在斗南，如蓋
　　　　轉，則北道近，南道遠，彼晝夜刻漏之數，何從等平」子雲無以解
　　　　也。後與子雲奏事待報，坐白虎殿廊廡下，以寒故，背日曝背。有
　　　　頃，日光去背，不復曝焉。因以示子雲曰：「天即蓋轉而日西行，其
　　　　光影當照此廊下而稍東耳。無乃是反應渾天家法焉。」子雲立壞其
　　　　所作，則儒家以為天左轉非也。（《晉書·天文志》）

　　　　揚子雲好天文，問之于黃門作渾天老工。曰：「我少能作其事，但隨
　　　　尺寸法度，殊不曉達其意，然稍稍益愈，到今七十，乃甫適知，已
　　　　又老且死矣。今我兒子愛學作之，亦當復年如我乃蟯知，已又且復
　　　　死焉。」其言可悲可笑也。（桓譚《新論》〔註14〕）

從上兩段文字可知：

1. 對於天體的看法，揚雄本來所持是與當時學者一般的蓋天說。
2. 白虎殿廊廡「奏事待報」可知他與桓譚曾同朝為官。

〔註14〕參見隋·虞世南，《北堂書鈔·渾儀十·卷一百三十》，臺北：宏業出版社，1974
　　　年10月。

3. 揚雄本與桓譚所持想法不同，然一旦接受了桓譚的解說，就放下了自己本來的立場，且鑽研渾天說至老。

4. 桓譚質疑蓋天說的重點有四，分別為：

（1）「人之卯酉，非天卯酉」

（2）「仰視之（天之中），又在北，不正在人上」

（3）春秋分時日行經的路線，較北道近，較南道遠（蓋天說假設有七衡的日道），但刻漏之數日夜均分卻沒有差別（此例正是之後揚雄作〈難蓋天八事〉的第二問）。

（4）在於「天若如推磨右轉而日西行者，其光景當照此廊下稍而東耳，不當拔出去。」（《晉書·天文志》）他認為如果依照蓋天說，日光影應該水平移動而不會消失。桓譚以此說服揚雄改相信「渾天說」。

5. 好學、好天文的揚雄，不須臾以息，問學於渾天老工，且以「學如不及」為嘆。

其後，揚雄還作〈難蓋天八事〉〔註15〕申明自己對於天文學的看法及立場。

其實，當時的天文學觀念，還未能生出「大地是球體」的想法，所以所謂

〔註15〕其文如下：

其一云：日之東行，循黃道，晝〔夜〕中規，牽牛距北極北〈當作南〉百一十度，東井距北極南七十度，並百八十度，周三徑一，二十八宿周天當五百四十度，今三百六十度，何也？

其二曰：春秋分之日正出在卯，入在酉，而晝漏五十刻，即天蓋轉，夜當倍晝。今夜亦五十刻，何也？

其三曰：日入而星見，日出而不見，即斗下見日六月，不見日六月。北斗亦當見六月，不見六月。今夜常見，何也？

其四曰：以蓋圖視天河，起斗而東入狼弧間，曲如輪。今視天河，直如繩，何也？

其五曰：周天二十八宿，以蓋圖視天，星見者當少，不見者當多。今見與不見等，何出入無冬夏，而兩宿十四星常見，不以日長短故見有多少，何也？

其六曰：天至高也，地至卑也。日託天而旋，可謂至高矣，縱人目可奪，水與影不可奪也。今從高山之上，設水平以望日，則日出水平下，景上行，何也？若天體常高，地體常卑，日無出下之理，於是蓋天無以對也。

其七曰：視物近則大，遠則小。今日與北斗近我而小，遠我而大，何也？

其八曰：視蓋橑與車輻間，近杠轂即密，益遠益疏。今北極為天杠轂，二十八宿為天橑輻，以星度度天，南方次地星間當數倍。今交密，何也？

關於此八事：一、二、五條針對蓋天說的〈七衡〉圖作質疑；六、七條以物理概念作提問；四、八條討論蓋天的「天河」當為直而非彎曲；三條質疑日落當為下地而非看不見。

渾天、蓋天，焦點只是在解釋天象作周日旋轉方式的不同（是否出入地下）。但對於天文學，揚雄仍然悉心探究且時刻修正。依此，則可以看出揚雄確實是一位認真追求學術真理的學者。

（四）《方言》與〈答劉歆書〉

《漢書》本傳以及藝文志都未收錄揚雄《方言》（原名《輶軒使者絕代語釋別國方言》）之作，然而東漢應劭《風俗通義》說：

> 周、秦常以歲八月遣輶軒之使，求異代方言，還奏籍之，藏於秘室。及嬴氏之亡，遺脫漏棄，無見之者。蜀人嚴君平有千餘言，林閭翁孺才有梗概之法。楊雄好之，天下孝廉〔註16〕、衛卒〔註17〕交會，周章質問，以次注續，二十七年，爾乃治正，凡九千字，其所發明，猶未若《爾雅》之閎麗也，張竦〔註18〕以為懸諸日月不刊之書。

《華陽國志‧卷十》補充林閭其人：

> 林閭，字公孺，臨邛人也。善古學。古者，天子有輶車之使，自漢興以來，劉向之徒但聞其官，不詳其職。「職」廖本衍。他本無。惟閭與「嚴」〔莊〕君平知之，曰：「此使考八方之風雅，通九州之異同，主海內之音韻，使人主居高堂知天下風俗也。」揚雄聞而師之，因此作《方言》。閭隱遯，世莫聞也。

異代方言者，異謂異語，代謂代語，語言隨著時間與地域演變。周秦時已有人采集方言，揚雄在前人的基礎上，以周秦殘存資料為本，收集整理各地方言。揚雄向天下孝廉、衛士周章質問，正因其風異俗殊，所尚不同也。郭璞注《方言》（《涵芬樓四部叢刊本》）序：「蓋聞方言之作，出乎輶軒之使，所以巡遊萬國，采覽異言，車軌之所交，人跡之所蹈，靡不畢載，以為奏籍。」可知輶軒之使之任務以及《方言》成書的原委。林閭與嚴遵皆蜀地的隱君子，揚雄從而問學，之後入京師為官，則持續二十七年，最終完成了《方言》，由是可知《方言》一書的流傳記錄。《漢書》本傳舉揚雄「經、傳、史、箴」四類作品為例，沒有提到《方言》，本為一般，並不代表揚雄未作此書。

〔註16〕《漢書‧武帝本紀》：「元光元年冬十一月，初令郡國舉孝廉各一人。」顏師古注曰：「孝謂善事父母者，廉謂清潔有廉隅者。」

〔註17〕《漢書‧百官志‧五注引漢官儀》：「民年二十三為正，一歲以為衛士，……年五十六老衰，乃得免為民，就田。」衛卒即衛士。

〔註18〕張竦，字伯松，見《漢書‧張敞杜鄴陳遵傳》，即王莽傳所謂「欲求封，過張伯松」者也。

揚雄作《方言》十三卷，劉歆寫信向他索取，揚雄寫了〈答劉新書〉回絕了他。這本是研究揚雄生平以及證明《方言》為揚雄作品的重要證據，但宋洪邁《容齋隨筆・三筆・卷第十五》提出了質疑：

> 別國方言今世所傳揚子雲《輶軒使者絕代語釋別國方言》，凡十三卷，郭璞序而解之。其末又有漢成帝時劉子駿與雄書，從取《方言》，及雄答書。以予考之，殆非也。雄自序所為文，《漢史》本傳但云：「經莫大於《易》，故作《太玄》；傳莫大於《論語》，作《法言》；史篇莫善於《倉頡》，作《訓纂》；箴莫善於《虞箴》，作《州箴》；賦莫深於《離騷》，反而廣之；辭莫麗於相如，作四賦。」雄平生所為文盡於是矣，初無所謂《方言》。《漢・藝文志》小學有《訓纂》一篇。儒家有雄所序三十八篇，注云：「《太玄》十九，《法言》十三，樂四，箴二。」雜賦有雄賦十二篇，亦不載《方言》。觀其答劉子駿書，稱「蜀人嚴君平」，按君平本姓莊，漢顯帝諱莊，始改曰「嚴」。《法言》所稱「蜀莊沈冥，蜀莊之才之珍，吾珍莊也」，皆是本字，何獨至此書而曰「嚴」。又子駿只從之求書，而答云：「必欲脅之以威，陵之以武，則縊死以從命也！」何至是哉？既云成帝時子駿與雄書，而其中乃云孝成皇帝，反覆抵牾。又書稱「汝、潁之間」，先漢人無此語也，必漢、魏之際，好事者為之云。

洪邁提出了：《漢書》未載、避諱、成書時間等論點質疑〈答劉歆書〉，認為是後人好事者偽作。關於《漢書》未載，前文已提及[註19]。關於避諱，早在唐谷神子序注嚴遵《老子指歸》中便提及：「嚴君平者，蜀郡成都人也。姓莊氏，故稱莊子。東漢章和之間，班固作漢書，避明帝諱，更之為『嚴』，莊嚴亦古今之通語。」而揚雄言嚴而不避諱，既莊、嚴為通語，則揚雄亦無需避此諱。關於成書時間，「孝成皇帝」與「成帝」的「反覆抵牾」之處，戴震認為是後人所加[註20]。

若〈答劉歆書〉為真，則不僅《方言》一書得以確定為揚雄所作，也可以作為揚雄生平研究的重要參考資料。然今未見《漢書》及郭璞作注時更多的相

[註19] 戴震亦言：《漢書》「溢於雄傳及〈藝文志〉外者甚多」及「班固次《雄傳》及〈藝文志〉，不知其有此」的說法。參見《戴東原集・漢書藝文志諸子略考釋・卷十》。

[註20] 戴震認為，和劉歆書信題目混在一起的五十二字，「不知何人所記，宋本已有之。」參見《戴東原集・漢書藝文志諸子略考釋・卷十》。

關資料可以佐證。所以，在學術研究的領域，或許還有等待更多的史料來證成，考據〈答劉歆書〉之真偽。

（五）〈劇秦美新〉

〈劇秦美新〉是一篇封事文章，他模仿司馬相如的〈封禪文〉，上書給王莽，旨在指斥秦朝，稱美新朝。根據序言中「中散大夫」和「陛下」、「臣」的稱呼，可知其文當完成在揚雄投閣未死，以病辭官未成，重新任官之晚年。然而揚雄的人格，因為〈劇秦美新〉一文，成為爭議的話題，今將這些意見分作三派，羅列如下：

1.認為〈劇秦美新〉之作有損揚雄的人格的：

人　物	原　文	出　處
李善	王莽潛移龜鼎，子云進不能辟戟丹墀，亢辭鯁議，退不能草玄虛室，頤性全真，叩反露才以耽寵，詭情以懷祿，素餐所刺，何以加焉，抱朴方之，仲尼斯為過矣。	《文選注》
朱熹	莽大夫揚雄卒	《資治通鑑綱目》
王應麟	《法言》末篇稱漢公，斯言之玷，過于〈美新〉矣。司馬公雖曲為之說辯，然不能滌莽大夫之羞也。	《困學記聞》
顏之推	揚雄德敗美新。	《顏氏家訓・文章第九》
徐師曾	美新之文，遺臭萬年	《文體明辨》

2.認為〈劇秦美新〉之作無損揚雄的人格的：

人　物	原　文	出　處
司馬光	何武鮑宣以名高及禍，故揚子不得不遜辭以避害也。	汪榮寶《法言注》
宋咸	夫舉其可取不取之因，明其不可取而取之事，則子云罪莽亦大矣	汪榮寶《法言注》
張澍	怨家取《法言》援筆益之。	《蜀典》
李充	揚子論秦之劇，稱新之美，此乃計其勝負，比其優劣之義。	《翰林論》
陳本禮	刺莽之作	《太玄闡秘》

3.持中論者：

人　物	原　文	出　處
李周翰	為將悅莽意，求免於禍，非本情之作	《文選注》
洪容齋	揚雄仕漢，親蹈王莽之變，退托其身於列大夫中，抱道沒齒。世儒或以《劇秦美新》貶之；是不然，此雄不得已而作也。夫誦述新莽之德，止能美於暴秦，其深意固可知矣。序所言配五帝冠三王，開闢以來未之聞，直以戲莽爾。	《容齋隨筆》卷十三〈晏子揚雄〉
章炳麟	嘗為〈劇秦美新〉以獻，外示符命，內實以亡秦相風切。	《檢論・揚顏錢別錄》
徐復觀	當作於投閣之後，意在免死。	《兩漢思想史》頁459

以上諸家之說，都是關於揚雄〈劇秦美新〉的評論，我們可歸納出以下幾點：

（1）質疑揚雄人格者，多著眼於揚雄未能為漢室盡忠，也不能隱居守節，而「露才以耽寵，詭情以懷祿」於新莽政權，所以是「德敗美新」。

（2）為揚雄人格辯解者，則著眼於揚雄為文是「不得已」、「非本情」且有寄託，甚或是嘲諷之作。

（3）「耽寵」、「不得已」是後人的猜測；而「求全」及「三世不徙官」則是揚雄的表現。

　　由〈劇秦美新〉文字本身的內容觀之，有學者認為：「夫誦述新莽之德，止能美於暴秦」認為文章一開始序言提到「配五帝、冠三王」是反諷的戲言。若依照此觀點來對漢初「過秦」思潮作反思，則在「劇秦」和「美新」的中間，揚雄略過了「過漢」或「宣漢」的立場，就是說即使他稱美新朝，卻也沒有背德於漢。而對於王莽即位時「順天應人〔註21〕」的天命與作法，揚雄顯然也有所期待。所以文末要王莽作封禪之舉，當不是譏諷之言，而是一種接受現實的作法。

〔註21〕錢穆《國史大綱・第三編・第八章》（上）便說：「王莽受禪，一面循著漢儒政治理論之自然趨勢，一面自有其外戚的地位及王莽個人之名譽為憑藉。王莽姑母為孝元皇后。元帝后，成、哀、平三君皆不壽，莽諸父鳳、音、商、根相繼執政而及莽，莽之地望已尊。莽又不失書生本色，治禮，務恭儉，迂執信古而負大志，又恰合時代潮流。漢儒群主讓賢，而苦無一種明白的選賢制度，王莽在政治上、學術上均足膺此選格，遂為一時群情所歸向。【莽為宰衡辭封，上書者吏民四十八萬七千五百七十二人，反莽者惟劉崇、翟義】，頁152。

　　至於〈劇秦美新〉之作以及《法言》中稱讚王莽之文句，是否就是揚雄一生的重大過失，則根據他可能的寫作時間次序作參照，《法言》的完成當在王莽代漢之前〔註22〕。以其後改朝換代的惡劣環境，揚雄未盡死節，又為文稱許王莽並參與新莽政權，以致為講究氣節及尊崇君權的朱子所指責。但據史書所載，在哀帝時不附離丁傅董賢的揚雄，王莽時辭官不成而擔任中散大夫的他，還是甘於恬澹，潛心於學，校書天祿閣，努力於學術研究，相較於曾同期為官的劉歆，揚雄也始終沒有藉勢干祿求進的行為。所以或許〈劇秦美新〉一文真是求全而非本情之作，然若因此將樸實出色的學者揚雄，作人格上的全盤否定，似乎也有偏頗之虞。

　　徐復觀論及揚雄的人生形態，說到漢代知識份子重視道德感與政治性，而強調揚雄「知識型」的人生形態〔註23〕。他上賦呈言，以曲終奏雅的方式，盡知識份子的言責。但成哀之世的政治腐敗以及社會混亂乃至於王莽的改易江山時，當無力挽回政治情勢時，揚雄所展現的態度，不是喪志屈從或投機靠攏，而是有所不為的、繼續堅持自己的學術研究。所以他草《玄》建立了一個無所不包的系統，希望可以作凡人在禍福相倚的世間趨吉避凶的指引；作《法言》以傳達聖人之志，並對抗當時學界經學讖緯發展的亂象。總之，他將自己寄託在學術的研究之中，卻不脫離對於當時政事與世風的關懷，所以韓愈以「大醇而小疵」（〈讀荀子〉）譽之，而程頤以「儒者氣象〔註24〕」稱之。

二、《太玄》的成書

　　《漢書・揚雄傳》：「哀帝時，丁傅董賢用事，諸附離之者，或起家至二千石。時雄方草太玄，有以自守，泊如也。」關於《太玄》的成書，人、時、事在史書上都有記載，然今本與揚雄創作時的原貌已有所不同。所以學者加以考證整理其書相關研究問題如下：

〔註22〕劉保貞即執此說：「《法言》一書當完成于漢平帝時期王莽取得『宰衡』稱號不久，《孝至》後半篇中讚美王莽的文字，既不是揚雄為了謀得某種好處而有意媚莽，也不是為避禍而寫的遜避之詞，而是反映揚雄在當時真心擁護王莽採取的政策。」參見〈從《孝至》後半篇看揚雄對王莽的態度〉，《晉揚學刊》2003年第3期，2003年9月，頁73。

〔註23〕參見徐復觀，《兩漢思想史・卷二》，臺北：學生書局，1976年6月，頁460。

〔註24〕「自漢以來，惟有三人近儒者氣象：大毛公、董仲舒、揚雄。」參見《二程遺書・伊川先生語四・十八卷》，上海：上海古籍出版社，2000年12月，頁284。

（一）寫作時間

根據漢書記載，「丁傅董賢用事」的時間就是揚雄草《玄》的時間，丁、傅用事的時間是哀帝建平年間〔註25〕，董賢執政〔註26〕約是元壽二年。建元是漢哀帝的第一個年號，共四年（從公元前6年～公元前3年）。元壽是西漢時期皇帝漢哀帝劉欣的第三個年號，共兩年（從公元前2年～公元前1年）既言「丁傅董賢用事」，可知揚雄始作《太玄》的時間，當在哀帝在位，公元前四年到前一年間，而揚雄其時為五十歲左右。

只是《漢書》說「時雄方『草』太玄」，可知從起草到《太玄》的完成，則約當為平帝即位後之事了。

（二）卷數

《四庫全書總目·子部·術數》說：

> 《漢書·藝文志》稱揚雄所序三十八篇，《太玄》十九，其本傳則稱《太玄》三方、九州、二十七部、八十一家、二百四十三表、七百二十九贊，分為三卷。分為三卷，曰一、二、三與太初曆相應。又稱有〈首〉、〈衝〉、〈錯〉、〈測〉、〈攡〉、〈瑩〉、〈數〉、〈文〉、〈掜〉、〈圖〉、〈告〉十一篇，皆以解剝玄體，離散其文，章句尚不存焉，與〈藝文志〉十九篇之說已相違異。桓譚《新論》則稱《太玄》經三篇，傳十二篇，合之乃十五篇，較本傳又多一篇。案阮孝緒稱《太玄經》九卷，雄自作章句。疑〈漢志〉所云十九篇，乃合其章句言之。今章句已佚，故篇數有異。至桓譚《新論》則世無傳本，惟諸書遞相援引，或十一為十二耳。以今本校之，其篇名、篇數一一與本傳皆合，固未嘗有脫佚也。

從這段話可知本來《太玄》全文應包括《玄》經、《玄》傳、〈章句〉三部分。其中玄經為《太玄》經文；《玄》傳即《太玄》的〈首〉、〈衝〉、〈錯〉、〈測〉、〈攡〉、〈瑩〉、〈數〉、〈文〉、〈掜〉、〈圖〉、〈告〉十一篇解釋經文的篇著傳；〈章句〉則在《漢書》本傳中說「章句尚不存焉」，今已亡佚。考察《四庫》學者

〔註25〕《漢書·百官公卿表·卷十九》：「傅喜為建平元年四月，侍中光祿大夫，十月由衛尉升右將軍。」〈薛宣朱博傳〉說：「太后從弟高武侯傅喜為大司馬，與丞相孔光、大司空師丹共持正議。」等到傅喜被免職，據《漢書·百官公卿表》的記載：「大司馬喜免。陽安侯丁明為大司馬衛將軍」已是建平二年之事。

〔註26〕《漢書·哀帝紀·卷十一》：「元壽二年五月，正三公官分職。大司馬衛將軍董賢為大司馬。」

說法，有兩個重點可以討論，第一是《太玄》的篇數，第二是〈章句〉存在與否。

首先，《太玄》傳文應為十一篇還是十二篇。《漢書・藝文志》所記《太玄》《玄》傳為十一篇，至桓譚（？～公元56年）時，所見本篇數則為十二篇。隋代蕭該《漢書音義》說：「劉向《別錄》：『揚雄經目有玄首、玄衝、玄測、玄舒』，今人不見《太玄經》及《別錄》，以玄首、玄衝、玄錯、玄測、玄攡、玄瑩、玄數、玄文、玄掜、玄圖、玄告、玄問，合十二篇，今《漢書》只有〈首〉、〈衝〉、〈錯〉、〈測〉、〈攡〉、〈瑩〉、〈數〉、〈文〉、〈掜〉、〈圖〉、〈告〉十一篇〔註27〕。」後人遂有十二篇之說。然關於此說，《四庫》文中已有解答。它說「以今本校之，其篇名、篇數一一與本傳皆合」，可知桓譚所言之本既無傳本，且其後宋衷、陸績、范望之注本皆為《漢書》所載的十一篇，所以不論〈玄舒〉或〈玄問〉，都不屬今傳本之所見。故本論文取以「十一篇」傳文作為研究的範圍。

而在《漢書・藝文志》所提到「揚雄所序的三十八篇」中，班固注稱《太玄》十九。為了說明這十九之數，許多學者提出了看法，包括玄經三篇，玄說十二篇，〈章句〉四篇。《漢書》本傳所載言「分為三卷」、「有首、衝……、告十一篇」，即《玄》經三篇，《玄》傳十一篇，無〈章句〉，與今本同。關於「十九」之數，《四庫》認為「〈漢志〉所云十九篇，乃合其章句言之。今章句已佚，故篇數有異」，所以今不見章句，則「經三」加上「傳十一」或許加上以遺失的章句，便能湊成「十九」之數。關於此點，學者考證，以為所謂章句，當為揚雄草《玄》時的草稿資料總數，而當《太玄》完成後，便不傳於世〔註28〕。

由上述資料考訂，本論文研究之《太玄》以今傳本《玄》經三卷、《玄》傳十一篇為據。

（三）流傳

《太玄》是漢代揚雄詮釋周《易》的作品，《漢書》本傳說：「玄文多，故

〔註27〕引自顏師古《漢書》注語。參見王先謙，《漢書補注》第拾壹冊，上海：上海古籍出版社出版發行，2008年，頁5398。

〔註28〕劉韶軍認為〈解嘲〉一文所提及「顧而作《太玄》五千言，枝葉扶疏，獨說十餘萬言」，那「十餘萬言」，即為「章句」所以章句不是亡佚，而是不需流傳。參見劉韶軍，《楊雄與《太玄》研究》，北京：人民出版社，2011年8月，頁67。

不著；觀之者難知，學之者難成。客有難玄大深，眾人之不好也」，鉅鹿侯芭從雄居，受其《太玄》、《法言》，其後不傳。關於侯芭是否有傳《太玄》。根據萬玉堂的《太玄解贊》，南宋校勘官張寔校勘時曾提及侯芭本，並在《太玄經釋文・題記》中說：「此本自侯芭、虞翻、宋衷、陸績互相增益，傳行於世，非後人之所作也」可知張寔或有見過侯芭本，但其後則不見流傳。

建安年間，三國時宋衷、李譔、陸績（公元 188 年～公元 219 年）等人都對《太玄》加以注釋。其後晉范望在宋、陸的基礎上注《太玄經》，是《太玄》今存最早注本。

北宋神宗元豐七年，揚雄被封為伯，從祀孔子廟庭〔註29〕。隨著揚雄學術地位相對提高，《太玄》再次受到重視。從《經義考・擬經二》部分，朱彝尊集《通志》、《通考》、《郡齋讀書志》、《玉海》等書的記載，提及了吳祕《太玄精注》、蘇洵《太玄論》、邵雍《太玄準易圖》、張行成《翼玄》、胡次和《太玄集注》、《太玄索引》以及林希逸《太玄精語》等多篇作品，可見當時研究《太玄》的盛況。司馬光的《太玄集注》合校宋衷、陸績、范望、王涯、陳漸、宋惟幹、吳秘、虞翻等七位學者的注本，是范望注之後現存最早的《太玄》的注本。

明清對《太玄》的研究明有葉子奇《太玄本旨》九卷，《四庫提要》說它「《玄》文艱澀，子奇獨能循文闡發，使讀者亦明，亦有一節之可取」。清陳本禮《太玄闡秘》十卷成書於嘉慶間。孫澍《增注太玄集注》四卷，對司馬光的《太玄集注》補充，是民國以前，時代接近完整的注本

《四庫全書總目・子部・術數》對《太玄》的流傳定論說：「至桓譚《新論》則世無傳本，惟諸書遞相援引，或十一為十二耳。以今本校之，其篇名、篇數一一與本傳皆合，固未嘗有脫佚也。」可知《太玄》的流傳版本眾多，雖有佚文，但也都有完整的傳本、注本可供參照。

（四）版本

現存《太玄》的版本共有七十七種〔註30〕，以下收錄兩岸完整版本，根據李周龍〔註31〕以及劉韶軍考證結果整理如下：

〔註29〕宋初柳開〈上符興州書〉中，便說「師孔子而友孟軻，齊揚雄而肩韓愈」。宋神宗七年五月壬戌，據〈本紀〉載，享配及從祀諸儒，包括孟子、荀卿和揚雄。

〔註30〕包括刻本、抄本、校本、注本。參見劉韶軍，《揚雄與《太玄》研究》，北京：人民出版社，2011 年 8 月，頁 89～107。

〔註31〕參見李周龍，《揚雄學案》，臺北：國立臺灣師範大學國文研究所博士論文，高明、李鍌指導，1979 年 5 月，頁 137～175。

1. 《永樂大典》抄本，非《大典》原本，乃據《大典》的抄本，乃胡次和《太玄集注》本，劉氏簡稱「大典本」。另有宋張行成《翼玄》十二卷，亦收在《永樂大典》中。

2. 《道藏》本。在太清部第 860 至 862 冊，為司馬光《太玄集注》六卷本，無許翰《玄解》四卷。民國 12 年上海涵芬樓景印明正統刊《道藏》本，劉氏簡稱「道藏本」，中研院歷史語言研究所藏。

3. 明抄本。司馬光《太玄集注》六卷及許翰《玄解》四卷，北京圖書館藏，前人或稱宋本、宋抄、影宋抄，蓋明人據宋本影抄者，當為陶氏五柳居系統本之祖，另有玉鏡堂仿宋刊本，國家圖書館藏，劉氏簡稱「明抄本」。

4. 《太玄本旨》本。明葉子奇著，正德九年劉斐刻本，北京圖書館藏，《四庫全書》收入，八千卷樓另有抄本，南京圖書館藏。劉氏簡稱「本旨」

5. 郝梁刊本。明嘉靖三年據宋本翻刻，為范望《太玄解贊》十卷本，八冊。清康熙間何焯批校並跋，國家圖書館藏〔註32〕，劉氏簡稱「郝梁本」。

6. 張士鎬本。明嘉靖五年刊，司馬光《太玄集注》六卷本，北京圖書館藏，劉氏簡稱「張本」。

7. 萬玉堂本。嘉靖六年萬玉堂刊《太玄解贊》十卷本，《四部叢刊》收入，北京圖書館藏，中研院歷史語言研究所藏，據南宋張寔校勘本翻刻，素稱精善，劉氏簡稱「範本」。

8. 《揚子雲集》本，《太玄經》一卷，明鄭樸刊，萬曆間刊行，國家圖書館藏，劉氏簡稱「集本」。

9. 趙如源輯評《太玄經》十卷本，明天啟六年武林書坊趙世楷刊本，四冊，另有六冊、八冊兩種。國家圖書館〔註33〕、上海圖書館藏，劉氏簡稱「趙本」。

10. 《太玄別訓》本。清劉斯組注，乾隆間刊，《四庫全書》收錄，單行本北京圖書館藏，劉氏簡稱「別訓」。

11. 五柳居本。清嘉慶三年吳門五柳居陶珠琳刊本，司馬光《太玄集注》十卷本，顧千里校勘，據明抄本翻刻，湖北圖書館藏，國立故宮博物院有收善本，劉氏簡稱「五柳居」。

〔註32〕參見國家圖書館網頁「典藏台灣」，網址為 http://catalog.digitalarchives.tw/item/00/08/75/d6.html

〔註33〕參見國家圖書館網頁「典藏台灣」，網址為 http://catalog.digitalarchives.tw/item/00/08/75/dd.html

12. 《太玄闡秘》本。清陳本禮撰,十卷,嘉慶十九年成書,今據光緒 28 年聚
　　學軒叢書刊本,華中師範大學圖書館藏,劉氏簡稱「闡秘」。

　　晉范望《太玄經解》、宋司馬光《太玄經集注》、明葉子奇《太玄本旨》、
清陳本禮《太玄闡秘》,是《太玄》諸版本中,比較完整流傳的注本。民國以
來,大陸學者對於《太玄》的校注本有:鄭萬耕《太玄校釋》(1989 年版)及
劉韶軍《太玄校注》(1996 年版)是新近注解《太玄》的完整注本。

　　本論文所選的版本以《四部叢刊》收入嘉靖六年萬玉堂刊《太玄解贊》十
卷本的萬玉堂本〔註 34〕為主,輔以司馬光《太玄集注》六卷及許翰《玄解》四
卷明抄本。

第二節　《太玄》的成書背景

　　《漢書·食貨傳》記載西漢中後期的社會情況說:「天下虛耗,人復相食」、
「兵連而不解,天下苦其勞」。宣帝晚年,也生「民多貧,盜賊不止,其咎安
在?」(《漢書·宣帝紀》)的慨嘆。元帝繼位,災異頻起,政治亂象又不得整
治。揚雄生於宣帝甘露元年,距離司馬相如之卒不過六十四年,則其所處,當
屬動亂而走向了衰敗之途的後西漢帝國。在學術界固然經學興盛,但卻與為學
「不為章句」、「博覽無所不見」、「非其意,雖富貴不事」(《漢書·揚雄傳》)
的揚雄格格不入。再加上王莽的代漢篡漢,揚雄的仕途際遇,也就無法如相如
般順遂而顯達了。

一、西漢後期的政治環境

　　相較於昭宣帝「輕徭薄賦」、「與民休息」、「吏稱其職,民安其業」的中興
氣象,西漢後期的國勢,則呈現相反的走勢。災難頻仍、統治無方,且貧富不
均,以下試論述當時的政治社會情勢:

(一)社會問題

　　在揚雄出生前,昭宣帝時《鹽鐵論》的記載中,學者已經注意到了貧農與
流民以及貧富不均的問題:

　　　大夫曰:「……民有饑者,穀有所藏也。智者有百人之功,愚者有不

〔註 34〕《四部叢刊初編》第 393～395 冊。撰釋文景上海涵芬樓藏明萬玉堂翻宋本。
　　　　網路資料為「中國哲學書電子化計劃」,網址為:http://ctext.org/taixuanjing/zh。

更本之事。人君不調，民有相妨之富也。此其所以或儲百年之餘，或不厭糟糠也。」（〈錯幣第四〉）

文學曰：「……故自食祿之君子，違於義而競於財，大小相吞，激轉相傾。此所以或儲百年之餘，或無以充虛蔽形也。（〈錯幣第四〉）

涇、渭造渠以通漕運，東郭咸陽、孔僅建鹽、鐵，筴諸利，富者買爵販官，免刑除罪，公用彌多而為者徇私，上下兼求，百姓不堪，抏弊而從法（〈刺復第十〉）

從「大小相吞，激轉相傾」、「上下兼求，百姓不堪」等語看來，昭宣時的學者注意到因為經濟發展所造成貧富不均的問題。農民不單受到天災歉收的侵襲，還要承受宗室貴族、強豪富商的剝削，所以世姓豪族與平民百姓間嚴重的利益衝突，便成了西漢中後期最嚴重的社會問題。到了元帝之後，國政日衰、人民生活日苦，於是因「不均」所凸顯出來的社會問題也就越來越嚴重了。由《漢書》的記載可一探西漢後期人民生活的狀況：[註35]

元帝即位九月，便見「關東郡國十一大水，饑，或人相食。」而珠崖之役士卒死者便有萬人以上[註36]（〈元帝紀〉）。在揚雄為官的成帝時，則有「歲比不登，倉廩空虛，百姓飢饉，流離道路，疾疫死者以萬數，人至相食，盜賊並興，群職曠廢」（〈薛宣傳〉）、「災異屢降，饑饉仍臻。流散冗食，餒死於道，以百萬數。公家無一年之畜，百姓無旬日之儲，上下俱匱，無以相救」（〈谷永傳〉）的社會狀況，但成帝起昌陵，徵發徭役的情形卻是「興卒暴之，卒徒蒙辜，死者連屬，毒流眾庶，海內怨望」（〈傅常鄭甘陳段傳〉）。據〈成帝紀〉記載，人民叛亂至少有四次[註37]。到哀帝，鮑宣更以「七亡七死」形容人民生

〔註35〕下段所引史書傳文，均為《漢書》所出，不再重複說明。

〔註36〕「珠崖郡山南縣反，博謀群臣。待詔賈捐之以為宜棄珠崖，救民饑饉。乃罷珠崖。」

〔註37〕據〈成帝紀〉此四次人民叛亂如下：
陽朔三年「夏六月，潁川鐵官徒申屠聖等百八十人殺長吏，盜庫兵，自稱將軍，經歷九郡。遣丞相長史、御史中丞逐捕，以軍興從事，皆伏辜。」
鴻嘉三年「廣漢男子鄭躬等六十餘人攻官寺，篡囚徒，盜庫兵，自稱山君。」
永始三年「十一月，尉氏男子樊並等十三人謀反，殺陳留太守，劫略吏民，自稱將軍。徒李譚等五人共格殺並等，皆封為列侯」
永始三年「十二月，山陽鐵官徒蘇令等二百二十八人攻殺長吏，盜庫兵，自稱將軍，經歷郡國十九，殺東郡太守、汝南都尉。遣丞相長史、御史中丞持節督趣逐捕。汝南太守嚴訢捕斬。令等。遷訢為大司農，賜黃金百斤。」

活的情形〔註38〕，說明了西漢末年，人民受到了天災、賦稅、貪吏、豪強、苛吏、外族、盜賊以及嚴刑酷法疾病等的侵擾（〈鮑宣傳〉）。人民的生活找不到出路、得不到改善，其時史書所載「盜賊并起」、「盜賊并興」的次數也就多不勝數，但統治階級只能再用鎮壓的方式予以懲處。

總之，元帝到平帝，各地的饑饉災異的記載不斷，鮑宣就明言，造成人民流離失所的根源，係因「公卿守相貪殘成化之所致」（《漢書‧鮑宣傳》）。〈孔光傳〉也說：「百官職曠廢，姦軌放縱，盜賊並起。或攻官寺，殺長吏。數以問君，君無怵惕憂懼之意，對毋能為」，面對人民所受到的災難與痛苦，公卿百官不但沒法幫助人民，反而繼續奢華放縱度日，而沒有解決問題的良方。在這樣惡性循環的狀況下，西漢帝國的國勢也就走向了衰敗之途。

（二）政治亂象

西漢自元帝之後，政治上的亂象主要導因於統治者的腐敗，貴族將慷慨的美德建立在人民的弱小之上。據《漢書》本紀的記載，元帝（公元前49～前33在位）「優游不斷」、「柔仁」；成帝（公元前33～7在位）「湛於酒色，趙氏亂內」；到了哀帝（公元前141～前87在位），寵幸董賢-「性柔和便辟，善以媚以自固」。這些君主帝王本身不能勵精圖治、善用自己的權力以對應百姓的期待與天災人禍的挑戰。再加上外戚與宦官的亂政，更使得皇權不彰的狀況愈加的嚴重。「外戚」是皇室的外姓親屬，他們多是因為與封建皇帝的姻親關係，順帶成為捍衛或左右皇權的統治者，因而得到權力與富貴〔註39〕。「宦官」則是依附著皇權，服侍帝王及其后妃親屬日常生活的內官廝役。這兩股皇帝身旁的勢力，本是皇權的附屬，但是當皇權不彰時，他們就成了政治上爭權奪利的亂源，所以學者有言：秦漢政治制度中最大的弊端便是外戚

〔註38〕凡民有七亡：「陰陽不和，水旱為災，一亡也；縣官重責更賦租稅，二亡也；貪吏並公，受取不已，三亡也；豪強大姓蠶食亡厭，四亡也；苛吏繇役，失農桑時，五亡也；部落鼓鳴，男女遮迣，六亡也；盜賊劫略，取民財物，七亡也。七亡尚可，又有七死：酷吏毆殺，一死也；治獄深刻，二死也；冤陷亡辜，三死也；盜賊橫發，四死也；怨讎相殘，五死也；歲惡飢餓，六死也；時氣疾疫，七死也。民有七亡而無一得，欲望國安，誠難；民有七死而無一生，欲望刑措，誠難。此非公卿守相貪殘成化之所致邪？」

〔註39〕在元帝之前，關於漢代最早的外戚勢力，可上溯到呂后專政用呂家人。衛青、霍去病為武帝所用，起因於衛子夫。昭帝時霍光輔政，霍家勢力顯赫。宣帝用自家子弟許延壽為輔政大司馬車騎將軍，減弱了霍家勢力，卻扶植了許氏外戚。

和宦官制度〔註40〕。

　　元帝時的蕭望之事件〔註41〕，到成帝時王太后的兄弟五人同日封侯〔註42〕，王氏一家更有十人封侯，五人任職大司馬〔註43〕。再到哀帝時，丁姬與傅后的外戚取代王氏，成為新勢力，哀帝又全心寵愛「為人美麗自喜」的董賢〔註44〕。宦官亂政、外戚專權、董賢得寵，可知西漢政事的情況至此，已混亂至極而不可收拾了。《漢書·哀帝紀》贊便說：「睹孝成世祿去王室，權柄外移，是故臨朝婁誅大臣，欲彊主威，以則武、宣。雅性不好聲色，時覽卞射武戲。即位痿痺，末年恒劇。饗國不永，哀哉！」等到九歲的平帝（公元1～6年在位）即位，王莽掌權又得人望，不久，立兩歲的孺子嬰（公元6～9年在位）為帝，然後建立了新朝，也終結了為期兩百一十四年的西漢王朝。

　　社會環境的困苦可與人民共體時艱，外戚宦官從事政治活動，本來也是以血親近從的身分輔佐漢朝的國政。但今觀西漢後期一些外戚貴族統治者生活奢靡的情況，如〈王商傳〉記載成帝時王氏家族說：「今商宗族權勢，合貲鉅萬計，私奴以千數。」言及史丹則是：「僮奴以百數，後房妻妾數十人，內奢淫，好飲酒，極滋味聲色之樂。」〈元后傳〉記載成帝時著名的「王氏五侯」的爭相奢僭〔註45〕。而在哀帝時「駙馬都尉董賢亦起官寺上林中，又為賢治大

〔註40〕 參見孟祥才，《中國政治制度通史》（第三卷秦漢），北京：人民出版社，1991年12月，頁432。

〔註41〕 蕭望之對於「外戚在位多奢淫」以及「故用宦者，非古制也」的狀況無法導正，反而被弘恭、石顯等人陷害致死。在這兩股勢力相爭的過程中，元帝沒有辦法展現決策調停的力量，反而在弘恭一派勢力的進逼之下，將蕭望之等人逮捕入獄。而蕭望之自殺之後，元帝卻又「為之涕泣，哀慟左右」、「追念望之不忘」。參見《漢書·蕭望之傳·卷七十八》、《漢書·佞幸傳·卷九十三》。

〔註42〕 《漢書·元后傳·卷九十八》記載「王氏五侯」分別是：「平阿侯王譚、成都侯王商、紅陽侯王立、曲陽侯王根、高平侯王逢。」

〔註43〕 《漢書·外戚傳·卷九十七》說：「孝元王皇后，成帝母也。家凡十侯，五大司馬，外戚莫盛焉。自有傳。」

〔註44〕 《漢書·佞幸傳·卷九十三》記載：「賢寵愛日甚，為駙馬都尉侍中，出則參乘，入御左右，旬月間賞賜累鉅萬，貴震朝廷。常與上臥起。嘗晝寢，偏藉上袖，上欲起，賢未覺，不欲動賢，乃斷袖而起。其恩愛至此。」哀帝把二十二歲、未立功勳的董賢拔擢到大司馬的位置；還在國政日衰及更命思潮的影響之下，更提出了「吾欲法堯禪舜，何如？」之說，欲以私人之愛將皇位讓給董賢。

〔註45〕 「五侯群弟，爭為奢侈，略遺珍寶，四面而至；後庭姬妾，各數十人，僮奴以千百數，羅鐘磬，舞鄭女，作倡優，狗馬馳逐；大治第室，起土山漸臺，洞門高廊閣道，連屬彌望。百姓歌之曰：『五侯初起，曲陽最怒，壞決高都，連竟外杜，土山漸臺西白虎。』」可知王家五侯奢僭如此。

第，開門鄉北闕，引王渠灌園池，使者護作，賞賜吏卒，甚於治宗廟。」(〈王嘉傳〉) 當董賢被抄家時，「縣官斥賣董氏財凡四十三萬萬。」(〈佞幸傳〉) 這些政治上的特權份子，無止盡的擴張既有的權利與欲望，不斷的侵蝕西漢王朝的國本，未能善盡身為社稷臣子的責任，而耽誤了改革的契機。所以王夫之就曾嘆言：「成哀之世，漢豈復有君臣哉，婦人而已矣。〔註46〕」

針對這些政治亂象，元帝時的京房、成帝時梅福、劉向（公元前79～前8年）〔註47〕，都對宦官外戚亂政提出諫言並點明他造成的禍害提出明確的指控，然而元帝終讓京房被石顯賜死。成帝對諫言視而不見，梅福從此不問政事，居家以讀書養性為事，而劉向的慷慨陳詞，也只換得了不能見用的結果。到了哀帝，鮑宣上諍言說：「竊見孝成皇帝時，外親持權，人人牽引所私以充塞朝廷，妨賢人路，濁亂天下，奢泰亡度，窮困百姓，是以日蝕且十，彗星四起。」(《漢書·鮑宣傳》) 欲以成帝時外戚專權的狀況警惕哀帝。但沒有多久，傅氏丁氏的新一股外戚勢力還是取代了王氏。這些知識份子善盡了自己的言責，也明確指責了外戚宦官亂政的現象，然而卻都未能得到善終。

（三）巴蜀之地

雖然《蜀王本紀》提到蜀地時說：「椎髻左言，不曉文字〔註48〕」，但明代何宇度的《益部談資·附錄》形容漢時蜀地則言：「長卿子雲以後，文士為重。又地形奧衍，百產富饒，富庶之餘，溢為奢麗，歲時遊樂，亦自古為盛。〔註49〕」秦并巴蜀為郡，蜀地逐漸與中原文化產生激盪融合的狀態，自漢以來，蜀便逐漸

〔註46〕參見王夫之，《讀通鑑論·卷五》，臺北：臺灣商務印書館，1979年。
〔註47〕京房對元帝上諫，應拒絕任用石顯：「上所最信任者，與圖事帷幄之中進退天下之士者是矣」，之後，卻被石顯等人以「非謗政治，歸惡天子」的罪名處死。梅福為譏刺王鳳而死的王章上書成帝，直言王氏「勢陵於君，權隆於主」。
劉向上書言：「今王氏一姓乘朱輪華轂者二十三人，青紫貂蟬充盈幄內，魚鱗左右。大將軍秉事用權，五侯驕奢僭盛，並作威福，擊斷自恣，行汙而寄治，身私而託公，依東宮之尊，假甥舅之親，以為威重。尚書九卿州牧郡守皆出其門，筦執樞機，朋黨比周。稱譽者登進，忤恨者誅傷；游談者助之說，執政者為之言。排擯宗室，孤弱公族，其有智能者，尤非毀而不進。遠絕宗室之任，不令得給事朝省，恐其與己分權；數稱燕王、蓋主以疑上心，避諱呂、霍而弗肯稱。內有管、蔡之萌，外假周公之論，兄弟據重，宗族磐互。歷上古至秦漢，外戚僭貴未有如王氏者也。」
以上之事見於《漢書·京房傳》、《漢書·梅福傳》、《漢書·楚元王傳》。
〔註48〕參見新文豐公司編輯部編，《叢書集成續編》第272冊，臺北：新文豐出版社，1988年。
〔註49〕參見曹溶輯，《學海類編》，揚州：廣陵書社，2007年。

成為人文薈萃之地。據《漢書》的記載，漢時巴、蜀、漢中郡一帶（今四川境內）有特殊的地理環境，與傑出的人才，〈地理志〉言：

> 巴、蜀、廣漢本南夷，秦并以為郡，土地肥美，有江水沃野，山林竹木疏食果實之饒。南賈滇、僰僮，西近邛、莋馬旄牛。民食稻魚，亡凶年憂，俗不愁苦，而輕易淫泆，柔弱褊厄。景、武間，文翁為蜀守，教民讀書法令，未能篤信道德，反以好文刺譏，貴慕權勢。及司馬相如游宦京師諸侯，以文辭顯於世，鄉黨慕循其。後有王褒、嚴遵、揚雄之徒，文章冠天下。繇文翁倡其教，相如為之師，故孔子曰：「有教亡類。」

這一段文字留下了西漢時蜀地人文學術的珍貴資料，它指出了幾點值得注意的重點：首先，巴蜀之地在秦時被并為郡，已與中原文化接觸，而當地的資源豐富，自然環境佳，比如漢初關中大飢，高祖就曾令民「就食蜀漢」，可見蜀地人民的生活是十分安定富足的。除了民生安樂，首位提倡興學教化者，是景帝時的太守文翁，興學特點在於：遣專人（如張叔等人）至京師學習經術律令；首創官學制度，並以除役拔擢的方式獎勵入官學修習；善用官學所培育出來的當地人才。因為文翁對於蜀的治理以及對於學術的倡導，引領了武帝時郡國立官學之風，也開創了蜀郡的學術發展契機〔註50〕。

其後，司馬相如以蜀人的身分遊宦京師，以文辭出名，他的成功也成為蜀人發展的典型。其後，王褒、嚴遵、揚雄均以其文名，這使得蜀學由此奠定了發展的基礎與方向——即循當時君主之所好，以儒學的教化為主，並結合入仕之途。宋代田況〈進士題名記〉載：「蜀自西漢，教化流而文雅盛。相如追肩屈、宋，揚雄參駕孟、荀，其辭其道，皆為天下之所宗式。故學者相繼，謂與齊魯同俗。」（《成都文類‧卷三十》）可知司馬相如在文章上成就可比屈原、宋玉，而揚雄則在思想上可比孟子荀子。所以當他們成名而在京城為官，且引領風騷成為天下人學習的對象時，蜀學，也就從景帝時文翁以來的經營，成為可與齊學、魯學分庭抗禮的一種特色學風。

東晉常璩《華陽國志‧蜀志‧卷三》記載了八位為後世所稱的蜀學代表人物：「故司馬相如耀文上京，揚子雲（雄）齊聖廣淵，嚴君平（遵）經德秉哲，王子淵（褒）才高名儁，李仲元（弘）湛然岳立，林公孺訓詁玄遠，何君公（武）謨明弼諧，王延世著勳河平，斯蓋華岷之靈標，江漢之精華也。」揚雄雖然四

〔註50〕參見《漢書‧循吏‧卷八十九》。

十多歲才至京城為官，不過，循著前輩司馬相如的成名模式，再加上揚雄自己本身的「文章冠天下」的才華與學養，他在朝為官，代表蜀地的優秀人才，且受到帝王的賞識提拔，自然也就是水到渠成的事了。

　　關於西漢後期國勢，在政事與民生敗壞的原因，可以從兩方面來分析：一方面是政治上的脫序行為，外戚宦官藉著皇權的不彰而擴張權力，致使王朝秩序的崩潰，賢人沒法客觀公平的被重用，而執政者想要有所作為自然也是徒勞無功；另一方面，在社會環境中，統治者不事生產，又不能放棄既有的奢華利益享受，剝奪百姓農民的土地，無所克制的置產蓄奴，終導至民怨四起而改朝換代的結果。揚雄以蜀地的出身，入京為官，也曾與李尋反對朱博任丞相〔註51〕和對匈奴政策〔註52〕提出諫言，然而揚雄在這樣的政治環境中任官，如京房、梅福、劉向、鮑宣等人的進言，都無法解決人民苦難及皇權不彰的問題，《太玄》成書當是哀帝之時，從他一直擔任黃門侍郎〔註53〕的官職，可知他無法接近權力核心，進一步得到君主的賞識和信任。再加上「丁、傅、董賢用事」，所以，他只好退而「默然獨守吾《太玄》」（〈解嘲〉），待立言之功了。

二、西漢後期的學術環境

　　武帝在建元五年立「五經博士」，採納董仲舒對策時的建言，以《春秋》

〔註51〕《漢書‧五行志‧卷二十七》：「哀帝建平二年四月乙亥朔，御史大夫朱博為丞相，少府趙玄為御史大夫，臨延登受策，有大聲如鍾鳴，殿中郎吏陛者皆聞焉。上以問黃門侍郎揚雄、李尋，尋對曰：『洪範所謂鼓妖者也。師法以為人君不聰，為眾所惑，空名得進，則有聲無形，不知所從生。其傳曰歲月日之中，則正卿受之。今以四月日加辰已有異，是為中焉。正卿謂執政大臣也。宜退丞相、御史，以應天變。然雖不退，不出期年，其人自蒙其咎。』揚雄亦以為鼓妖，聽失之象也。朱博為人彊毅多權謀，宜將不宜相，恐有凶惡亞疾之怒。八月，博、玄坐為姦謀，博自殺，玄減死論。」

〔註52〕《漢書‧匈奴傳‧卷九十四》：「建平四年，單于上書願朝五年。時哀帝被疾，或言匈奴從上游來厭人，自黃龍、竟寧時，單于朝中國輒有大故。上由是難之，以問公卿，亦以為虛費府帑，可且勿許。單于使辭去，未發，黃門郎揚雄上書諫曰：『臣聞六經之治，貴於未亂；兵家之勝，貴於未戰。二者皆微，然而大事之本，不可不察也。今單于上書求朝，國家不許而辭之，臣愚以為漢與匈奴從此隙矣。……臣竊為國不安也。唯陛下少留意於未亂未戰，以遏邊萌之禍。』書奏，天子寤焉，召還匈奴使者，更報單于書而許之。賜雄帛五十四，黃金十斤。」

〔註53〕黃門侍郎，又稱黃門郎，秦代初置，即給事於宮門之內的郎官，是皇帝近侍之臣，可傳達詔書，漢代以降沿用此官職。《後漢書‧百官志三》：「黃門侍郎，六百石。本注曰：無員。掌侍從左右，給事中，關通中外。及諸王朝見於殿上，引王就座。」

公羊學大一統的主張為基礎，執行學術思想上的一統，董仲舒說：「春秋大一統者，天地之常經，古今之通誼也。今師異道，人異論，百家殊方，指意不同，是以上亡以持一統；法制數變，下不知所守。臣愚以為諸不在六藝之科孔子之術者，皆絕其道，勿使並進。邪辟之說滅息，然後統紀可一而法度可明，民知所從矣。」（《漢書‧董仲舒傳》）。自此，武帝全力發展「六藝之科、孔子之術」，獨尊了儒家的經典，儒學變作學術上的正統、經學成了官學，在漢代全面興盛。

以下略述西漢後期學術思想的發展特色，以呈現《太玄》成書的學術背景。

（一）儒學經學昌盛

漢代儒術興盛，博士限於儒生經師，始於武帝。王充言：「博士之官，儒者所由興也」（《論衡‧別通》），武帝時「五經博士」的設立，則是漢代儒學興盛的關鍵。武帝建元五年，為了彰顯儒家《詩》、《書》、《易》、《禮》、《春秋》五經而立了博士官，凡不以五經為博士之學，均遭到罷黜。元狩五年，開收博士弟子員，而建立了官學。自此，西漢儒學官學化的情況被確立。

宣帝甘露三年（公元前 51 年），召開石渠閣會議，評定眾經異同，確立了武帝時開啟的經學系統，帶領西漢經學的發展進入另一個階段，正式確立專經博士在官學中的地位。《漢書‧宣帝紀》言：「詔諸儒講五經同異，太子太傅蕭望之等平奏其議，上親稱制臨決焉。」這次的會議，討論《五經》的異同，並由宣帝「稱制臨決」，將群儒學術上的爭論，以政治的權威定奪。而會議的成果，則是「乃立梁丘易、大小夏侯尚書、穀梁春秋博士」，在漢初以來經學原有的傳承架構之下，擴充了經書解說的學說派別，而發展出了解釋五經的十四家學說〔註54〕。周予同說：「石渠閣議是漢武帝以後又一次整齊『歸於一是』的重要辯論會〔註55〕」。可見經學的昌盛，在學術思想上百花齊放，而在政治權力的介入整合下，也對於學術思想的研究範圍和方向逐漸整理並「歸於一是」。

《漢書‧儒林傳》記載西漢經學的發展狀況時說，武帝時經學博士官「置弟子五十人」，而其後「昭帝時舉賢良文學，增博士弟子員滿百人，宣帝末增

〔註54〕十四家學說分別是：《詩》為魯（申培公）、齊（轅固生）、韓（韓嬰）三家；《書》為歐陽（歐陽和伯）、大夏侯（夏侯勝）、小夏侯（夏侯建）三家；《禮》為大戴（戴德）、小戴（戴聖）兩家；《易》為施（施讎）、孟（孟喜）、梁丘（梁丘賀）、京（京房）四家；《春秋》為嚴（嚴彭祖）、顏（顏安樂）兩家。

〔註55〕參見周予同，《周予同經學史論著選集》，上海：上海人民出版社，1983 年 11 月，頁 736。

倍之。元帝好儒，能通一經者皆復。數年，以用度不足，更為設員千人，郡國置五經百石卒史。成帝末，或言孔子布衣養徒三千人，今天子太學弟子少，於是增弟子員三千人。歲餘，復如故。」由此觀之，在政治力量的獎勵提倡下，經學的昌盛，可說是西漢宣、元之後學術發展的主軸。

　　從武帝到平帝末年，經學的發展固然昌盛，但學術在政治的倡導庇護下獨尊，卻也衍生了問題。《漢書·儒林傳》言：「自武帝立五經博士，開弟子員，設科射策，勸以官祿，訖於元始，百有餘年，傳業者浸盛，支葉藩滋，一經說至百餘萬言，大師至千餘人，蓋祿利之路然也。」定儒學經典為一尊，只要專於一經，就能有機會得到優厚的待遇與仕途的顯達〔註56〕，所以由於政治主導了學術的發展，而此期大部分的學者，便把研究經學當成了青雲平步與通往利祿之路的捷徑〔註57〕。

　　石渠閣會議之後，學者或各以經說爭立博士，或為了維護自家的博士權威，專守一家之學，這使得漢代經學往繁瑣說經的方向走去。桓譚《新論》記載，秦延君解說《尚書·堯典》篇目兩字就用了十萬餘言，而解說「曰若稽古」四字也用了二萬言；《漢書·儒林傳》記載：「張山拊字長賓，平陵人也。事小夏侯建，為博士，……守小夏侯說文。恭增師法至百萬言」；《漢書·藝文志》說：「幼童而守一藝，白首而後能言」；劉歆也說：「分文析字，繁言碎辭，學者罷老且不能究其一藝」（《漢書·劉歆傳》）。由於師承的不同，說解方向的差異，各家又嚴守自己所習詮釋經書的方式，是以唯一的規範，成了每個學經者的束縛，孟喜便是因為不遵守師法而丟掉了易學博士。而這樣的情形發展在學術上，便呈現支離繁瑣、日益僵化的「累世經學」。揚雄好學但「不為章句」，他對於「一閧之市，不勝異意焉；一卷之書，不勝異說焉。」（《法言·學行》）的學風是不能接受的，所以他說：

　　　　譊譊者天下皆說也，奚其存？曰：「曼是為也，天下之亡聖也久矣。
　　　　其義雖存，言天下無復能尊用聖道者久故也。呱呱之子，各識其親；
　　　　譊譊之學，各習其師。精而精之，是在其中矣。」《法言·寡見》

〔註56〕《漢書·儒林傳·卷八十八》言：「一歲皆輒課，能通一藝以上，補文學掌故缺；其高第可以為郎中，太常籍奏。即有秀才異等，輒以名聞。」
〔註57〕《漢書·夏侯勝傳·卷七十五》言：「士病不明經術。經術苟明，其取青紫，如俛拾地芥耳，學經不明，不如歸耕」。《漢書·韋賢傳·卷七十》也說：「遺子黃金滿籯，不如一經」。東漢桓榮為太子傅，得到了功名利祿之後，也感嘆說道：「今日所蒙，稽古之力也，可不勉哉！」（《後漢書·桓榮傳·卷三十七》）

> 或問：「司馬子長有言，曰五經不如《老子》之約也，當年不能極其
> 變，終身不能究其業。」曰：「若是則周公惑，孔子賊。古者之學耕
> 且養，三年通一。今之學也，非獨為之華藻也，又從而繡其鞶帨，
> 惡在其《老》不《老》也。」或曰：「學者之說可約邪？」曰：「可約
> 解科。」《法言‧寡見》
>
> 或曰：「《玄》何為？」曰：「為仁義。」曰：「孰不為仁？孰不為義？」
> 曰：「勿雜也而已矣。」李軌云：「純則巧偽息，雜則奸邪興。」《法
> 言‧問神》

當時經學系統對於說解聖人之學的歧出，充斥著門戶之見、瑣碎之爭，學者往往「各識其親」、「各習其師」而「具文飾說」，所以天下無真正的聖人之道可遵循。由於文字、義理說解方向的分別，到學術流派乃至於政治權益的不同，使得即使同一門經學的研究範圍，卻不能免於各持己見，相互傾軋的狀況。無論古文經或今文經，他們「復古守舊」的方向均無不同〔註58〕，所以揚雄認為當時經學的繁瑣，有賴「解科」才能夠反璞歸真。而他作《法言》，仿《論語》的模式，就是希望以聖人之法，糾正經學博士系統撓世事、破大道的巧辯怪說，重新釐清聖人學說的本來面貌。而他以經莫大於《易》，所以仿作《太玄》，則更是在經學系統之外，獨樹一幟的作法。

（二）災異符命風行

《漢書‧李尋傳》說：「漢興推陰陽言災異者，孝武時有董仲舒、夏侯始昌，昭、宣則眭孟、夏侯勝，元、成則京房、翼奉、劉向、谷永，哀、平則李尋、田終術」，可見這些學者已用推衍陰陽五行學說來解釋災異的方式，希望以此奉勸君王。而且，由漢朝已有因災異罷免三公的事例〔註59〕看來，武帝之後陰陽災異之說對於統治者乃至於整個社會思潮，應已擁有相當的影響力了。

讖緯的思想源流可回溯至先秦，而盛於西漢哀、平之際，是西漢末年的特殊現象。「其主要思想，揉雜陰陽五行、天人感應、災異祥瑞、命相數術等等，是

〔註58〕 「蓋凡學皆貴求新，惟經學必專守舊。經作於大聖，傳自古賢。先儒口授其文，後學心知其意，制度有一定而不可私造，義理衷一是而非能臆說。世世遞嬗，師師相承，謹守訓辭，毋得改易。如是，則經旨不離而聖教易明矣。」參見皮錫瑞〈經學的極盛時代〉。

〔註59〕 據《漢書》及《後漢書》的列傳所載，元帝時春霜夏寒、日青亡光，于定國便因此災異自劾，歸侯印。而薛宣、徐防也都因為災異而被免職。另外，成帝時地方官何武（清河太守）也因「坐郡中被災害什四以上免」。

當時普遍流行的知識。〔註60〕」也有學者認為讖緯是今文經學迅速政治化、庸俗化並合漢代學術、迷信相結合孕育而成〔註61〕，所以《漢書》說「經術之變，溢為五行之說」、「假經設誼，依託象類」（《漢書‧李尋傳》）。哀帝時因信「赤精子讖」而下詔改元易號，因成帝時《天官曆包元太平經》之讖書，夏賀良言：「漢家歷運中衰，當更受命」，雖然此事件最終以夏賀良被誅作結，但哀帝也從其言改制，改當了一個多月的「陳聖劉太平皇帝」〔註62〕。其後王莽更是利用讖緯思潮，製造符命與受命之說〔註63〕，為自己篡位的行為建立理論基礎，而在當時多數宗親及知識份子支持下，順利完成了代漢的政權轉移〔註64〕。《後漢書‧張衡傳》說：「至於王莽篡位，漢事大禍，八十篇何為不戒？則知圖讖成於哀平之際也。」可想見此期災異之說風行、讖緯學說興起，蔚為風潮的景況。

哀平之際，讖緯在學術上依附經學的權威，並與儒學結合，強化預言的可

〔註60〕 參見鍾肇鵬，《讖緯論略》，瀋陽：遼寧教育出版社，1991 年 11 月，333 頁。
〔註61〕 關於讖緯的起源：
《四庫全書總目‧易類六》說：「蓋秦、漢以來，去聖日遠，儒者推闡論說，各自成書，與經原不相比附。如伏生《尚書大傳》，董仲舒《春秋‧陰陽》，核其文體，即是《緯書》。特以顯有主名，故不能託諸孔子。其他私相撰述，漸雜以術數之言，既不知作者為誰，因附會以神其說。迨彌傳彌失，又益以妖妄之詞，遂與讖合而為一。」
王鳴盛（公元 1722～1797）說：「緯者經之緯也，亦稱讖。」
顧頡剛（公元 1892～1980）說：「讖與緯在名義上雖有分別，而實際上卻沒有什麼嚴密的界限。」
由於今所能見到的讖緯資料，多是由古書輯佚而來，而各家對於「讖緯」一詞的溯源解釋說法複雜繁多，然而，讖緯興盛於西漢後期之說則為學者們的共識，所以茲就此期環境背景與現象加以描述。
以上資料參見王鳴盛，《蛾術編‧卷 2‧說錄 2‧讖緯》，臺北：信誼書局，1976年；顧頡剛，《中國上古史研究講義》，臺北：洪葉文化事業有限公司，1994 年10 月，頁 245；金春鋒，《漢代思想史》，北京：中國社會科學出版社，1987 年4 月，頁 360。
〔註62〕 事見《漢書‧哀帝紀‧卷十一》。
〔註63〕 如：《天地行璽金匱圖》、《赤帝行璽某傳於黃帝金策書》都是被王莽利用造假的讖文如；符命有：「告安漢公莽為皇帝」、「攝皇帝當為真」之語。而當他做上了皇帝之後，則「遣五威將王奇等十二人班《符命》四十二篇而天下……，大歸言莽當代漢有天下云」。參見《漢書‧王莽傳》。
〔註64〕 錢穆便曾說過漢儒論政有兩要點：一是變法和讓賢論；二是禮樂合教化論。儒生、方士、君主三者政權禪讓的轉移步驟：一、聖人受命。二、天降符瑞。三、推德定制。四、封禪告成功。五、王朝德衰，天降災異。六、禪國讓賢。七、新聖人受命。王莽的受漢禪而變法，即是兩派學說之匯趨。參見《國史大綱‧第三編‧第八章》（上），頁 150～151。

信性；在政治方面，則因為政治亂象以及社會危機日益嚴重，讖緯學說以符命及再受命的思想合理化王權維持穩定的基礎。所以就在政治與學術背景惡質化的交相影響下，一個包羅萬象的讖緯學說系統開始風行。揚雄身處對於災異讖緯之說盛行的時代，他的作品則對於當時風行的神仙、讖緯和災異之說，則展現存疑的態度，他說：

> 或問，趙氏多神，何也？曰：神怪茫茫，若存若亡，聖人曼云。《法言·重黎》
>
> 或曰：「甚矣！傳書之不果也。」曰：「不果則不果矣，又以巫鼓。」《法言·君子》

對於秦朝君主多信神以及傳書雜入巫鼓的讖緯之說，揚雄明確的申明儒家聖人的立場予以反對。對於當時流行的「五德終始說」，他則說「或問黃帝終始，曰：托也」（《法言·重黎》）可知，「在德不在星」才是揚雄對於災異讖緯風行之世的堅持。所以其後王充《論衡·案書》便稱：「子雲無世俗之論。」而學者則認為，關於揚雄「神」的解說，在無神論發展史上，有著重要的意義。〔註65〕其實不論是災異或讖緯學說，都是在「天人感應」的基礎上去找尋並設定規律原則，《太玄》能夠採用部分當時流行思想又不囿於其限，用《易》與道家的「玄」來作為《太玄》思想中，天人感應的基礎，這便是一種新的嘗試，也是一種不同於俗的創發。

翦伯贊認為西漢末在儒家哲學內部，發生了今古文之爭，其後出現了讖緯之學，東漢初王充發表了《論衡》；這三件事實是兩漢哲學思想之一連串發展。〔註66〕而今以《太玄》觀之，其思想實居於這階段哲學思想發展之關鍵地位。

（三）易學的發展

由於「易為卜筮之書，獨不禁，故傳授者不絕」（《漢書·儒林傳》），所以在漢代開國之初，《易》在學術傳承上呈現較完整的狀態。而此後，《易》以法天象地的結構，再結合陰陽五行的系統，便於經學系統之外，發展出占驗災異為主的異象系統，形成漢初的象數之易說。

綜觀漢代《易》學的發展，在揚雄以前可分為兩個部分來敘述：

〔註65〕鄭萬耕以戰國後期《易》傳和荀子所提到的「神」為例，說明揚雄《太玄》所言之神即為此無神論系統的繼成和發展。參見鄭萬耕，《揚雄及其太玄》，臺北：藍燈文化事業股份有限公司，1992年9月，頁215。

〔註66〕參見翦伯贊，《秦漢史》，臺北：雲龍出版社，2003年4月，頁630。

1. 田何、韓嬰之易學

由《史記‧仲尼弟子列傳》、《史記‧儒林傳》及《漢書‧儒林傳》〔註67〕之記載可知，田何之前的易學的傳承梗概，因為「為筮術易的傳承」，名不見於經傳之中，所以得以在民間及王官之學有較好的保存。而從田何之後，對於《易》的傳承，《漢書‧儒林傳》則有明確的記載：

> 漢興，田何以齊田徙杜陵，號杜田生，授東武王同子中、雒陽周王
> 孫、丁寬、齊服生，皆著易傳數篇。同授淄川楊何，字叔元，元光
> 中徵為太中大夫。齊即墨成，至城陽相。廣川孟但，為太子門大夫。
> 魯周霸、莒衡胡、臨淄主父偃，皆以易至大官。要言易者本之田何。

田何的弟子有王同、周王孫、丁寬、齊服生，王同門下有楊何、墨成、孟但、周霸、衡胡、主父偃等人，其後楊何傳《易》於司馬談與京房。

丁寬為梁地人，學成東歸，田何說：「《易》以東矣」，可知田何對丁寬的肯定。其後，丁寬傳易於田王孫，再傳給施讎、孟喜、梁丘賀。

韓嬰在文帝時為詩經博士，宣帝時蓋寬饒曾從他學《易》，或以為《子夏易傳》為其所作。

對於田、韓兩系易學，高懷民以「導易入人事，視易道為人生立身行事的法則，且納入儒門以教學」定義此期的易學發展，而稱之為「儒門易」〔註68〕。

2. 孟喜、京房之易學

易學作為官方經學的重要部分，因而在漢武帝之後得到迅速的發展，同時也步入一個分化變革的時期，就是孟喜、京房象數易學的興起〔註69〕。

孟喜，昭、宣時人（約公元前90～前40年）本為田何弟子三家之一，他與

〔註67〕「商瞿，魯人，字子木。少孔子二十九歲。孔子傳易於瞿，瞿傳楚人馯臂子弘，弘傳江東人矯子庸疵，疵傳燕人周子家豎，豎傳淳于人光子乘羽，羽傳齊人田子莊何，何傳東武人王子中同，同傳菑川人楊何。何元朔中以治易為漢中大夫。」（《史記‧仲尼弟子列傳‧卷六十七》）。

「自魯商瞿受易孔子，孔子卒，商瞿傳易，六世至齊人田何，字子莊，而漢興。田何傳東武人王同子仲，子仲傳菑川人楊何。」（《史記‧儒林傳‧卷一百二十一》）。

「自魯商瞿，子木受易孔子，以授魯橋庇子庸。子庸授江東馯臂子弓。子弓授燕周醜子家。子家授東。武孫虞子乘。子乘授齊田何子裝。」（《漢書‧儒林傳‧卷八十八》）

〔註68〕參見高懷民，《兩漢易學史》，臺北：中國學術著作獎助委員會，1970年12月，頁4。

〔註69〕參見張濤，《秦漢易學思想研究》，北京，中華書局，2005年3月，頁114。

的易學本立於學官，後因「得易家候陰陽災變書」，完成了以六十四卦配四季、十二月、二十四節氣、三百六十五天的易學卦氣圖式。其學改師法變為象數卦氣之學，而不被見用〔註70〕。孟氏易學亡佚，今可見部分內容於唐僧一行《卦議》。

　　京房（宣、元時人，元帝初元四年舉孝廉為郎）是象數《易》的奠基者。京氏易在元帝初元五年（公元前44年）時曾立為博士。漢書說他的《易》學得之於焦延壽。焦延壽講《易》，喜推災異，以自然災害解釋卦象。他創建了八宮卦序的易卦圖式，將陰陽、五行學說，卦爻、納支等思想，用來推衍人事。《漢書·京房傳》說他：「其說長於災變，分六十卦更值日用事，以風雨寒溫為候，各有佔驗。」京房承之以災異結合易學論政，使《易》學此一流派在當時聲名顯赫，後人把此派易學稱為「京氏學」。而因孟京易學的影響，漢《易》象數派著重於詮解周《易》卦爻象、蓍數、爻數的方式也就大大的發展。

　　由《漢書·藝文志》的記載，易學體系可略分為上述的兩大系統，即入於〈六藝略〉的易類，和入於〈數術略〉的蓍龜家。《四庫》將易學的發展分為「兩派六宗〔註71〕」，其中「兩派」就是由周《易》本身包含的義理與象數的特色發展而生。皮錫瑞亦言：「孔子說易見於論語者二條，一勉無過，一戒無恆，皆切人事而言，戰國諸子及漢初諸儒言易，亦皆切人事而不主陰陽災變，至孟京出而說始異〔註72〕。」由此可知這兩大系統在西漢後期時的發展。

　　此期有楊何立《易》博士官者，與繼立的田王孫則確立了師法〔註73〕。宣帝時施讎、孟喜、梁丘賀三家先後立了博士官，元帝時又立京氏易。《漢書·

〔註70〕「好自稱譽，得《易》家候陰陽災變書，詐言師田生且死時，枕喜膝，獨傳喜，諸儒以此耀之；同門梁丘賀疏通證明之，曰：『田生絕於施手中，時喜歸東海，安得此事？』…………博士缺，眾人薦喜。上聞喜改師法，遂不用喜。」（《漢書·儒林傳·卷八十八》）。

〔註71〕《四庫全書·經部·易類》說：「聖人覺世牖民，大抵因事以寓教。《詩》寓於風謠，《禮》寓於節文，《尚書》、《春秋》寓於史，而《易》則寓於蔔筮。故《易》之為書，推天道以明人事者也。《左傳》所記諸占，蓋猶太蔔之遺法。漢儒言象數，去古未遠也。一變而為京、焦，入於禨祥，再變而為陳、邵，務窮造化，《易》遂不切於民用。王弼盡黜象數，說以老莊。一變而胡瑗、程子，始闡明儒理，再變而李光、楊萬裏，又參證史事，《易》遂日啟其論端。此兩派六宗，已互相攻駁。」

〔註72〕參見皮錫瑞，《經學歷史》，臺北：藝文印書館，1987年10月，頁142。

〔註73〕皮錫瑞曾說：「師法、家法所以分者，如《易》有施、孟、梁丘之學，是師法；施家有張、彭之學，孟有翟、孟、白之學，梁丘有士孫、鄧、衡之學，是家法。家法從師法分出，而施、孟、梁丘之師法又從田王孫一師分出者也。」參見皮錫瑞，《經學歷史》，臺北：藝文印書館，1987年10月，頁136。

藝文志》說：

> 六藝之文：《樂》以和神，仁之表也；《詩》以正言，義之用也；《禮》
> 以明體，明者著見，故無訓也；《書》以廣聽，知之術也；《春秋》以
> 斷事，信之符也。五者，蓋五常之道，相須而備，而《易》為之原。
> 故曰「易不可見，則乾坤或幾乎息矣」，言與天地為終始也。

可知不論在〈儒林傳〉或〈藝文志〉，此期都已將《易》置於五經之首。而揚
雄也以經莫大於《易》，故準周《易》而草《太玄》。由是觀之：揚雄《太玄》
一方面擁有「儒門」由〈十翼〉義理推闡的特色，是關懷天道人事貫通的義理
易學；另一方面，它也是和當時的天文曆法結合，並受到天人感應思想的影響，
形成配合卦氣說的「象數」哲學體系。林忠軍認為兩漢易學的特色有四：（1）
篤守師說（2）崇尚象數（3）資取科學（4）雜揉神學。〔註74〕可知揚雄《太
玄》一方面承繼了尚象數、取科學的時代特色，另一方面對於守師說、雜迷信
思想的易學特色則自覺的作出了修正。

　　陰陽學是整個漢代思想的底色，西漢後期的學術環境，則是經學興盛、災
異風行、讖緯流行。揚雄期望將當時僵化、迷信的學風作導正，也在西漢末年
經學發達的學術界，反對經學章句的煩瑣與獨守一經的專斷，也用博通的方式
重新作一不同於俗的創新。學者認為，揚雄創作《太玄》的哲學體系，其象數
構建沒有擺脫盛行於西漢的「卦氣」易學影響；其義理闡釋則有別於孟、京的
災異說〔註75〕，而其中最大差別，就在揚雄不論及災異〔註76〕。也就是說，揚
雄刻意迴避了當時知識份子好用的災異、天譴說法，而傾向用另一套自創的擬
《易》系統，來解釋說明世間萬象，並安頓浮亂的人心。

　　總之，身處西漢後期社會中，揚雄對於政治界的亂象、學術界的雜駁，提
出了立身處世、趨吉避凶之方；而在哲學思想上，揚雄則是調和儒道、綜整《易》
學的義理象數，重新詮解了《易》經天道、人道相貫通的天人關係，再參雜當
時陰陽五行、曆法等自然哲學的知識，完成了在學術發展歷史上具有劃時代的
意義的《太玄》。

〔註74〕 參見林忠軍，〈論兩漢易學的形成、源流及其特徵〉，《山東大學學報》2000 年
　　　　第 1 期，2000 年 1 月，頁 26～28。

〔註75〕 參見解麗霞，《揚雄與漢代經學》，廣州：廣東人民出版社，2011 年 8 月，頁
　　　　184。

〔註76〕 「京房易學發展成占候之術，大肆宣揚陰陽災變。《太玄》不講陰陽災變，這
　　　　同今文經學派的學風是不同的。」參見朱伯崑，《易學哲學史》，臺北：藍燈文
　　　　化事業股份有限公司，1991 年 9 月，頁 175。

第三節　《太玄》的寫作特色

　　《太玄》的創作，在哲學系統中，以道家思想的內涵來建立摹仿《易》。此外，不言災異卻結合當時的天文曆法知識以及陰陽五行的「自然哲學」概念。所以對於這樣一本書的成書背景，本節將針對《太玄》本身的內容作分析。

　　下文將由《太玄》的寫作體例、三分結構，以及《太玄》與曆法幾個面向，來說明它的寫作特色：

一、體例

　　《太玄》在結構上模仿周《易》，將周《易》的兩個基本符號陽「—」與陰「--」，增益成「—」「--」「---」三個基本符號。以「方、州、部、家」之名所成的八十一首，代替了周《易》的六十四重卦，《太玄》本文五千字，是《太玄》的主體，模仿周《易》的卦爻辭，而將「卦」象之名改變成「首」象。

　　《太玄》的首象由四層橫線組成，由上而下，每首的位置依次稱為「方、州、部、家」

　　比如《太玄》的前五首為：

　　　　中☰　周☰　礥☰　閑☰　少☰

其中五卦「方」的位都是「—」，而五卦「家」的位就依序為「—」「--」「---」「—」「--」。礥卦叫作「一方、一州、一部、三家」，而閑卦便叫作「一方、一州、二部、一家」〔註77〕。

　　在〈玄首都序〉即明言這種三分結構：

　　　陰陽玭參，以一陽乘一統，萬物資形。方州部家，三位疏成，曰陳

　　　其九九，以為數生。贊上群綱，乃綜乎名，八十一首，歲事咸貞。

玭是比、相配之義，陰（--）陽（—）兩氣相比相參，在加上成物的一陽成一統，配合而生三（---）。然後依照「方州部家，三位疏成」由一到三的三分法，

〔註77〕陳福濱師「用三進制中，只有0、1、2三種數字符號，以「—」為0，「--」為1，「---」為2，則每首首符都可用一個四位三進制的數字來表示如「中」首（☰）為0000「周」首（☰）為0001……以此類推」的方式來說明。並以此三進制轉化為十進制變可換算卦序。比如：「將」首的首符為（☷），表示為三進制數為（2212），換成十進制數為：
（2212）3＝「2＊30」＋「1＊31」＋「2＊32」＋「2＊33」＝77（第77首）。」此方式更清楚說明了《太玄》一首的體例。參見《《太玄經》與《易經》的比較論「數」與「變化」〉，《哲學與文化》，第21卷8期，1994年8月，頁675。

就是生成《太玄》的八十一首整體結構的根本原則。由是生數、贊綱，綜名，而達到歲事咸貞的目的。

又從八十一首分部，每三首（家）為一部，所以八十一家可分成二十七部，而二十七部可分為九州，九州可分為三方，最後三方再歸為一玄。所以，第一方就是第一首「中」到第二十七首「事」卦；第二方就是第二十八首「更」卦到第五十四首「昆」卦；第三方就是第五十五首「咸」卦到第八十一首「養」卦。

周《易》爻卦有辭，《太玄》中、方、州部都不設辭，只有家才有首辭、贊辭和測辭。

范望注《玄圖》說明「圖畫四重」，今錄「太玄準易卦名圖」如下：〔註78〕

以下舉「中」首為例：

　　☰中。陽氣潛萌於黃宮，信無不在乎中。

　　初一，昆侖旁薄，幽。測曰，「昆侖旁薄」、思諸貞也。

〔註78〕參見范望注，《太玄經》，北京：中國書店，萬玉堂本，2014年1月，頁7～8。本圖取自「易學網」，網址為 http://www.eee-learning.com/book/3027。

次二，神戰于玄，其陳陰陽。測曰，「神戰于玄」、善惡并也。

次三，龍出于中，首尾信，可以為庸。測曰，「龍出于中」、見其造也。

次四，庳虛無因，大受性命，否。測曰，「庳虛」無「否」、不能大受也。

次五，日正于天，利以其辰作主。測曰，「日正于天」、貴當位也。

次六，月闕其博，不如開明于西。測曰，「月闕其博」、明始退也。

次七，酋酋，大魁頤，水包貞。測曰，「酋酋」之「包」、任臣則也。

次八，黃不黃，覆秋常。測曰，「黃不黃」、失中德也。

上九，巔靈，氣形反。測曰，「巔靈」之「反」、時不克也。

「陽氣潛萌於黃宮，信無不在乎中」是首辭，模仿《易》的卦辭，主要的目的是說明此卦主旨。

「初一」、「次二」……到「上九」的內文是贊辭，模仿《易》的爻辭，《易》有六爻，《太玄》贊辭則增到九。

「測曰」即測辭，模仿《易》的象辭，是相配於贊辭之測度預示，並對贊辭作解說補充。

此外，另有十一篇文字「解剝玄體」以模仿〈十翼〉解釋周易，它們分別是：

1. 〈玄首〉模仿〈彖傳〉，〈玄測〉模仿〈象傳〉，由於首辭即測辭都散入八十一卦間，直接解釋經文，所以〈玄首〉〈玄測〉序便放在八十一首之前。

2. 〈玄文〉模仿〈文言〉，逐條解釋贊辭。

3. 〈玄攡〉、〈玄瑩〉、〈玄捨〉、〈玄圖〉、〈玄告〉模仿〈繫辭〉，詳細的闡明《太玄》思想。

4. 〈玄數〉模仿〈說卦〉，說明《太玄》的成立和卜筮方法，以及一首九贊所配之事物。

5. 〈玄衝〉模仿〈序卦〉，衝，對其正也，把前四十首和後四十首依序對照，反映陰陽兩氣發展變化之相對應。

〈玄錯〉模仿〈雜卦〉，錯，絣也。把八十一首的對立相反之卦錯雜比較。

由以上五點，可知《太玄》仿《周易·易傳》的大概。

以上，即是《太玄》一書體例的介紹與說明。

二、《太玄》的三分結構

由上所述可知《太玄》的體例結構乃仿《易》而作，而所謂的三分結構，指的便是由「一」「--」「---」三個符號為基礎所建立而成三進位的符號數字系統。它依「易有太極，是生兩儀，兩儀生四象，四象生八卦」的方式發展，由一玄分為三，然後化生萬事萬物之理。《太玄·圖》言：「一玄都覆三方，方同九州，枝載庶部，分正群家。」以今數學算式表現如下：

三方 1＊3＝3
九州 3＊3＝9
二十七部 9＊3＝27
八十一家 27＊3＝81
二百四十三表 81＊3＝243
七百二十九贊 243＊3＝729

〈玄圖〉又言：「玄有一道，一以三起，一以三生，以三起者，方、州、部、家也」。可知「以三起」，就是上述以三為規則衍生出的數理。〈玄圖〉接著說：「以三生者，參分陽氣，以為三重，極為九營，是為同本離生；天地之經也。」「以三生」指玄為一，陰陽在其中而生三，然後「三重」三分三玄而成九天，且一首分為三，為下中上，復分為三，為九贊。「九營」是九位，每首分為九贊之位，八十一首以每九首為一天，分為九個階段。

所以不論是「以三起」或「以三生」，可知《太玄》都是圍繞著「玄」而生出的「三」理來推展。一般以為，《太玄》既然以「眾妙之門」的玄為名，則三之數推衍的原因當從《老子·四十二章》「三生萬物」而來。

若就占法言：周《易》以三爻為一卦，所能有的變化為八卦，乃有八卦重複三爻而成六爻，變化成為六十四卦。《太玄》每一首有四爻，「方、州、部、家」四重，各有一二三的三位與三相累積得八十一首。勞思光以為「所謂以三生者，大抵指占法而言，占易取二為本，故四營而成易，今《太玄》取三為本，故極為九營〔註79〕。」所以便有學者反推，認為揚雄擬《太玄》以三為單位當是順應三才天地人之說，乃至配合漢朝官制、曆法〔註80〕。

其實，揚雄以「三」分的結構擬《易》，是一種創發，而且還非常縝密完

〔註79〕參見勞思光，《新編中國哲學史·第二卷》，臺北：三民書局，1981年1月，頁123。
〔註80〕參見李周龍，《易學拾遺》，臺北：文津出版社，1992年3月，頁182～190。

備的去結合當時的易學之說和氣化宇宙論思想。所以王琛認為，孟喜推卦氣以二分為數理架構的時空圖式與陰陽相合，卻與三才體系相分離。揚雄擬周《易》作《太玄》，統一用「陰陽參」表示時空圖示的陰陽消長和天、地、人「三玄」的變化。因此，太玄的「三玄」和「時空」兩個維度的世界圖式結構是統一的，三分不僅是結構性的，還是本體性的〔註81〕。龐樸以為「在兩漢眾多思想家中，能夠不滿足於只從結構上談說三分，而試圖深入到世界本性上去理解並給以說明的，大概只有揚雄一人。」〔註82〕

《漢書・揚雄傳》說：

> 故觀易者，見其卦而名之；觀玄者，數其畫而定之。玄首四重者，
> 非卦也，數也。其用自天元推一晝一夜陰陽數度律曆之紀，九九大
> 運，與天終始。

由這段話，可知揚雄《太玄》建立的「三」進制的思想系統，是以「數」的概念來推衍，《易》見卦名知人間事理，《太玄》則企圖心更大的希望以數術之理，去解釋、並掌握更複雜也更抽象的世界。他期待以三為本的嶄新占法和體系，實是承繼《易》的特色而有其用心的。

三、《太玄》與曆法

從漢初「顓頊曆」，發展到漢武帝元封七年「太初曆」〔註83〕，到揚雄時所採用的曆法，已能將一個月的日數算到29又81分之43，一歲的月數為12又19分之7月。(《漢書・天文志》)。揚雄《太玄》則把八十一首分為七百二十九贊，每兩贊主一晝夜，共三百六十四日半，再加上「踦」「嬴」兩贊，而

〔註81〕 參見王琛，〈西漢「卦氣」與「玄」世界圖式的數理試探——消息用事之「二」、「三」一分〉，《湖南科技學院學報》第29卷7期，2008年7月，頁8～10＋23。

〔註82〕 龐樸認為：「三分」立說，到了漢代，人們致力於宇宙如何創成時，才發現了結構上三分的普遍性，從而有了「天數」、「成數」之類的說法。揚雄仿《周易》作《太玄》，主要動因便是要以三分來取代二分，只是探求仍嫌不足。參見龐樸，《一分為三論》，上海：古籍出版社，2003年版，頁101～104。

〔註83〕 「太初曆」是中國歷史上第一部完整統一，而且有明確文字記載的曆法。在漢武帝太初元年（前104年），由鄧平、唐都、落下閎及司馬遷等根據對天象實測和長期紀錄所制。由漢成帝末年，由劉歆重新編訂，改稱「三統曆」。從漢武帝太初元至漢章帝元和元年，此曆共實行了188年。漢朝初年沿用秦朝的曆法「顓頊曆」，以農曆的十月為曆元（一年之始），但是逐漸發展這種曆法存在許多錯誤，司馬遷在公元前104年（漢武帝元封七年），與太中大夫公孫卿、壺遂等上書，「言曆紀壞廢，宜改正朔」，遂立「太初曆」。

滿一歲為 365 天又 1539 日之 385，正與「三統曆」相合。所以《漢書》本傳
便說《太玄》「與「太初曆」相應，亦有顓頊之曆焉。」而將仿《易》的作品
與曆法相結合，與天地運行的規律相對應，這是創作者的巧思。〈圖〉說：

> 七十二策為一日，凡三百六十四日有半，踦滿焉，以合歲之日而律
> 曆行。故自子至辰，自辰至申，自申至子，冠之以甲，而章、會、
> 統、元與月蝕俱沒，玄之道也

西漢「太初曆」中，曆法起始的元點叫「上元」，經過「甲子」、「甲辰」、「甲
申」，為一周期就稱「元」。元之下分為「章、會、統」三層，一元三統，一
統三會。一章十九年，一會五百一十三年，一統一千五百三十九年。又「太
初曆」中「一元、三統、九會、二十七章」，《太玄》則有「一玄、三方、九
州、二十七部、八十一家」的三進位法，可見《太玄》採納曆法四重三分之
痕跡。〔註 84〕

　　《太玄》吸收了二十四節氣的說法，它以中首的初一贊為冬至氣應，日在
牽牛初度，〈太玄數〉說：「求星從牽牛始，除算盡則是其日也。」然後依次暗
含一年二十四氣，及其交節時的日纏宿度。若根據宋朝王薦的〈太玄擬卦日星
節候圖〉，則可以看到《太玄》兩贊配一天，「中」首為始，應冬至節，次列「周」
首，……，終於「養」首。另外，「六日七分」之說最早見於孟喜，據僧一行
所引孟氏易說：

> 自冬至初，中孚用事。一月之策，九六、七八是為三十。而卦以地
> 六，侯以天五，五六相乘消息一變，十有二變而歲復初。坎、震、
> 離、兌，二十四氣，次主一爻。其初則二至二分也。坎以陰包陽，
> 故自北正。微陽動於下，升而未達，極於二月，凝涸之氣消，坎運
> 終焉。春分出於震，始據萬物之無，為主於內，則群陽化而從之。
> 極于南正。而豐大之變窮，震功窮焉。離以陽包陰，故自南正，微
> 陽生於地下，積而未章，至於八月，文明之質衰，離運終焉。仲秋
> 陰形於兌，始循萬物之末，為主於內，則群陽降而承之。極於北正，
> 而天澤之施窮，兌功窮焉。故陽七之靜始于坎，陽九之動始于震，
> 陰八之靜始于離，陰六之動始於兌。故四象之變，皆兼六爻，而中
> 節之應備矣（《新唐書・志・卷二十七・曆》）

―――――――――――

〔註 84〕 參見劉韶軍，《楊雄與《太玄》研究》，北京：人民出版社，2011 年 8 月，頁
　　　　 305。

可知「六日七分」當屬一種以周《易》與曆法相結合的理論。以其配合一年四季，二十四節氣，七十二候，從而對應人事。它將坎、震、離、兌作為四正卦，代表冬、春、夏、秋四季及北、東、南、西四個方向；每卦六爻，四卦共二十四爻，這樣每一爻代表一節，共二十四節，其中坎卦的初六代表冬至、震卦的初九代表春分、離卦的初九代表夏至、兌卦的初九代表秋分；剩下的六十卦每卦配一歲之日，可得每卦為六又八十分之七日，即「六日七分」。前文提到《太玄》用七百二十九贊配合三百六十四日半，同時以「踦」「嬴」兩贊作為補充，以合《太初曆》。則《太玄》受到卦氣說的影響，將首、贊數與節氣、歲日相配之作，當可由此得見。

孟喜「卦氣說」首次系統地將周《易》六十四卦與自然曆法聯繫起來，用來表示陰陽消息和人事天事的變化過程。揚雄引進此法（用卦氣序、十二月卦言陰陽氣消長〔註85〕）來配合其《太玄》架構的推衍，卻不用卦氣所根據戰國時到漢初流行的「四分曆」，當還是要重新建立起一個「天—地—人」之間無所不包而可與天道感應貫通的思想系統。《漢書·藝文志》：「天文者，序二十八宿，步五星日月，以紀吉凶之象，聖王之所以參政。」可知《太玄》雖然用「首」來代表一年節氣之變化，與當時流行的卦氣說，天文曆法相配合，但卻在本質上不同於孟、京〔註86〕一派以言災異的實用目的。所以鄭萬耕便認為《太玄》構造配合時間空間的宇宙間架，是對孟、京易學的發揮，是進一步哲學化、理論化的產物，亦是漢代自然哲學發展的高峰〔註87〕。而黃開國也說：「《太玄》這個哲學體系最大的特點就在於，它是依據天文曆法的科學成就，來對世界的構成及其發展的一般原則作出哲學論證的。不了解這一點，就不能真正了解揚雄的哲學思想體系。」〔註88〕

〔註85〕詳見本論文第三章。

〔註86〕鄭萬耕認為京房易學通過卦氣說建立起一個以陰陽五行為世界間架的哲學體系。而他也舉出三點認為是揚雄承繼京房學說發揮者：1.納甲說——揚雄以每首九贊分別配十干十二支 2.五行說——揚雄《太玄數》《太玄告》有五行五生五剋之說 3.陰陽二氣說——揚雄進一步發揮了「物極必反」之命題。參見鄭萬耕，《揚雄及其太玄》，臺北：藍燈文化事業股份有限公司，1992年9月，頁93～95。

〔註87〕參見鄭萬耕，《揚雄及其太玄》，臺北：藍燈文化事業股份有限公司，1992年9月，頁95。

〔註88〕參見黃開國，〈《太玄》與西漢天文曆法〉，《江淮論壇》1990年第2期，1990年4月，頁66。

　　兩漢經學家不乏精通曆法者〔註89〕，漢代《易》學表現在易象的創新和與各種知識系統的連結上，並嘗試以科學和自然哲學的思考方式，建立一套可以以簡馭繁的知識系統。〔註90〕所以學者認為，漢代《易》學是中華《易》學發展的黃金時期〔註91〕，《易》與曆結合開展出的象數，成為此期最大的特色。《太玄》中的自然哲學思想，可視作此期《易》學發展的不同面向的嘗試與突破。

〔註89〕　比如：劉歆以「三統曆」解《春秋》，鄭玄據「殷曆」繫年周代，蔡邕用「四分曆」注《月令》。

〔註90〕　參見劉慧珍，《漢代易象研究》，新莊：輔仁大學中國文學系博士論文，王金凌、曾春海指導，1997 年 6 月，頁 5。

〔註91〕　參見朱伯崑，《易學哲學史》，臺北：藍燈文化事業股份有限公司，1991 年 9月，頁 174。

第三章 《太玄》與周《易》

　　揚雄以為「經莫大於周《易》，故作《太玄》」(《漢書·本傳》)，司馬光 (公元 1019 年～1086 年) 〈說玄〉曰:「《易》與《太玄》大抵道同而法異……殊途而同歸，百慮而一致，皆本於太極、兩儀，三才、四時、五行而歸於道德仁義禮也。」〔註1〕唐王通 (公元 584 年～617 年) 〈明宗〉也說:「玄之大旨可知矣，其微顯闡幽，觀象察法，探吉凶之征，見天地之心，同夫《易》也。是故八十一首，擬乎卦幹也；九贊之位，類夫爻者也。《易》以八八為數，其卦六十有四；玄以九九為數，故其首八十有一。《易》之占也以變，而玄之筮也

〔註1〕林宣祐依照司馬光〈說玄〉所言，製表如下:

《周易》與《太玄》之比較表	
《易》畫有二，曰陰曰陽。	《玄》畫有三，曰一曰二曰三。
《易》有六位，曰初二三四五上。	《玄》有四重，最上曰方，次曰州，次曰部，次曰家。
《易》以八卦相重，為六十四卦。	《玄》以一二三錯於方、州、部、家，為八十一首。
《易》每卦六爻，合為三百八十四爻。	《玄》每首九贊，合為七百二十九贊。
《易》有元亨利貞。	《玄》有罔直蒙酋冥。
《易》大衍之數五十，其用四十有九。	《玄》天地之策三十有六，其用三十三策。
《易》有六七八九，謂之四象。	《玄》有一二三，謂之三摹。
《易》有《彖》。	《玄》有《首》。
《易》有爻。	《玄》有贊。
《易》有《象》。	《玄》有《測》。
《易》有《文言》。	《玄》有《文》。
《易》有《繫辭》。	《玄》有《攡》《掜》《圖》《告》。
《易》有《說卦》。	《玄》有《數》。
《易》有《序卦》。	《玄》有《衝》。
《易》有《雜卦》。	《玄》有《錯》。

參見〈從太玄看揚雄的「宇宙論」思想〉，國立政治大學哲學研究所主辦《第十屆政大哲學系研究生論文發表會》，2007 年 6 月 7～8 日。

以逢。」可知《太玄》與周《易》經文在架構和內容上的關聯。本章依此,呈現《太玄》經文的特色。

第一節　首名與首序

關於《太玄》與周《易》結構體例的對照,司馬光〈說玄〉說:「易畫有二,曰陰曰陽;玄畫有三,曰一曰二曰三。易有六位,玄有四重。易以八卦相重為六十四卦,玄以一、二、三錯於方州部家為八十一首。」

《太玄》八十一首而《易經》六十四卦。周《易》以陰陽為本,卦畫有二,《太玄》則以三畫象天、地、人三才。《易經》以太極為一,分陰陽則為二,二的六次方而得六十四卦。將天、地、人的道理,按乾一坤二……六十四未濟排列。《太玄經》得到《易經》啟示,以道「一」起,一以三生,極為九營,方州部家有四,將三作為基數,四次方而得八十一家。以下製表呈現《太玄》「首」與《易》「卦」的比較〔註2〕:

首序	太玄首	周易卦	首序	太玄首	周易卦	首序	太玄首	周易卦
1	中	中孚	2	周	復	3	礥	屯
4	閑	屯	5	少	謙	6	戾	睽
7	上	升	8	干	升	9	狩	臨
10	羨	小過	11	差	小過	12	童	蒙
13	增	益	14	銳	漸	15	達	泰
16	交	泰	17	㸱	需	18	傒	需
19	從	隨	20	進	晉	21	釋	解
22	格	大壯	23	夷	豫	24	樂	豫
25	爭	訟	26	務	蠱	27	事	蠱
28	更	革	29	斷	夬	30	毅	夬
31	裝	旅	32	眾	師	33	密	比
34	親	比	35	斂	小畜	36	彊	乾
37	睟	乾	38	盛	大有	39	居	家人
40	法	井	41	應	咸	42	迎	咸

〔註2〕此表格根據司馬光《太玄集注》注文修訂所製。參見司馬光校注,《太玄集注》,北京:中華書局,1998年9月,240頁。

43	遇	姤	44	竈	鼎	45	大	豐
46	廓	豐	47	文	渙	48	禮	履
49	逃	遯	50	唐	遯	51	常	恆
52	度	節	53	永	同人	54	昆	同人
55	減	損	56	唫	否	57	守	否
58	翕	巽	59	聚	萃	60	積	大畜
61	飾	賁	62	疑	賁	63	視	觀
64	沈	觀	65	內	歸妹	66	去	无妄
67	晦	明夷	68	瞢	明夷	69	窮	困
70	割	剝	71	止	艮	72	堅	艮
73	成	既濟	74	闕	噬嗑	75	失	大過
76	劇	大過	77	馴	坤	78	將	未濟
79	難	蹇	80	勤	蹇	81	養	頤

司馬光〈說玄〉說：「凡《玄》首皆以《易》卦氣為序，而變其名稱。〔註3〕」清焦循《易略圖·論卦氣六日七分》說：「《太玄》所以準《易》者，起於冬至，其首曰中，於易則中孚。其次曰周，陽氣周神而反乎始，於易則復。……《太玄》所準者卦氣也，非易也。」〔註4〕朱伯崑在〈漢代的象數之學〉中說：「如卦氣說，起于中孚，終于頤卦。《太玄》則起于中首，中於養首。中即卦氣說的中孚，養即卦氣說的頤卦義。」〔註5〕鄭萬耕進一步比對，則可知孟喜以六十四卦配一年的日數，棄坎、震、離、兌四卦不用；而《太玄》不取四正卦，八十一首中只有六十卦發生作用。〔註6〕

　　由此可知，《太玄》首序的排列當受到孟、京卦氣說的影響，而作為揚雄創作《太玄》時的參考。揚雄《太玄》配合孟喜以六十卦來配八十一首，又參考卦氣說來擬定首序。在學者的比較整理後，應可以看到明確的痕跡，只是揚雄擬訂了八十一首的順序，卻沒有直接說明《太玄》的首序與《易經》卦序的關聯，所以後人研究就有不同的配對方式。

〔註3〕參見司馬光校注，《太玄集注》，北京：中華書局，1998年9月，頁4。

〔註4〕參見焦循，陳居淵點校，《雕菰樓易學·易圖略·論卦氣六日七分》，北京：北京大學出版社，2012年6月，頁670。

〔註5〕參見朱伯崑，《易學哲學史》，臺北：藍燈文化事業股份有限公司，1991年9月，頁174～175。

〔註6〕參見鄭萬耕，《揚雄及其太玄》，臺北：藍燈文化事業股份有限公司，1992年9月，頁78～90。

比如：在《太玄集注》中，司馬光用「以易解玄」的方式將《太玄》每一首搭配了周《易》每一卦，然在搭配的過程中，或因為卦氣順序、或因為義理訓詁，則會有不同的配卦結果〔註7〕。

又如：宋朱震〈太玄準易圖〉用八十一首與六十四卦配〔註8〕，宋代王薦〈太玄擬卦日星節候圖〉則用八十一首與六十卦（去掉四正卦〔註9〕）兩者配卦的差異除了朱震用「疑」、「沈」、「應」、「勤」、「養」與四正卦配的差別外，

〔註7〕 由《太玄集注》的記載中，可以看到各家對於首與《易》卦配對有不同的看法。田小中認為：「《太玄》首序首要依據的是漢易卦氣之序，故《集注》依孟喜卦氣對范望以來玄首擬卦進行了調整，如〈夷〉首，範注「象〈大壯〉」，《集注》准〈豫〉，並說：「夷，傷也，平也。不傷于物則不能平矣。舊准〈大壯〉，非。」〈疑〉首，《集注》准〈賁〉，並說：「二宋、陸、王皆以為象〈巽〉，範以為象〈震〉，皆非也。」〈沈〉首，《集注》准〈觀〉。「沈，下視也。諸家以為准〈兌〉，非也。」然而有時依卦氣之序沒有差別，就得依另外的標準即文字訓詁或義說，如〈羨〉首，範注「象〈臨〉卦」，而溫公說：「准〈小過〉，舊准〈臨〉卦，非也。」後《本旨》《別訓》仍範注之舊，而〈闡秘〉、〈校釋〉、〈校注〉皆從溫公之說。因為《太玄・衝》：「〈羨〉，私曲。」《太玄・錯》云：「〈羨〉曲。」贊辭亦取「邪曲」為義，邪曲不正，故相當於〈小過〉。」參見田小中，〈司馬光《太玄集注》研究〉，《重慶文理學院學報》（社會科學板）第 32 卷 6 期，2013 年 11 月，頁 33。

黃嘉琳也以司馬溫公《太玄集注》為本，整理《易》卦與太玄首名的對照，然他也以首辭義理判定〈永〉首當配〈同人〉；〈疑〉首當配〈觀〉；又以卦氣義判定〈沈〉首當配〈歸妹〉。參見黃嘉琳，《揚雄《太玄》《法言》氣論思想研究》，臺北：文化大學中國文學研究所碩士論文，王俊彥指導，2008 年 6 月，頁 71～75。

〔註8〕 參見原文：「中，中孚也；周，復也；礥閑，屯也；少，謙也；戾，睽也。上于，升也；狩羨，臨也。此冬至以至大寒之氣也。差，小過也；童，蒙也；增，益也；銳，漸也；達交，泰也；㪍傒，需也；從進，隨也；釋，解也；格夷，大壯也；樂，豫也；爭，訟也；務事，蠱也；更，革也；斷毅，夬也。此立春以至穀雨之氣也。裝，旅也；眾，師也；密親，比也；斂，小畜也；彊睟，乾也；盛，大有也；居，家人也；法，井也；應，離也；迎，咸也；遇，姤也；竈，鼎也；太廓，豐也；文，渙也；禮，履也；逃唐，遯也；常，恆也。此立夏以至大暑之氣也。永，恆也；度，節也；昆，同人也；減，損也；唫守，否也；翕，巽也；聚，革也；積，大畜也；飾，賁也；疑，震也；視，觀也；沈，兌也；內，歸妹也；去，無妄也；晦瞢，明夷也；窮，困也；割，剝也。此立秋以至霜降之氣也。止堅，艮也；成，既濟也；闕，噬嗑也；失劇，大過也；馴，坤也；將，未濟也；難，蹇也；勤養，坎也。」

〔註9〕 《周易》八卦中的坎、離、震、兌。或用以分主四時：坎主冬，離主夏，震主春，兌主秋；或用以分主四方：坎主北，離主南，震主東，兌主西。《魏書・律曆志上》：「推四正卦術曰：因冬至大小餘，即坎卦用事日；春分，即震卦用事日；夏至，即離卦用事日；秋分，即兌卦用事日。」

還有「羨」首朱震配「臨」，而王薦配「小過」；以及「永」首朱震配「恆」，而王薦配「節」。

無論是用六十卦、六十四卦或是義理訓詁的思維與玄首搭配，其實都還是後人的臆度，無法還原揚雄創作時的真正想法。清胡煦便說：「漢之博學以雄為最，然觀『首』之擬『卦』，如『上』、『干』擬『升』，『羨』、『差』擬『小過』，『增』擬『益』，『達』、『交』擬『泰』，『從』擬『隨』，『進』擬『晉』，『釋』擬『解』，『樂』擬『豫』，『爭』擬『訟』，『事』、『務』擬『蠱』，『更』擬『革』，如此之類，止可謂《易》卦中一字注耳。至以八十一首與六十卦相配，所多者二十一，因不得不重，然止是子雲之曆法耳，不當作卦爻看也。若其逐首准《易》而擬辭，則其失為不少矣〔註10〕。」可知揚雄選取了和《易》「卦」意義相似的詞語來擬定《玄》「首」，而《玄》「首」則是依照其自己的思維體系來解釋曆法，且不必然的與《易》卦或孟、京的卦氣或卦序帖合。

此外，由上表可知，《太玄》在立首名時，應是對照著周《易》的卦名而生的。比如：「強」首與〈大象·乾〉「天行健，君子以自強不息」。「馴」首與〈小象·坤·初六〉「履霜，陰始凝也。馴致其道，至，堅冰也」。「交」首與〈彖傳·泰〉：「泰，小往大來，吉亨。」是取其天地相交而萬物通，上下交而其志同」之意；「遇」首與〈彖傳·姤〉：「姤，遇也，柔遇剛也」則是取「剛柔相遇」之意。

在對應於《易》卦名的基礎上，《太玄》命名「首」的方式還有以下幾個特色：

1. 相因為名：此類為《太玄》首名之大宗，即為同義之字，比如：更、革；逃、遯；童、蒙……，彼是可相互因襲。

2. 相異為名：兩者一解釋互為不同，但可和而為一。比如：翕、巽，「翕」之義是收斂；「巽」之義是上下皆順，但都可解作「謙遜」。又如差、小過，「差」是不及，而「小過」即過猶不及。

3. 補充為名：兩者意思互相補足，合而見義。比如：中、中孚；去、无妄；成、既濟；將、未濟，格、大壯……。〈玄錯〉云：「格不容。」陽氣強壯，則不容陰。在《易》配「大壯」，則指陽盛陰消。故以「格」應「大壯」。

4. 重複為應：由於《太玄》有八十一首，所以《易》六十四卦就必須有重複對

〔註10〕 參見《周易函書約存》，《四庫全書珍本·經部·易類第 14 冊》，臺北：臺灣商務印書館。

應的卦，共計兩卦對應一首的有十七卦。比如：羨、差都對小過；大、廓都對豐……。

由上所述，可知《太玄》不是一味的抄襲重複《易》的內容，而是在摹擬形式架構的原則下，仿《易》立首名，並且加入當時流行的卦氣說來安排八十一首的順序。這樣作法的優點是整合了西漢後期學術界的思想，加以鎔鑄，創新至《易》學的發展；而其缺點則由於採用的卦序及擬卦作首的原則未能說明，所以後人擬卦常有疑義不合之處，而這一類的爭議也多是從上文第 4 類「重複為應」，兩卦配一卦之前後位置而生〔註11〕。

第二節　八十一首的首辭、贊辭與測辭

《太玄》經文分為首辭、贊辭與測辭，以下分述介紹。

一、首辭

首辭的功用是概括一首的主旨，相當於《易》的卦辭。下文整理《太玄》八十一首的首辭，製表呈現如下：

首　序	玄　首	首辭
1	䷀中	陽氣潛萌於黃宮，信無不在乎中
2	周	陽氣周神而反乎始，物繼其彙
3	礥	陽氣微動，動而礥礥，物生而難也
4	閑	陽氣閑於陰，礥然物咸見閑
5	少	陽氣澹然施於淵，物謙然能自纖
6	戾	陽氣孚微，物各乖離而觸其類
7	上	陽氣育物於下，咸射地而登乎上
8	干	陽扶物人鑽乎堅，鈆然有穿
9	狩	陽氣彊內而弱外，物咸扶狩而進乎大
10	羨	陽氣贊幽，推包羨爽，未得正行
11	差	陽氣蠢辟於東，帝由群雍，物差其容
12	童	陽氣始窺，物僮然咸未有知

〔註11〕由於八十一首與六十四（六十）卦配，一定會有一七卦（二十一）需要一卦配兩首，由於揚雄沒有說明如何配搭，所以後人「擬首」的不同，就多出於與這一七卦（二十一）相配的前後之首。

13	䷀增	陽氣蓄息，物則增益，日宣而殖
14	䷁銳	陽氣岑以銳，物之生也，咸專一而不二
15	䷂達	陽氣枝枚條出，物莫不達
16	䷃交	陽交於陰，陰交於陽，物登明堂，喬喬皇皇
17	䷄㪯	陽氣能剛能柔，能作能休，見難而縮
18	䷅傒	陽氣有傒，可以進而進，物咸得其願
19	䷆從	陽躍于淵、于澤、于田、於嶽，物企其足
20	䷇進	陽引而進，物出溱溱，開明而前
21	䷈釋	陽氣和震，圓煦釋物，咸稅其枯，而解其甲
22	䷉格	陽乞內壯，能格乎群陰，攘而郊之
23	䷊夷	陽氣傷刿，陰無救瘣，物則平易
24	䷋樂	陽氣出奧，舒疊得以和淖，物咸喜樂
25	䷌爭	陰氣泛施，不偏不頗，物輿爭訟，各遵其儀
26	䷍務	陰氣勉務，物咸若其心而總其事
27	䷎事	陽氣大劭昭職，物則信信各致其力
28	䷏更	陽氣既飛，變勢易形，物改其靈
29	䷐斷	陽氣彊內而剛外，動能斷決
30	䷑毅	陽氣方良，毅然敢行，物信其志
31	䷒裝	陽氣雖大用事，微陰據下，裝而欲去
32	䷓眾	陽氣信高懷齊，萬物宜明，嫭大眾多
33	䷔密	陽氣親天，萬物丸蘭，咸密無間
34	䷕親	陽方仁愛，全真敦篤，物咸親睦
35	䷖斂	陽氣大滿於外，微陰小斂於內
36	䷗彊	陽氣純剛幹幹，萬物莫不彊梁
37	䷘晬	陽氣袀晬清明，物咸重光，保厥昭陽
38	䷙盛	陽氣隆盛充塞，物實然盡滿厥意
39	䷚居	陽方躆膚赫赫，為物城郭，萬物咸度
40	䷛法	陽氣高懸厥法，物仰其墨，莫不被則
41	䷜應	陽氣極於上，陰信萌乎下上下相應
42	䷝迎	陰氣誠形乎下，物咸遡而迎之
43	䷞遇	陰氣始來，陽氣始往，往來相逢
44	䷟竈	陰雖沃而灑之，陽猶熱而酥之

45	䷀大	陰虛在內，陽蓬其外，物與盤蓋
46	䷀廓	陰氣瘁而愈之，陽猶恢而廓之
47	䷀文	陰斂其質，陽散其文，文質班班，萬物粲然
48	䷀禮	陰在下而陽在上，上下正體，物與有禮
49	䷀逃	陰乞章強，陽氣潛退，萬物將亡
50	䷀唐	陰氣茲來，陽氣茲往，物且蕩蕩
51	䷀常	陰以知臣，陽以知辟，君臣之道，萬世不易
52	䷀度	陰氣日躁，陽氣日舍，躁躁舍舍，各得其度
53	䷀永	陰以武取，陽以文與，道可長久
54	䷀昆	陰將離之，陽尚昆之，昆道尚同
55	䷀減	陰氣息，陽氣消，陰盛陽衰，萬物以微
56	䷀唫	陰不之化，陽不之施，萬物各唫。唫遇禍，唫遇禍
57	䷀守	陰守戶，陽守門，物莫相干
58	䷀翕	陰來逆變，陽往順化，物退降集
59	䷀聚	陰氣收聚，陽不禁禦，物相崇聚
60	䷀積	陰將大閉，陽尚小開，山川藪澤，萬物攸歸
61	䷀飾	陰白陽黑，分行厥職，出入有飾
62	䷀疑	陰陽相磑，物咸雕離，若是若非
63	䷀視	陰成魄，陽成妣，物之形貌咸可視
64	䷀沈	陰懷於陽，陽懷於陰，志在玄宮
65	䷀內	陰去其內而在乎外，陽去其外而在乎內，萬物之既
66	䷀去	陽去其陰，陰去其陽，物咸倜倡
67	䷀晦	陰登於陽，陽降於陰，物咸喪明
68	䷀瞢	陰征南，陽征北，物失明貞，莫不瞢瞢
69	䷀窮	陰氣塞宇，陽亡其所，萬物窮遽
70	䷀割	陰氣割物，陽形縣殺，七日幾絕
71	䷀止	陰大止物於上，陽亦止物於下，下上俱止
72	䷀堅	陰形胼冒，陽喪其緒，物競堅彊
73	䷀成	陰氣方清，陽藏於靈，物濟成形
74	䷀闕	陰陽交跌，相闞成一，其禍泣萬物
75	䷀失	陰大作賊，陽不能得，物陷不測
76	䷀劇	陰窮大泣於陽，無介儔，離之劇

77	䷀䷀馴	陰氣大順，渾沌無端，莫見其根
78	䷀䷀將	陰氣濟物乎上，陽信將復始乎下
79	䷀䷀難	陰氣方難，水凝地拆，陽弱於淵
80	䷀䷀勤	太陰凍冱，難創於外，微陽邸冥，臍力於內
81	䷀䷀養	陰弸於野，陽蓲萬物，赤之於下

由上表可看出，《太玄》的首文贊象強調一個陰陽氣消長的體系，從第 1 首「中」到第 40 首「法」，說的是陽氣由「潛盟」到「初生」到「強盛」的過程，從第 41 首「應」到第 81 首「養」，說的則是陰氣由萌到盛的變化。所以其中心思想，是說明一年周期之內陰陽二氣的詳細變化情形〔註12〕。由於八十一首與一年曆法相配，所以八十一首是一個整體，而每一首也都是一個階段。由此而生的贊辭，也就是循此理路來說解這一首在陰陽消長中所扮演的環節。

《太玄》還把八十一首平均分配到一年的月份中。第一首「中」，「陽氣潛萌於黃宮」，代表陽氣潛而將興；第三十六首「彊」：「陽氣統剛」，此時陽氣最盛；第四十一首「應」：「陽氣極于上，陰信萌乎下，上下相應」，陽氣漸衰；第六十七首「窮」，「陰氣塞宇，陽亡其所」，陰氣極盛；第七十八首「將」：「陰氣濟物乎上，陽信將復始之乎下」，陽氣又恢復。學者認為，這亦是揚雄採孟喜卦氣之說中的「十二月卦」及「六十卦配七十二候」說〔註13〕的證例。朱伯崑言：「京房《易》傳打破周《易》卦序順序，按自己的陰陽消長說，制定了一個八宮圖式，這對揚雄自創《太玄》體系是有影響的〔註14〕。」可知揚雄應當是參考了當時孟、京易學，不僅講陰陽之象，還講陰陽之數，配合曆法發展而成的哲學思想。

首辭著重陰陽氣息流動的思想，下貫到贊辭，就開始展現人世禍福吉凶由占卜而產生的指示原則。

二、贊辭

〈說玄〉說：「《易》每卦六爻，合為三百八十四爻；《玄》每首九贊，合

〔註12〕 參見劉韶軍，《楊雄與《太玄》研究》，北京：人民出版社，2011 年 8 月，頁 115。

〔註13〕 《逸周書・時訓解》以「五日為候，三候為氣，六氣為時，四時為歲」，一年二十四節氣共七十二候。關於揚雄與孟喜十二月卦的關聯，參見鄭萬耕，《揚雄及其太玄》，臺北：藍燈文化事業股份有限公司，1992 年 9 月，頁 76～77。

〔註14〕 參見朱伯崑，《易學哲學史》，臺北：藍燈文化事業股份有限公司，1991 年 9 月，頁 175。

為七百二十九贊，皆當期以日。」由於《太玄》各畫在首中的意義，所以他用九贊來解釋首的意義。司馬光說贊是用來「明聖人順天之序，修身治國而示人吉凶者也﹝註15﹞。」七百二十九贊分別對應一年之中每一日的晝與夜，因此贊辭就分為晝贊或夜贊﹝註16﹞。同時，又以贊的數位定其奇偶，然後奇、偶，陰、陽，晝、夜連結起來就可以判斷吉凶。明葉子奇《太玄本旨·序》說：「例以陽家一、三、五、七、九為晝，措辭吉；二、四、六、八為夜，措辭凶；陰家二、四、六、八為晝，措辭吉，一、三、五、七、九為夜，措辭凶。自始至終，一定不移。」陽家指八十一首中的奇數首，陰家則指偶數首。也可以把八十一首七百二十九贊合起來看，奇數贊為晝，措辭吉；偶數贊為夜，措辭凶。

今以第42首「迎」觀之：

䷀迎。陰氣成形乎下，物咸遡而迎之。

初一，迎他匪，無貞有邪。測曰，「迎他匪應」、非所與并也。

次二，蛟潛於淵，陵卵化之；人或陰言，百姓和之。測曰，「蛟潛」之「化」、中精誠也。

次三，精微往來，妖先靈覺。測曰，「精微往來」、妖咎徵也。

次四，裳有衣襦，男子目珠，婦人嘯鉤，貞。測曰，「裳有衣襦」、陰感陽也。

次五，黃乘否貞。測曰，「黃乘否貞」、不可與朋也。

次六，玄黃相迎，其意感感。測曰，「玄黃相迎」、以類應也。

次七，遠之昒，近之桮，迎父迎迊。測曰，「遠昒」「近桮」、失父類也。

次八，見血入門，摒迎中廷。測曰，「見血入門」、以賢自衛也。

上九﹝註17﹞，濕迎床足，罩于牆屋。測曰，「濕迎床足」、顧在內也。

﹝註15﹞ 參見司馬光校注，《太玄集注》，北京：中華書局，1998年9月，頁4。

﹝註16﹞ 宋王薦〈太玄擬卦日星節候圖〉，參見鄭萬耕，《揚雄及其太玄》，臺北：藍燈文化事業股份有限公司，1992年9月，頁78～89。

﹝註17﹞ 田小中認為《太玄》九贊的贊題，初一、次二、次三、次四、次五、次六、次七、次八、上九，已反映出事物發展的一定次序。此取自《洪範》而略有改動。《洪範·九疇》「初一曰五行，次二曰敬用五事，次三曰農用八政，次四曰協用五紀，次五曰建用皇極，次六曰乂用三德，次七曰明用稽疑，次八曰念用庶微，次九曰嚮用五福、威用六極。」揚雄吸收《洪範》明次序之法，又擬《易》六爻之次，將《洪範》之「次九」改為「上九」，以之反映事物發展的由低到高從始至終的次序。參見田小中，《《太玄》易學思想研究》，山東大學博士論文，2009年3月，劉玉建教授指導，頁50。

由於「迎」是第 42 首，屬偶數首，所以它是陰家。而陰家第一、三、五、七、九贊即為夜贊，且觀其贊辭如：「無貞有邪」、「黃乘否貞」之句可知措辭凶；又陰家而第二、四、六、八贊即為晝贊，且觀其贊辭如：「人或陰言，百姓和之」、「玄黃相迎，其意感感」之句，可知措辭吉。

《太玄》贊辭，在個別語句或句式上有與周《易》爻辭相似之處〔註18〕，但大體上當還是揚雄依據他所設定八十一首內容條例的再一次說明。王青認為周《易》之筮辭，有記事之辭，如「入於穴，有不速之客三人來，敬之，終吉」之類；有取象之辭，如「見龍在田」之類；有說事之辭，如「君子終日乾乾，夕惕若」之類；有斷占之辭，如「利貞」、「無咎」之類。而《太玄》中的贊辭有取象之辭與說事之辭兩類。〔註19〕今以前例「迎」首為例，「蛟潛於淵」便是取象之辭；「迎他匪，無貞有邪」便是說事之辭。斷占之辭轉而進入《太玄》的測辭。記事之辭明白記下當世所發生的事，則不屬揚雄欲採用的表達方式。

在〈玄摛〉中，揚雄也說明撰寫贊辭的依據：

玄之贊辭也，或以氣，或以類，或以事之骫（古委字，曲）卒。謹問其性，而審其家，觀其所遭遇，劘（切磨）之於事，詳之於數，逢神而天之，觸地而田之，則玄之情也得矣。

〈玄摛〉還說「首者，天性也。」《太玄》每首贊辭的擬定，有的依照每首所當行的陰陽五行之氣，有的依據同類事物以相從，有的則是依據人行事的委屈始終。審慎的觀察各首陰陽剛柔之性，視各贊的遭遇，研討贊辭所說之事，詳究奇偶陰陽數，逢陽而尊，遇陰而卑，依此規律，便可得「首」之意及「玄」之情。

揚雄是西漢末年紛亂之世的朝廷大臣，《太玄》經文的贊辭，也就充滿著

〔註18〕王兆立、于成寶，〈《太玄》的筮法和天道觀略論〉一文中舉例如：《太玄‧戾‧次四》「夫妻反道，維家之保」與《周易‧小畜‧九三》「輿說輻，夫妻反目」，《太玄‧上‧次三》「出於幽谷，登於茂木，思其珍穀」與《周易‧困‧初六》「臀困於株木，入于幽谷，三歲不覿」，《太玄‧中‧次二》「神戰于玄，其陳陰陽」與《周易‧坤‧上六》「龍戰於野，其血玄黃」，《太玄‧礥‧次七》「出險登丘，或牽之牛」與《周易‧無妄‧六三》「無妄之災，或繫之牛，行人之得，邑人之災」等句，都可發現二者的相似性。參見王兆立、于成寶，《周易研究》2009 年第 4 期（總 96 期），2009 年 5 月，頁 24。

〔註19〕參見王青，〈《太玄》研究〉，《漢學研究》第 19 卷 1 期，臺北：漢學研究中心，2001 年 6 月，頁 83～84。

知識份子對於人事、社會乃至忠君的社會關懷。徐復觀便說：「他以草《玄》來逃避政治，但《太玄》中依然反映出他對當時政治問題的批評〔註20〕。」他舉閑首贊文為例：

閑：陽氣閑於陰，礦然物咸見閑。

初一：蛇伏於泥，無雄有雌。終莫受施。測曰：蛇伏於泥，君不君也。

次二：閑其藏，固珍寶。測曰：閑其藏，中心淵也。

次三：關無鍵，舍金管。測曰：關無鍵，盜入門也。

次四：拔我輑軌，小得利小征。測曰：拔我輑軌，貴以信也。

次五：礦而閑而，拔我奸而，非石如石，厲。測曰：礦閑如石，其敵堅也。

次六：閑黃堁，席金第。測曰：閑黃堁，以固德也。

次七：趄趄，閑於遽篨，或寢之盧。測曰：趄趄之閑惡在舍也。

次八：赤臭播關，大君不閑，克國乘家。測曰：赤臭播關，恐入室也。

上九：閑門以終，虛。測曰：閑門以虛，終不可實也。

徐氏認為首辭說「陽氣閑於陰」就是指皇權落於外戚，被奪權於王氏。關於王皇后事件，《漢書》的記載如下：

說孝元王皇后，成帝母也。家凡十侯，五大司馬，外戚莫盛焉。自有傳。(《漢書・外戚傳》)

元帝崩，太子立，是為孝成帝。尊皇后為皇太后，以鳳為大司馬大將軍領尚書事，益封五千戶。王氏之興自鳳始。又封太后同母弟崇為安成侯，食邑萬戶。鳳庶弟譚等皆賜爵關內侯，食邑。(《漢書・元后傳》)

後五年，諸吏散騎安成侯崇薨，諡曰共侯。有遺腹子奉世嗣侯，太后甚哀之。明年，河平二年，上悉封舅譚為平阿侯，商成都侯，立紅陽侯，根曲陽侯，逢時高平侯。五人同日封，故世謂之「五侯」。(《漢書・元后傳》)

歲餘，成帝崩，哀帝即位。太后詔莽就第，避帝外家。哀帝初優莽，

〔註20〕參見徐復觀，《兩漢思想史・卷二》，臺北：學生書局，1976年6月，頁543。

不聽。莽上書固乞骸骨而退。上乃下詔曰:「曲陽侯根前在位,建社稷策。侍中太僕安陽侯舜往時護太子家,導朕,忠誠專壹,有舊恩。新都侯莽憂勞國家,執義堅固,庶幾與為治,太皇太后詔休就第,朕甚閔焉。其益封根二千戶,舜五百戶,莽三百五十戶。以莽為特進,朝朔望。」又還紅陽侯立京師。哀帝少而聞知王氏驕盛,心不能善,以初立,故優之。(《漢書・元后傳》)

三代以來,《春秋》所記,王公國君,與其失世,稀不以女寵。漢興,后妃之家呂、霍、上官,幾危國者數矣。及王莽之興,由孝元后歷漢四世為天下母,饗國六十餘載,群弟世權,更持國柄,五將十侯,卒成新都。位號已移于天下,而元后卷卷猶握一璽,不欲以授莽,婦人之仁,悲夫!《漢書・元后傳贊》

西漢成帝河平二年(公元前 27 年),是王家「五侯」同日封侯的時間,王莽當時 18 歲。26 歲的揚雄也還未入京為官,可知徐氏所提到的贊文中,當是哀帝即位後之事。而由上所列的第四段文字看來,即使王皇后想要王莽避險,而上書乞退位,初即位的哀帝,也知道王家勢力的驕盛霸道,而對王莽甚為優厚。

建平元年(公元前 7 年),此時正是任職京師,四十多歲的揚雄作《太玄》之時,所以針對外戚亂政的亂象,他在贊辭中,以時事喻之。徐氏認為「初一:蛇伏於泥,無雄有雌。」指的是王元后專權;次二:「閑其藏,固珍寶」(藏器於身)即王元后「詔莽就第」以避哀帝的祖母家傅氏及母家丁氏的勢力;「次三:關無鍵,舍金管」(關無鎖牡,金管鑰匙也無用)指當時丞相如同虛設,以大司馬主政;「次五:礦而閑而,拔我奸而,非石如石,屬」(五處尊位,當拔姦,欲以不正拔物,則敵堅如石而自身危)指哀帝用丁氏防範王氏,使本不是石的變的如石之堅;「次六:閑黃坎,席金笫」(坎為城,笫為簀,司馬光注君子以德自防,外患無從而危)指王氏勢力穩固。「次七:跙跙,閑於邊陬,或寢之廬」(惡人已跙跙然入吾室而不自知)指哀帝以不正當方式拒王,反使王元后實納之於室;「次八:赤臭播關,大君不閑,克國乘家」(司馬光注解赤臭為陰陽交爭,殺傷之氣)赤臭指哀帝欲以赤精子之讖且欲傳位於董賢之事;「上九:閑門以終,虛」指哀帝想改成帝祿去王室,權柄外移的狀況,但用錯方法,凡促成王莽篡漢之勢。〔註21〕

〔註21〕 參見徐復觀,《兩漢思想史・卷二》,臺北:學生書局,1976 年 6 月,頁 545～547。

劉保貞也舉贊辭說明揚雄的忠君思想〔註22〕。比如：〈應・初一〉：「六幹羅如，五枝離如。測曰：六幹羅如，附離君也」劉氏以《漢書・律曆志》「天六地五，數之常也。天有六氣，降生五味。夫五六者，天地之中合，而民所受以生也」以證六、五指天地亦喻指君臣。

又王青舉〈馴・次六〉之贊：「囊失括，泄珍器。測曰：囊失括，臣口溢也。」認為揚雄當指師丹被免職一事〔註23〕。他認為綜觀整部《太玄》，可以看出當時的時代背景應該是大臣去位、小人無道而進以及婦人干政，並列舉相關贊辭〔註24〕。可知《太玄》贊辭固然不明言記事，不過對於自己關心的世道國運，他還是不自覺地，將勸誡之意貫注到了贊辭之中。

問永寧以「刺莽說」為題，以贊文為據，證明揚雄在贊文之中，由許多針對王莽而言的部分。比如王莽代漢，自居黃帝之後，當如哀帝改號「陳聖劉太平皇帝」應漢火之禪，即「火生土」之說。但《太玄》贊文卻「刻意」混亂「木生火克土」之序，強調「木」之生，而隱藏其深意於贊文之中〔註25〕。

〔註22〕 參見劉保貞，〈《太玄》贊辭所倡明君、賢臣思想述評〉，《齊魯學刊》2001 年第 2 期（總 161 期），頁 29～33。

〔註23〕 《漢書・師丹傳》說：「又丹使吏書奏，吏私寫其草，丁、傅子弟聞之，使人上書告丹上封事行道人遍持其書。上以問將軍中朝臣，皆對曰：『忠臣不顯諫，大臣奏事不宜漏泄，令吏民傳寫流聞四方。「臣不密則失身」，宜下廷尉治。』」師丹因此而被免職。

〔註24〕 比如〈養・次七〉：「小子牽象，婦人徽猛，君子養病，測曰：牽象養病，不相因也。」、如〈割・次五〉：「割其股肱，喪其服馬。測曰：割其股肱，亡大臣也。」〈內・次二〉：「邪其內主，迕彼黃床。測曰：邪其內主，遠乎寧也。」范望曰：「內主謂婦也。迕，遠也，黃，中也。」〈內・次六〉：「黃昏于飛，內其羽。雖欲滿宮，不見其女。測曰：黃昏內羽，不能自禁也。」〈內・次八〉：「內不克婦，荒家及國，涉深不測。測曰：內不克婦，國之尊也。」〈內〉為陽家，偶數為不吉之贊。婦人干政應該是指哀帝時史事而非成帝時史事〈廓・次三〉：「廓無子，室石婦。測曰：廓無子，焉得後生也。」顯然是影射成、哀時帝室無後的史實。參見王青，〈《太玄》研究〉，《漢學研究》第 19 卷 1 期，臺北：漢學研究中心，2001 年 6 月，頁 79～82。

〔註25〕 問氏的原文如下：《太玄・居》上九：「株生蘖，其種不絕。」測曰：「株生蘖，其類乃長也。」《居》系第三十九首，五行屬木，上九為金，克木，位當絕，本無生機，然揚雄竟讓其生蘖不絕。《太玄・內》次七：「枯垣生莠，矔頭納其稚婦，有。」測曰：「枯垣生莠，物慶類也。」《內》為第六十五首，五行屬火，火王木廢，故曰枯木，可是揚雄竟讓木生，還要「物慶類也」。《太玄・永》次七：「老木生蒔，永以纏其所無。」測曰：「老木生蒔，永厥體也。」《永》為第五十三首，五行屬木，木王火相，揚雄亦讓木生，還要「永厥體也」。此三條文字，全出《周易・大過》九二：「枯楊生稊，老夫得其女妻，無不利。」

《漢書‧揚雄傳》說：「《太玄》苟非其事，文不虛生。」問氏又引邵子之說：

> 《太玄》其辭微，其旨晦，保其存，懼其亡，蓋當乎亂世而歷其艱
> 險也。《易》曰：作易者其有憂患乎？又曰：於稽其類而衰世之意耶？
> 此亦可見雄之志矣。（《太玄論》，《永樂大典》卷四九二三）

可知《太玄》贊辭當有揚雄個人的寄託之語，雖然辭危旨晦，但還是可以從其
文字當中，抽絲剝繭的找出揚雄之所指與他可能的想法及志向。

《太玄》贊辭中還有特殊的「踦」「嬴」兩贊，它們的贊辭、測辭分別如下：

> 踦贊一，凍登赤天，晏入玄泉。測曰，「凍登赤天」、陰作首也。

> 嬴贊二，一虛一嬴，踦奇所生。測曰，「虛」「嬴」「踦踦」、禪無已也。

蓋《太玄》七百二十九贊，合三百六十四日半，增「踦」贊之半日（〈玄圖〉
說：「凡三百六十四日有半，踦滿焉」），尚不足歲之日，故曰「踦」。范望注說：
「凍，至寒也，而天至高。晏，至熱也，而泉至深也」，「凍在天上，故為首也」
即陰生於上，陽起於下，陰陽相生，物極必反之理。

又關於「嬴」贊，三百六十五日已補足，尚餘四分日之一，以「嬴」贊補
之，正滿一歲之日。贊辭解為一虛一實，欠餘相生，陰陽消息亦是禪讓相傳。

司馬光注「數之踦嬴，雖天地不能齊也。夫惟不齊，乃能生生，變化無窮。
〔註26〕」葉子奇注「一虛一嬴，由其有餘零不盡，所以相生無窮也。」「踦」
「嬴」兩贊雖是補足曆法天數之不合而作，但贊辭中論及陰陽相生、物極必反，
實重申了《太玄》陰陽相生相滅，生生不窮之理。

三、測辭

再將「測」與易經的象辭作對照：「象」附於爻辭，解爻；「測」也是附於
贊辭之下解贊，以「測曰」的方式說解每一贊。測文今本已散入每首贊辭之後，
由文字敘述可知測辭乃為測知各贊禍福、休咎、臧否與否的解說。由於斷占之
辭隱含於說事與取象中，較為隱晦，必須由測辭加以進一步的說明。

和《大過》九五：「枯楊生華，老婦得其士夫，無咎無譽。」《漢書‧五行志》
引《京房易傳》：「枯楊生稊，枯木復生，人君亡子。」《大過》所談，有吉有
無咎無譽。京房所取，更非吉象。可是《太玄》所云，「枯垣生荂」亦吉，殘
垣斷壁不是草木適合生長之地，為何亦以吉相許？參見問永寧，〈《太玄》是一
部謗書──「刺莽說」新證〉，《周易研究》2005年第6期（總74期），2005
年6月，頁78。

〔註26〕參見司馬光校注，《太玄集注》，北京：中華書局，1998年9月，頁204。

　　《太玄》每一贊的贊辭都可以做出不只一種解釋，說明不只一種現象；各種事情都可以從中連類而推之，作出相應的結論。排列有一定的規律，若把《太玄》首贊，視作一個時空模式，「贊」表具體的時位，偏重時位的變化；「首」表整體有序的時位，偏重時位的狀態。〔註27〕而由〈玄測都序〉觀之〔註28〕，「測」就是勾連「贊」、「首」，能夠順利詮解陰陽升降，而終能出現如〈玄測〉序言所言「貞通」的關鍵。

　　《太玄》推衍出一套「三」進位的數字符號系統，其架構直接承繼《易》傳，但比《易》傳又進一步。不僅如此，在《太玄》首、贊、測辭裏，也表現出了揚雄對於人事的關懷和的時代特性。所以，固然《太玄》沒有辦法如《易》般周延完整的解釋世界、說明義理，但自成體系的縝密結構以及說明宇宙人生規律的哲思，則是《太玄》常被忽略的用心與價值。

第三節　《太玄》的索首與占斷方式

　　揚雄之後，關於《太玄》卜筮的事蹟，有以下兩則流傳：

　　據范望注〈玄數〉，王莽在與劉秀作戰時，曾以《太玄》占卜：

> 王莽將有事，以《周易》筮之，遇「羝羊觸藩」；以《太玄》筮之，逢《干》首，陰家，其位一五七也，而以七決之，其辭云：「何戟解解」。〔註29〕

「何戟解解」出自「干」首的次七，根據本論文 68 頁對照表格，「干」首仿的是升卦。「解解」是戟多貌，故與「羝羊觸藩」意合，范望舉此例以證《易》與《太玄》卜筮結果的相襲。然此例不見於史籍。

　　唐柳宗元作解祟賦〈並序〉說：

〔註27〕《太玄》每首是一個大的「時」九贊是其中有序的小的「時」。一贊之「時」，以晝夜相間排列示意，首之「時」通過首辭說明陰陽的狀態。首符與九贊，皆是時位的統一體。贊表具體的時位，偏重時位的變化。首表整體有序的時位，偏重時位元的狀態。《太玄》首贊，即是一個時空模式。他認為《太玄》首贊的時位意義，正是對《易》卦爻時位的解釋。參見田小中《太玄》易學思想研究〉，山東大學博士論文，2009 年 3 月，劉玉建教授指導，頁 61。

〔註28〕參見〈玄測都序〉原文：「盛哉日乎，丙明離章，五色淳光。夜則測陰，晝則測陽，晝夜之測，或否或臧。陽推五福以類升，陰幽六極以類降，升降相關，大貞乃通。經則有南有北，緯則有西有東。巡乘六甲，與斗相逢，歷以記歲，而百穀時雍。」

〔註29〕參見范望注，《太玄經》，北京：中國書店，萬玉堂本，2014 年 1 月，頁 335。

柳子既讁，猶懼不勝其口，筮以《玄》，遇「干」之八，其贊曰：「赤
舌燒城，吐水於瓶。」其測曰：「君子解祟也。」喜而為之賦。……
吾懼夫灼爛灰滅之為禍，往搜乎《太玄》之奧。

「干」首圖進取，「君子解祟」正是「干」首次八的測辭，而「赤舌燒城，吐
水於瓶」指佞人多言，是以傾城，幸賴吐水於瓶，少殺其焚城之勢〔註30〕。柳
子全以《太玄》之首、贊、測為賦的題目與內容，且自言用《太玄》占卜並占
斷，可知柳宗元時猶能以《太玄》作占卜之用。

　周《易》本是卜筮之書，有一定的筮法。揲蓍求卦之法記載於〈繫辭〉當
中，但較為簡略。《太玄》也有揲蓍索首的方法，由於《太玄》擬《易》，所以
其占法是研究漢代易占的重要參考資料。〈說玄〉說：「易有大衍之數五十，其
用四十有九；玄天地之策各十八，合為三十六策，地則虛三，用三十三策。易
揲之以四，玄揲之以三。易七八九六，謂之四象；玄有一二三，謂之三摹。」
以下將《太玄》中的卜筮法，分層論述，首先，〈玄數〉說：

三十有六而筮視焉。天以三分，終於六成，故十有八策。天不施，
地不成，因而倍之，地則虛三以扮天十八也。

先準備筴（占筮所用的蓍草）36 策。「天以三分」，一般解為以「三」象三才，
黃宗羲在〈太玄蓍法〉指三分為「參天之數」即天之本數。或有「極一為二，
極二為三，極三為推〔註31〕」解之。「終於六成」指一、二、三相加為六，3 乘
6 得 18，故《太玄》占筮所用的蓍草有天之策 18、地之策 18。「天不施，地不
成，因而倍之」范望解為「陰不下陽，陽不施陰，故曰不成。因此十八位，其
數為三十六，故言因而倍之〔註32〕」。所謂「地則虛」就像《易》「大衍之數」
五十，其用四十有九。「地則虛三」因為地在天之下，空地之三以示下於天，
所以實用 33 策。

　占卜時，從 33 策的蓍草中開始：

別一以挂于左手之小指，中分其餘，以三搜之，并餘於芳（扐〔註33〕）。

〔註30〕參見鄭萬耕，《太玄校釋》，北京：北京師範大學出版社，1989 年 2 月，葉注
　　　　頁 31。
〔註31〕指「一分為二，一與二配而為三之理」。參見鄭萬耕，《太玄校釋》，北京：北
　　　　京師範大學出版社，1989 年 2 月，頁 302。
〔註32〕參見范望注，《太玄經》，北京：中國書店，2014 年 1 月，頁 331。
〔註33〕古代數蓍草占卜，將零數夾在手指中間稱「扐」。在此解釋成「將其餘蓍草置
　　　　於所掛蓍草旁。」

　　一芳之後而數，其餘七為一，八為二，九為三。六算而策道窮也。

六筹（算）的步驟依序是：

1. 將一蓍草掛於左手小指。

2. 將餘下 32 根蓍草隨意分為兩部分，是謂「中分其餘」。

3. 「中分」之後，將其中一部分按照每 3 策一組分數，是謂「以三搜之」。

4. 搜過之策，仍置原處。在「三搜」之後，將其餘蓍草

　　（或 1 策，或 2 策，或 3 策）置於所掛蓍草之旁，是謂「並餘於芳」。

5. 「一芳之後」，再數另一部分蓍草，「以三搜之」。搜過之策，仍置原處。

6. 數至 10 以下，所餘蓍草必為 7、8、9 策。

　　所餘 7 策為奇「一」，8 策為偶「--」，9 策為和「---」是謂定畫。可以確定「首」之一位。至此乃一次揲蓍的完成，是所謂「六算而策道窮」。

　　　依照上述「別一」、「中分」、「三搜」、「並餘」、「再數」、「定畫」6 步驟的策算，再經過四度定畫，確定方、州、部、家四位，《玄》之一首定。這就是《太玄》索首揲蓍的方式。

　　　舉例以卜：以三十三策掛一於左手小指間，將餘下的三十二根隨意分為左右兩簇，分別以三揲之，餘下不足三或為三，夾於左手五指間。將夾在左手指間的除去，將餘下的又餘為左右兩簇，但不再掛一（不先收起一蓍草），分別以三揲之。按此步驟進行，得到十以下的堆數：九（堆）為「---」，得八（堆）為「--」，得七（堆）為「一」，重複四次，即可由下到上，依序得到家、部、州、方〔註34〕成為一首。

　　　《周易‧繫辭上》說：「易有聖人之道四焉，……以卜筮者尚其占。」當然依法卜出結果後，進一步判斷吉凶，如合占斷呢？《太玄》之占斷完全是依靠算出來「首」的陰陽、經緯、晝夜來確定，其具體方法是：

　　　首先如前文所述，判斷首的陰陽，八十一首中從第 1 首「中」到第 40 首「法」說的是陽氣由潛萌到初生到強盛的過程，首屬陽；從第 41 首「應」到第 81 首「養」說的則是陰氣由萌到盛的變化，首屬陰。筮得陽首則吉，筮得陰首則凶。

　　　然後如〈玄數〉說：

　　　　逢有下中上，下思也，中福也，上禍也。思、福、禍各有下中上。以

─────────────

〔註34〕參見王兆立，于成寶，〈《太玄》的筮法和天道觀略論〉，《周易研究》2009 年第 4 期（總第 96 期）頁 26。

畫夜別其休咎焉。極一為二，極二為三，極三為推，推三為嬴贊，贊嬴入表，表嬴入家，家嬴入部，部嬴入州，州嬴入方，方嬴則玄。一從、二從、三從，是謂大休。一從、二從、三違，始、中休，終咎。一從、二違、三違，始休，中、終咎。一違、二從、三從，始咎，中、終休。一違、二違、三從，始、中咎，終休。一違、二違、三違，是謂大咎。占有四：或星，或時，或數，或辭。旦則用經，夕則用緯。觀始、中，決從終。

指九贊之位分有上中下，初一、次二、次三在下，為思；次四、次五、次六居中，為福；次七、次八、上九在上，為禍。思、福、禍又各分有下中上，即〈玄圖〉所說的「夫一也者、思之微者也；四也者、福之資者也；七也者、禍之階者也。三也者、思之崇者也；六也者、福之隆者也；九也者、禍之窮者也。二五八、三者之中也。」除了依卜筮法算出來的結果，判斷吉凶還要用卜卦的時間來協助，這就是所謂的「以畫夜別其休咎」。

《太玄》中的贊辭分為經與緯兩種，初一、次二、次五、次六、次七贊為經，次三、次四、次八、上九贊為緯〔註35〕。九贊之中分為三表：經之中，初一、次五、次七為第一表，緯之中，次三、次四、次八為第二表，經之次二、次六與緯之上九為第三表。旦筮用經，夜筮用緯，中筮二經贊一緯贊，也就是說：如果占筮的時間是在早晨，決定吉凶是看一、五、七的贊辭；占筮的時間在是晚上，那就看三、四、八之贊辭；如果在是日中或夜中，那就看二、六、九之贊辭。而《太玄》中贊辭的吉凶是有一定之規格。陽首（奇數之首）的一、三、五、七、九贊為「休」（陽），二、四、六、八贊為「咎」（陰），陰首則二、四、六、八贊為「休」（陽），一、三、五、七、九贊為「咎」（陰）。實際上，一算出首，便可判定吉凶。如果旦筮逢陽首，那麼就一從、二從、三從，始、中、終皆吉；遇陰首則是一違、二違、三違，始、中、終皆凶。如果是夕筮，逢陽首，那麼就是始吉，中、終凶；遇陰首，始凶、中、終吉。若日中、夜中筮，當陽首，那就是始、中凶，終吉；當陰首，那就是始、中吉，終凶。雖然要看一表之「始、中、終」三個贊辭，但最後決斷占筮的吉凶，主要還是會依據「終」之贊辭。《太玄》的占法，只能定出某首，無法確定要用哪一贊來占斷。

〔註35〕見葉子奇注玄測序說：「經則有南有北，緯則有西有東。」李周龍以五行方位解釋經緯，並舉〈玄圖〉以證「一與六共宗（北方），二與七共明（南方），三與八成友（東方），四與九同道（西方），五與五相守（中央）。」參見李周龍，《易學拾遺》，臺北：文津出版社，1992年3月，頁258。

　　所以〈玄數〉提到占斷要依靠：「星」，是星宿〔註36〕；「時」，是時刻；「數」，是位數；「辭」，是贊辭。四種方式來參合驗之，也就是不要只單一的採用一種方式，應作一綜合的對照。〈玄數〉說：

　　　凡筮有道：不精不筮，不疑不筮，不軌不筮，不以其占不若不筮。
　　　神靈之（神靈之）曜曾越卓〔註37〕。

即只要守著精誠、解疑、合於道、且相信《太玄》的占斷的說法，那麼讚美（體悟）《太玄》玄數之神靈高明超邁就是可能之事。

　　朱熹對於《太玄》的占斷方式提出了看法，他說：

　　　大抵《易》之書，如雲行水流，本無定相，確定說不得。揚子雲《太
　　　玄》一爻吉，一爻凶，相間排將去，七百三十贊乃三百六十五日之
　　　晝夜，晝爻吉，夜爻凶，又以五行參之，故吉凶有深淺，毫髮不可
　　　移，此可為典要之書也。聖人之《易》，則有變通。如此卦以陽居陽
　　　則吉，他卦以陽居陽或不為吉；此卦以陰居陰則凶，他卦以陰居陰
　　　或不為凶：此「不可為典要」之書也。（《朱子語類・卷第七十六》）

朱子認為，《易》爻位吉凶反映的正是「變動不居」的變化之理，即《繫辭》所謂「不可為典要，唯變所適」。而《太玄》卻吉凶篤定而「毫髮不可移」，這與《易》變動的本義不同，《太玄》成為「典要之書也」，自然也就離道日遠了。

　　林麗真說：「周《易》的時間觀念……不是使用概念的解說或理論的分析，而是採取一種特殊的形式結構來彰顯。……以『--』與『—』這兩種基本爻號，分別代表『陰』與『陽』，重疊六畫以成一卦，進行排列組合，恰成六十四卦三百八十四爻的一整套周《易》系統。而在此中，它似乎是把六十四卦看成宇宙間六十四種時間狀況的表徵；而每一卦中的六個爻，便看成是呈顯該卦時間動態意義的六個相連續的單位。」〔註38〕王青認為周《易》的占卜方法，象有兩種：一曰卦象，二曰爻象；數有兩種：一曰陰陽數，二曰爻數，即爻位。一卦既占成，在周《易》可以根據卦辭和卦象占斷，另外通過

〔註36〕李周龍說：「星象與律呂是西漢卦氣說之所未及，但卻是揚雄太玄構成的主要
　　　因子」，頁232。並舉二十八星宿與八十一首相配，頁262～264。參見，李周
　　　龍，《易學拾遺》，臺北：文津出版社，1992年3月。
〔註37〕曾同層，曜曾越卓解釋成高明超邁。《太玄校釋》陳本禮注解。參見鄭萬耕，
　　　《太玄校釋》，北京：北京師範大學出版社，1989年2月，頁301。
〔註38〕林麗真，〈周易「時」、「位」觀念的特徵及其發展方向〉，收於林麗真《義理易
　　　學鉤玄》（臺北：大安，2004），頁8。

變卦之法可以確定爻位，確定爻位後，再參照爻位、爻辭、爻象加以判斷。然而，在《太玄》的占筮體系中，首象、位象的意義僅在於區分各首，它並不包含象徵意義，而《太玄》每首無斷辭，而首象與贊辭是完全分開的，首象和位象不能幫助斷決〔註39〕。所以他認為《太玄》並不是以斷占為長的筮書，而其價值在於以一個完整的體系，試圖揭示宇宙社會的規律。

其實，《太玄》的占卜正是建立在「立人之德」的基礎上，〈玄瑩〉說：

> 天地福順而禍逆，山川福卑而禍高，人道福正而禍邪。故君子內正
> 而外馴，每以下人，是以動得福而亡禍也。福不醜不能生禍，禍不
> 好不能成福。

可知《太玄》固然在卜筮的方法和占斷的方式較《易》僵化許多，但對於得出來較確定的答案以及「或星，或時，或數，或辭」參合以驗福禍吉凶的方式，則說明了禍福是人世間必經的歷程，而君子立德，才是趨福避禍基礎。他依〈繫辭〉所推衍出的占卜方式，其意義，顯然是超越卜筮以問吉凶的本質，不是針對盲從惑亂給予答案，而是敬德理性的與天地萬物之道相合並自我參驗、自我提升。

第四節　小結

《四庫全書總目提要·子部·卷一百零八》說葉子奇的《太玄本旨》「歷舉所求而未通者八條，以明未足盡易之旨。」他所說的八條「求而未通」的質疑如下：

> 《易》之立象命名，莫不有義，如乾之六陽，健莫如也，故以名乾；
> 坤之六陰，順莫如也，故以名坤。天地交而為泰，天地隔而為否；
> 一陽來而為復，一陰生而為姤；五陽決一陰而為夬，五陰剝一陽而
> 為剝，以至六十四卦莫不皆然。我不知玄之為中、為周、為礥、為
> 閑，以至八十一首，其於四畫之位果何所見以取象命名乎！此求而
> 未通者一也
> 夫卦與首既不同，爻與位亦有異。徒擬中於中孚，擬周為復，擬礥、
> 閑為屯，吾不知何中之虛，何陽之復，何剛柔始交而難生！初無其

〔註39〕參見王青，〈《太玄》研究〉，《漢學研究》第19卷第1期，臺北：漢學研究中心，2001年6月，頁83。

義。此求而未通者二也。

夫易爻,以立卦辭,以明爻,故爻有六而辭亦六。今玄畫有四而贊辭反九,是上無所明,下無所屬。首自首而贊自贊,本末二致。此求而未通者三也

易畫自下而上,故爻辭亦自下而上。玄畫自上而下,而贊辭乃自下而上,上下背馳,此求而未通者四也。

易名陽爻以九,陰爻以六。今玄雖列九贊,但以次言之初無指名,此求而未通者五也。

易之爻位吉凶,推之以才德時象之變,錯之以中正剛柔之位。故可吉可凶,其法變動而不拘。今玄例以陽家一三五七九為晝措辭吉,二四六八為夜措辭凶,陰家二四六八為晝措辭吉,一三五七九為夜措辭凶,自始至終一定不移其法,膠固而無變,此求而未通者六也。

聖人之於易,雖未嘗不致其扶陽抑陰之義,然陰陽者造化之本,不可相無。聖人於其不可相無者,則以健順仁義之屬明之。雖其消息之際有淑慝之分,固未始以陽全吉而陰全凶也。今玄例以晝吉夜凶陰禍陽福,恐亦未足以盡聖人之微旨,此求而未通者七也

聖人仰觀俯察見,天地之間不過陰陽兩端而已。因畫一奇以象陽、畫一偶以象陰,奇偶之上復加一陰一陽,馴而至於六十四卦,三百八十四爻其於歲數雖不求其盡合,而自無不合。今玄首畫既不同別立九贊,以兩贊當一日,凡七百二十九贊當一歲,三百六十四日半外立踦嬴二贊,以當氣盈朔虛。雖於歲數盡合蓋,亦模倣於曆以附會焉。初未見其必然,恐彌綸天地之經殆不如此,此求而未通者八也

根據葉氏的質疑,可知「未通者」一到五條都是對於《太玄》玄首贊設立與周《易》卦爻排列的不同。「未通者」六、七條,指的是卜筮方法與周《易》的不同。「未通者」第八條提出踦嬴二贊乃模倣曆法附會而成。

清人胡煦說:「子雲《太玄》之作,其卦氣起中孚、六日七分之說取京房;其分爻配卦之法,取諸周《易》;其踦嬴之法取之於氣盈朔虛,蓋合三家之長,而自為一書,用以推步者也。〔註40〕」這說明了《太玄》經文的特色,正是擷

〔註40〕參見胡煦《周易函書約存·卷十》,《四庫全書珍本·經部·易類第 14 冊》,臺北:臺灣商務印書館,1959 年。

取了《易經》、卦氣說和曆法「三家之長」的擬《易》之作。以下針對「三家之長」作說明，並解釋葉子奇的八條未通的疑問：

（一）在卦氣說部分

蘇洵曰：「聖人之意曰六十四卦者，《易》也；六日七分者，吾以為曆也。在曆以數勝，在《易》以道勝。」(《嘉祐集‧太玄論上》)蘇洵認為漢易卦氣只是曆數，不能透顯《易》理。徐復觀則認為，《太玄》較卦氣說更具思想性〔註41〕。依此觀之，《太玄》和孟、京易學以卦爻辭比附災異的方法不同，但實則以《太玄》加上自己思想的特色去發展卦氣之說。本章已舉諸家之說來證明《太玄》與孟、京學說的關聯。從四正卦的取用與否、中孚用卦（配中首）、六十（四）卦配一年之日之數、六日七分、六卦主二十四節氣說，都可以找出《太玄》襲用孟、京學說的痕跡。

（二）取諸周《易》分爻配卦

由首名的擬定以及與周《易》各卦名稱的相應，可知《太玄》之首就是依據周《易》的卦而擬定，其贊辭雖不比周《易》卦爻辭多變靈活，但卻比卦爻辭更有條理、更有規律可尋。其實，《太玄》首本是符號化的數，所以自然與周《易》的卦象不同。此外《太玄》首名只是對周《易》卦名略加變化而來固然屬模擬，但對於比照以及安排八十一首的用心，其實也不需過於苛求。在贊辭與測辭的部分，揚雄則作了更符合於時代及個人身分的創作，所以學者認為，《太玄》贊辭中匯聚著揚雄所領會的諸子百家的精華，反映的是揚雄對當時社會人生的獨特看法〔註42〕。

（三）踦嬴之法所取之的「氣盈朔虛」

指《太玄》與曆法的吻合。雖然朱子謂之「零星補湊」〔註43〕。然而，《太玄》以二贊當一日，七百二十九贊當三百六十四日而半，加上踦、嬴贊以足成三百六十五又四分之一日。如前所言，「踦」贊補之半日，尚餘四分日之一，以「嬴」贊補之。《太玄》是以當時最新研發出的「太初曆」為參考，仔細配

〔註41〕 參見徐復觀，《兩漢思想史‧卷二》，臺北：學生書局，1976年6月，頁547。

〔註42〕 參見劉保貞，〈論《太玄》對《周易》的模仿與改造〉，《周易研究》，2001年第1期，2001年7月，頁54。

〔註43〕 「自有《易》以來，只有康節說一個物事如此齊整。如揚子雲《太玄》便零星補湊得可笑，若不補，又卻欠四分之一；補得來，又卻多四分之三。」(《朱子語類‧卷一百》)。

成的架構，而非只是依照當時各家卦氣之說，推衍拼湊而成。

（四）在卜筮部分

問永寧在〈試論《太玄》筮法〉一文，比較了歷來學者的說解，整理出了最合理正確的《太玄》占卜方式〔註44〕。而學者談到《太玄》筮法的特色有二：第一、揚雄將首的陰陽屬性、贊的晝夜屬性、位元的經緯屬性，都作了預先的規定。可知《太玄》的意義首先在於表達揚雄思想中的宇宙圖式，占筮只不過是建立在這種宇宙圖式基礎上的活動。《太玄》筮法無法產生變卦，從而無法在揲蓍求卦上把八十一首構成一個相互影響的有機系統。第二、揚雄在占辭的取擇上，創立了參看三條贊辭的方法（即所謂「一從、二從、三從」），這三條贊辭，如果從贊位的角度看，蘊涵了考察事物發展由始到盛到終整個過程的意味，從而使占筮的結果富有一定的辯證色彩〔註45〕。由此可知，《太玄》筮法已不同於周《易》。它已從《易》重「變」的精神，轉成一種規律的追求。所以由陰陽消長的過程，到占卜占斷的程序，它都規定的分明，然後才依「星，時，數，辭」，作一綜合的參驗。

漢代《易》學發展從孟、京到《易緯》，至西漢末時象數《易》學興盛，揚雄作《太玄》相承此派的特色，卻不脫儒家「德義」為本的思想，除了強調「升降相關，大貞乃通」（〈玄測都序〉）的效果，還是要由「內正而外馴，每以下人，是以動得福而亡禍」（〈玄瑩〉）。此外，一個新系統的塑成，採用「三」進位，依此衍出新的卜筮方法。而重新設定的首、贊、測辭，與《易》息息相關，卻又大膽的推陳出新，以當世的社會、政治現象，及一己的人文關懷為基，建立起一套新的人生禍福的指導原則。在信仰及尚德的思惟路線之間，開出了「尚智」、「重思」的思想，這當是《太玄》擬《易》之另一價值所在。

〔註44〕問氏比較范望、蘇洵、司馬光、黃宗羲等四家說解《太玄》筮法之異說，以為范望的方法出現七的可能大，由蘇洵的方法出現九的頻率更高，黃宗羲之說法最為正確。參見問永寧，《陝西教育》2006 年第 8 期，2006 年 8 月，頁 222。

〔註45〕參見王兆立，于成寶，〈《太玄》的筮法和天道觀略論〉，《周易研究》2009 年第 4 期（總第 96 期），頁 26。

第四章　《太玄》傳與《易》傳

　　《易》傳是解釋或闡發卦辭、爻辭，或論卦的文字。因為是解經的作品，所以稱傳。共七種，分別為：〈彖〉上下篇，〈象〉上下篇，〈文言〉，〈繫辭〉上下篇，〈說卦〉，〈序卦〉，〈雜卦〉共十篇，後人稱「十翼」。翼者，輔翼也，能輔佐經義，猶如鳥的雙翼。〈說玄〉說：「易有彖，玄有首；易有爻，玄有贊；易有象，玄有測；易有文言，玄有文；易有繫辭，玄有攡、瑩、圖、告；易有說卦；玄有數；易有序卦，玄有衝；易有雜卦，玄有錯。〔註1〕」整理司馬光《太玄集注》的說法〔註1〕，以下製表比較兩者關係：

《易》傳	主要內容〔註3〕	太玄	主要內容〔註4〕
彖傳上下	彖者，言乎象也	首	天性。說明各首的內容。亦統論一首之義也
象傳上下	易者象也，象也者，像也。	測	所以知其情。說明各首辭、各贊辭的內容
說卦	解說卦爻來源及其蘊含之意義	數	品式。
序卦	說明六十四卦篇名與排列次序	衝	對其正也。
雜卦	說明各卦之間的錯綜關係	錯	絣也。

〔註1〕參見司馬光校注，《太玄集注》，北京：中華書局，1998年9月，頁5。
〔註2〕參見司馬光校注，《太玄集注》，北京：中華書局，1998年9月，頁205～253。
〔註3〕此處以原典如：〈繫辭〉的解釋為主，再輔以說明。
〔註4〕此處以原典〈玄捝〉的解釋為主，再輔以說明。

| 繫辭上下 | 繫辭焉以斷其吉凶。（繫於卦爻或上下經之後）通論周易和筮法。 | 攡、瑩、圖、告、掜 | 攡、張之（《太玄》）
瑩、明之（《太玄》）
圖、象也（《太玄》）
告、（《太玄》）其所由往也
掜、擬也。（《太玄》） |
| 文言 | 專門解說〈乾〉、〈坤〉兩卦 | 文 | 藻飾。 |

由上表可知《太玄》仿照《易》傳之作的篇章對應關係。這其中，「十翼」對上《太玄》十一篇傳，〈彖〉、〈象〉、〈繫辭〉分上下篇而《太玄》各十一篇。又〈象〉中以一卦大象推衍道德意義的稱〈大象〉，取爻辭發揮義理的稱〈小象〉；而《太玄》的〈測〉則主要是對贊辭的解說。下文即針對各篇章的內容釋義，以呈現《太玄》與〈易傳〉思想的異同。

第一節 〈玄首〉、〈玄冊〉序與〈玄衝〉、〈玄錯〉

《太玄》中，〈玄首〉、〈玄測〉本是單獨成文。晉范望《太玄解贊》為之作注，把首辭、測辭分散在各首之間，由一首文配九條贊辭，每一贊辭配一測辭，自是流傳的《太玄》版本都採用此種方式。但首辭與贊辭內容是不同的，贊辭針對一描述預示吉凶，首辭主要呈現陰陽兩氣消長過程中的一部分。首辭是總括性的解釋，測辭則有助於理解每一贊辭之所指。

一、〈玄首都序〉、〈玄首測序〉釋義

〈玄首〉、〈玄測〉各有兩篇序文，今置於《太玄》全文之首，〈玄首都序〉如下：

> 馴乎！玄，渾行無窮正象天。陰陽玭參，以一陽乘一統〔註5〕，萬物資形。方、州、部、家，三位疎成，曰陳其九九，以為數生。贊上群綱，乃綜乎名，八十一首，歲事咸貞。

馴乎是嘆辭，點明「玄」順當運行、無礙、無窮、無形貌的態勢如天一般。陰陽兩氣相比（配）相參，成三。陰陽兩氣消長，萬物的盛衰，視陽而定，所以說「一陽乘一統，萬物資形」。這樣的三位布成，再經「方州部家」四重，再以九九之數乘之，可得八十一首之數。八十一首及其所配之贊，便囊括了群綱，

〔註5〕鄭萬耕認為此統解為「三統曆」。參見鄭萬耕，《太玄校釋》，北京：北京師範大學出版社，1989年2月，頁2。劉韶軍仿效「太初曆」的一元三統。參見劉韶軍，《揚雄與《太玄》研究》，北京：人民出版社，2011年8月，頁149。

並且可以綜整事、物之名。而可以配合讓一歲之事都正。

由〈玄數〉「極一為二，極二為三，極三為推」以及〈玄告〉「玄生神象二，神象二生規，規生三摹」之句，可知揚雄是刻意的改變推展周《易》的陰陽二分到《太玄》的三分（奇「一」偶「--」和「---」）架構。周《易》〈彖〉、〈象〉兩傳用陰陽剛柔解釋卦爻象，學者認為陰陽是主宰這過程及階段的動力，《太玄》三分系統則結合起來說明陰陽變化與萬物生成變化之關係〔註6〕。所以雖然揚雄沒有進一步說明「三」的義涵，卻明白地建立起一個三分的架構。

〈玄首測序〉說：

> 盛哉日乎，丙明離章，五色淳光。夜則測陰，晝則測陽，晝夜之測，或否或臧。陽推五福以類升，陰幽六極以類降，升降相關，大貞乃通。經則有南有北，緯則有西有東。巡乘六甲〔註7〕，與斗相逢，歷以記歲，而百穀時雍。

測序稱讚日的光明如文章，日光五色純粹光亮。《太玄》七百二十九贊各屬晝與夜，因此贊辭就分為晝贊或夜贊，而由測來確認陰陽對禍福之用。陰陽由「五福六極〔註8〕」來推升幽減，能了解陰陽升降之理，就能通透天地人事的一切。日運行乘六甲計其程，北斗星的運行與之相反而相逢，斗日之逢，以六甲計日程，以經緯定方位，可以制定曆法、記年歲，依此而百穀收成、時和年豐。測辭對贊辭作輔助性的說明，所以〈玄攡〉說：「測、所以知其情。」

從首序和測序的內容看來，首序言《太玄》「三」的系統架構天地陰陽消長、說明萬物資形之妙；測序言卜筮時，時間（晝、夜）空間（經、緯）的相配。兩者都提到。若能了解到《太玄》之玄理，就能貞通歲事，了解天地運行及人事福禍升降的規律。

二、〈玄衝〉、〈玄錯〉釋義

〈玄攡〉說：「衝、對其正也。」〈玄衝〉是模仿〈序卦〉，將八十一首依照順序，正反相對的作對比。而比對的方式是第1首對第41首，第2首對第42首……第40首對第80首，第81首〈養〉無所對。下文列表呈現之：

〔註6〕 參見劉韶軍，《楊雄與《太玄》研究》，北京：人民出版社，2011年8月，頁150。

〔註7〕 天干地支相配，其中甲子、甲戌、甲申、甲午、甲辰、甲寅為六甲。

〔註8〕 《尚書・洪範》說五福是：「一曰壽、二曰富、三曰康寧、四曰攸好德、五曰考終命。」六極為：「凶短折、疾、憂、貧、惡、弱」。

1～40首	41～80首	解　釋〔註9〕
〈中〉則陽始	〈應〉則陰生	「陽氣始生」故言陽始；「陰氣始生」故言陰生
〈周〉復乎德	〈迎〉逆乎刑	「陽生為德」；「陰氣主殺」。陽陰氣皆剛生交而通卻未逢。
〈礥〉大戚	〈遇〉小願	「物生之難」故大戚；迎首言「陰陽往來相逢，各得所求」故小願。
〈閑〉孤	〈竈〉鄰	「陰氣閑閑陽氣」故孤；「陰陽相互沃洒熱和」故鄰。
〈少〉微也	〈大〉肥也	「陽氣謙然能自纖」故微；「陽氣蓬大」故肥。此兩首為陽氣小大相對。
〈戾〉內反	〈廓〉外違	「物各乖離」故內反；「陽氣外擴」故外違。
〈上〉觸素	〈玄文〉多故	「陽氣育物而下，射地而登乎上」，初具質；「萬物粲然，文質班班」，多故。即質與文相對。
〈干〉狂也	〈禮〉方也	「陽氣扶物鑽堅」，故狂強；「上下正體，物與有理」故方禮。
〈狩〉則來	〈逃〉則亡	「陽氣扶疏而進」故曰來；「陽氣潛退，萬物將亡」故曰逃。
〈羨〉私曲	〈唐〉公而無欲	「陽氣謂得正行」故私曲；「陽氣坦蕩宏大」故公無欲。
〈差〉過也	〈常〉穀	「物差其容」參差不齊故曰過；「君臣之道」穀為善，臣道順從故曰穀。
〈童〉寡有	〈度〉無乏	「陽氣始窺」故寡有；「陰陽各得其度」故無乏。
〈增〉始昌	〈永〉極長	「陽氣蓄息」故始昌；「道可長久」故極長。
〈銳〉執一	〈昆〉大同	「專一不二」故執一；「尚同」故大同。
〈達〉日益其類	〈減〉日損其彙	「物莫不達」故日益；「萬物已微」故日損。
〈交〉相從也	〈唫〉不通也	「陰陽相交」故相從；「陰不化，陽不施」故不通。
〈爽〉有畏	〈守〉不可攻	「見難而縮」故有畏；「陰守戶，陽守門」故不可攻。弱強相對。
〈傒〉也出	〈翕〉也入	「可以進而進」故出；「物退降集」故入。

〔註9〕本表格「解釋」部分主要根據《太玄》各首的文字來印證對照。參見鄭萬耕，《太玄校釋》，北京：北京師範大學出版社，1989年2月。輔以劉韶軍，《楊雄與《太玄》研究》，北京：人民出版社，2011年8月，頁156～161；以及魏啟鵬《《太玄經》道家易札記——讀《玄》札記之二》，《道家文化研究》第12集（道家易），北京：生活·讀書·新知三聯書局，1998年1月，頁253～269。且凡屬首辭部分，皆以「」記之，不再重複說明出處。

〈從〉散也	〈聚〉集也	「陽躍，物企其足」故散；「物相崇聚」故集。
〈進〉多謀	〈積〉多財	「陽氣開明而前」故多謀；「萬物收歸」故多財。多謀對多積。
〈釋〉推也	〈飾〉衰也	「陽氣震釋萬物」故推動；「陰陽分行」故衰。
〈格〉好也是	〈疑〉惡也非	「陽氣內壯」故好也是；「若是若非」故惡也非。
〈夷〉平	〈視〉傾	「萬物平易」故平；「陰主陽從」故傾。
〈樂〉上揚	〈沈〉下藏	「陽氣出奧舒揚」故上揚；「陽氣降墜幽藏」故下藏。
〈爭〉士齊也	〈內〉女懷也	「不偏不頗」故士齊；「陰外陽內」故女懷。
〈務〉則憙	〈去〉則悲	「物咸若其心」故憙；「陰陽相去，物咸倜倡」故悲。
〈事〉尚作	〈晦〉尚休	「陽氣大大勖，物各致其力」故尚作；「陰登於陽，陽降於陰，物咸喪明」故尚休。
〈更〉變而共笑	〈晉〉久而益憂	「陽氣既飛，變勢易形，物改其靈」故變而共笑；「陰征南，陽征北，物失明貞」故久而益憂。
〈斷〉多事	〈窮〉無喜	「陽氣強內而剛外，動能有決斷」故多事；「陰氣塞宇，陽亡其所，萬物遂窮」故無喜。
〈毅〉敢	〈割〉愳	「陽氣方良，毅然敢行，物信其志」故敢；「陰氣割物，陽形縣殺，七日幾絕」故愳。
〈裝〉徙鄉	〈止〉不行	「陽氣雖大用事，微陰據下，裝而欲去」故裝束徙鄉；「陰上陽下，下上俱止」故不行。
〈眾〉溫柔	〈堅〉寒剛	「陽氣信高懷齊，萬物宜明」故溫柔；「陰形胖冒，陽喪其緒」故寒剛。
〈密〉不可閒	〈成〉不可更	「萬物丸蘭（芄瀾，蓬生），咸密無間」故不可閒；「陰氣方清，陽藏於靈，物濟成形」故不可更。
〈親〉親乎善	〈閱〉閱乎恩	「陽方仁愛，物咸親睦」故親乎善；「陰陽交跌，禍泣萬物」故閱乎恩。
〈斂〉也得	〈失〉亡福	「陽氣大滿於外，微陰小斂於內」故得；「陰大作賊，陽不能得，物陷不測」故亡福。
〈彊〉善不倦	〈劇〉惡不息	「陽氣純剛」故善不倦；「陰窮大泣，陽無介儔，離之劇」故惡不息。
〈晬〉君道也	〈馴〉臣保也	「陽氣袀晬清明，物咸重光，保厥昭陽」故君道；「陰氣大順，渾沌無端」故臣保。
〈盛〉壯	〈將〉老也	「陽氣隆盛」故壯；「陰氣濟物乎上，陽信將複始乎下」故老。

〈居〉得乎位	〈難〉遇乎詘	「陽方赫赫……，萬物咸度」故得乎位；「陰氣方難……，陽弱於淵」故遇乎詘。
〈法〉易與天下同	〈勤〉苦而無功	「高懸其法，物莫不被則」與天下同故功易且大；「太陰凍冱難創於外，微陽邸冥脅力於內」故苦而無功。
	〈養〉受群餘，君子養【吉】，小人養凶也	

由上述內容可知，所謂的「對其正」，就是用相衝相對之首來相互詮解。在八十一首兩兩相對的情況下，第八十一首就無所對，但對於第八十一首，〈玄衝〉還是以「受群餘」來說明，最終亦是復始之意。

〈玄捆〉說：「錯、絣也。」可知〈玄錯〉篇是錯雜、簡要的去解釋《太玄》首的意義，由於是無序，所以稱雜。揚雄摹仿〈雜卦〉「以異相明」、「一字記之」的作法。以下製表呈現〈玄錯〉內容：

〈玄錯〉原文兩首相比	相成或相反	解　釋〔註10〕
〈中〉始〈周〉旋	○	「初始」與「復始」，周而復始
〈羨〉曲〈毅〉端	×	「未得正行」故曲邪「陽氣良方」故端直
〈晬〉、〈玄文〉之道，或淳或班	×	「陽氣袀晬」與「文質班班」
〈彊〉也健，〈傒〉也弱	×	「陽氣純剛乾乾」與「陽氣有傒」
〈積〉也多而〈少〉也約	×	「萬物收歸」與「謙然能自纖」
〈視〉也見而〈晦〉也瞽	×	「物之形貌咸可視」與「物皆喪明」
〈童〉無知，〈盛〉而有餘		「物僮然皆未有知」與「陽氣隆盛充塞」
〈去〉離故而〈將〉來初	×	「陽去其陰，陰去其陽」與「陽將複始」
〈大〉也外而〈斂〉也內	×	「陽蓬其外」與「物退降集」
〈狩〉也進，〈覤〉也退	×	「扶狩進忽大」與「見難而縮」
〈樂〉、佚遏；〈勤〉、躑躅	×	「物咸喜樂」與「脅力於內」故勤勉

〔註10〕本表格「解釋」部分主要根據各首首辭。參見鄭萬耕，《太玄校釋》，北京：北京師範大學出版社，1989 年 2 月。輔以劉韶軍，《揚雄與《太玄》研究》，北京：人民出版社，2011 年 8 月，頁 161～164；以及魏啟鵬《太玄經》道家易札記——讀《玄》札記之二〉，《道家文化研究》第 12 集（道家易），北京：生活・讀書・新知三聯書局，1998 年 1 月，頁 253～269。

〈達〉、思通；〈窮〉、思索	×	「枝枚條出」與「萬物窮邃」
〈干〉在朝而〈內〉在席	×	「陽扶物，有穿」與「陽去其外而在乎內」
〈差〉、自憎；〈飾〉、自好	×	「物差其容」參差不齊曰過故自憎與「出入有飾」
〈格〉不容而〈昆〉寬裕	×	「陽乞內壯，能格乎群陰」與「陰將離之，陽尚昆之，昆道尚同」無所不容
〈增〉日益而〈減〉日損	×	「物則增益」與「陰盛陽衰，萬物以微」
〈馴〉奉令而〈戾〉相反	×	「陰氣大順」奉陽氣令與「物各乖離」
〈釋〉也柔而〈堅〉也剛	×	「陽氣和震圜煦，釋物解甲」與「陰形胼冒，物競堅彊」
〈夷〉平易而〈難〉頡頏	×	「物則增益」與「陰氣方難，陽弱於淵」頡頏謂上下
〈斷〉多決而〈疑〉猶與	×	「動而能斷絕」與「若是若非」
〈逃〉、有避；〈爭〉、有趣	×	「陽氣潛退」與「物與爭訟」趣，疾行以向
〈進〉、欲行；〈止〉、欲鷙	×	「陽引而進，開明而前」與「上下具止」鷙，距止。
〈廓〉、無方；〈務〉、無二		「恢而廓之」與「陽氣勉務，物咸若其新」
〈應〉也今而〈度〉也古	×	「上下相應」為今與「制度」為古
〈迎〉、知前；〈永〉、見後	×	「陰誠乎下，物咸邀迎」與「道可長久」
〈從〉也牽，〈守〉也固	×	「陽氣引物」與「陰陽各守門戶」
〈礙〉、拔難；〈劇〉、無赦		「物生之難」與「據惡不息」
〈唐〉蕩蕩而〈閑〉瘀塞	×	「陽陰往來，物皆蕩蕩」與「陽氣閑於陰，物咸見閑」
〈更〉、造新；〈常〉、因故	×	「變勢易行」與「萬世不易」
〈失〉、大亡；〈斂〉、小得	×	「陽無所得」與「微陽小斂」
〈竈〉、好利；〈法〉、惡刻		「陰沃而灑，陽熱而穌」與「陽氣高懸厥法」所以惡受害
〈禮〉也都而〈居〉也室	×	「上下正體，物與有禮」與「物各得居」
〈聚〉、事虛；〈眾〉、事實	×	「陰氣收聚」與「陽氣信高，萬物宣明」
〈闔〉也皆合二而〈密〉也成用一		「陰陽相合成一」與「萬物丸蘭（芄瀾，蓬生），咸密無間」
〈上〉、志高；〈沈〉、志下	×	「射地而登乎上」與「陽氣降墜幽藏」
〈交〉、多友；〈唫〉、少與	×	「陰陽互交」與「陰不化、陽不施」

〈銳〉、鋤鋤；〈嘗〉、割刞	×	「陽氣岑以銳，物之生也，咸專一而不二」鋤鋤，銳進。與「物失明貞，莫不嘗嘗」割刞即趑趄，難進。
〈親〉、附疏；〈割〉、犯血	×	「陽方仁愛，物咸親睦」與「陽氣割物」
〈遇〉、逢難；〈裝〉、候時		「陰氣始來，陽氣始往，往來相逢」與「裝而欲去」
〈事〉、自竭；〈養〉、自茲	×	「各致其力」與「陽薀萬物」
〈格〉也乖而〈昆〉也同	×	「陽乞內壯，能格乎群陰」與「陰將離之，陽尚昆之，昆道尚同」
〈增〉有益而〈減〉有損〔註11〕	×	「陽氣蓄息，物則增益」與「陰盛陽衰，萬物以微」
〈成〉者、功就不可易也		

晉韓康伯《易繫辭傳注》〔註12〕說：「雜卦者，雜揉眾卦，錯綜其義，或以同相類，或以異相明也。」可知〈雜卦〉用相反相成的觀點，把六十四卦兩兩一組，分為三十二對比較，一正一反，並用一兩個字解釋其卦義和相互關係，可與〈序卦〉印證對照。而《太玄》〈玄衝〉、〈玄錯〉兩篇亦是採取類似的作法。只是〈序卦〉是用一卦接一卦，頂真方式的排序說解；〈玄衝〉則是用兩兩相對的方式，以首文的內容，相互對比，兩首的內容有相反亦有相成。〈雜卦〉多用一字，且兩卦的內容有相反有相成；〈玄錯〉則多用兩字，且依上表所示，可知其對首的意義多取相反而釋。

第二節 〈玄攡〉、〈玄瑩〉、〈玄圖〉、〈玄告〉、〈玄捴〉篇釋義

〈繫辭〉繫於卦爻或經文之後解釋《易》，主要針對：《易經》的性質、基本原理、占卜的重要原則與簡明體例，三點作解釋發揮。今將仿〈繫辭〉的〈玄攡〉、〈玄瑩〉、〈玄圖〉、〈玄告〉、〈玄捴〉等篇，加以整理說明，並說明其特色。

〔註11〕關於「〈格〉也乖而〈昆〉也同」「〈增〉有益而〈減〉有損」兩句話的重復，依《太玄集注》，當為范望本原文，而宋衷補之。然陸續所藏古本沒有這兩句重出。茲錄之，不定其存否，以此注說明。參見司馬光集注，《太玄集注》，北京：中華書局，1998年9月，頁213。

〔註12〕參見韓康伯，《繫辭傳》，臺北：成文出版社，《無求備齋易經集成‧3》，1976年。

一、《太玄》的性質

〈繫辭〉說:「生生之謂易」又說:「一陰一陽之謂道,繼之者善也,成之者性也。」定義性地說明了《易》的本質。〈玄攡〉中也定義「玄」:

> 玄者、幽攡萬類而不見形者也。資陶虛無而生乎規,攔神明而定摹,通同古今以開類,攡措陰陽而發氣。一判一合,天地備矣。天日迴行,剛柔接矣。還復其所,終始定矣。一生一死,性命瑩矣。

可知「玄」是《太玄》的重要核心思想。此玄雖是鋪敍萬類、通古今、措陰陽的萬物之源。但比較特別的,相較於生生之易的剛健之德,《太玄》是以「虛無不見」的「玄」作為他的核心思想。

〈玄瑩〉說:

> 天地開闢,宇宙祏坦。天元咫步,日月紀數。周渾曆紀,群倫品庶。或合或離,或贏或踦。故曰:假哉天地,啗函啟化,罔裕於玄。終始幽明,表贊神靈。太陽乘陰,萬物該兼。周流九虛,而禍福絓羅。

宇宙時空的開始,由天元的起點開始一步一步的發生,因而有日、月的律曆之紀,從周運曆紀的角度,認識了解天地萬物、人世事理的離、合、贏、缺。所以說偉大的天地,包容萬物的發展變化,都是來自於取之不盡的玄。萬物都有起、始、幽、明,了解玄理便可表明贊助其神妙。大陽為陰之主,陰陽兩者相配合,萬物都能據此發展。周流於天地時空《太玄》的「九位」,而禍福便附著排列於其中。

這段文字相較於〈玄攡〉所提及的「玄」,強調的是《太玄》的另一面向,就是「數」。在天地化成演變的過程,藉著「數」(數度、律曆、陰陽流轉),就能與氣周流九虛,從而能清楚的了解並掌握福禍。

「易之興也,其於中古乎?作易者,其有憂患乎?」如果〈繫辭〉點出《易》的憂患意識及敬德精神。那麼〈玄攡〉、〈玄瑩〉、〈玄圖〉、〈玄告〉、〈玄捝〉幾篇顯然把儒家的道德意識轉化成為一種較玄虛的形上思想,但卻又以更顯實的「氣」思想結合曆法,呈現出一種尚智的道德取向。

二、《太玄》的基本原理

〈繫辭〉說「說《易》之為書」:「唯變所適」、「原始要終,以為質也。六爻相雜,唯其時物也」、「廣大悉備,有天道焉,有人道焉,有地道焉」可知它整理了《易》的基本原理,並與自然與人世相合。而在先秦儒家思想中,《易》

傳第一次明確提出人與天地並立的「三才」思想〔註13〕。《太玄》據此,更詳
細的推衍玄理落實於自然人世的諸多細節。

〈玄攡〉說:

> 仰以觀乎象,俯以視乎情。察性知命,原始見終。三儀同科,厚薄
> 相劘。圜則杌棿,方則嗇吝;噓則流體,唫則凝形。是故闔天謂之
> 宇,闢宇謂之宙。日月往來,一寒一暑。律則成物,曆則編時。律
> 曆交道,聖人以謀。晝以好之,夜以醜之。一晝一夜,陰陽分索。
> 夜道極陰,晝道極陽。牝牡群貞,以攡吉凶。則君臣、父子、夫婦
> 之道辯矣。

〈繫辭〉說:「聖人設卦觀象,繫辭焉而明吉凶,剛柔相推而生變化。」在《太
玄》,仰觀天象俯察人情,天地人三儀是同理,(薄)天(厚)地相摩相盪,圜
者如天不停轉動,方者如地固定不移;噓(吹)體流動,唫(翕、吸)則形凝,
所以宇宙天地有規律的形成運行,聖人注重晝夜的分別,將此天文曆法整理成
陰陽消長流轉的玄理,然後群倫依此發展,「君臣、父子、夫婦」人倫之道就
自然清楚的呈現。

〈玄告〉更清楚的說明此玄理:

> 玄生神象二,神象二生規,規生三摹,三摹生九據。玄一摹而得乎
> 天,故謂之有天;再摹而得乎地,故謂之有地;三摹而得乎人,故
> 謂之有人。天三據而乃成,故謂之始中終。地三據而乃形,故謂之
> 下中上。人三據而乃著,故謂之思福禍。下欲上欲,出入九虛。小
> 索大索,周行九度。

這便是本文第二章所提及的仿《易》陰陽二元而生的三分思想。揚雄把〈繫辭〉
所提到的「三才」、「變」、「六爻變化以用卦」的原理轉變成《太玄》中更精細
的系統。關於「三」變化的思想,則更繁複而仔細。《太玄》將探索客觀世界
的方式分為三部分:天三據分為「始、中、終」,地三據謂之「下、中、上」,
人道三據之謂「思、福、禍」。依此九據,上下相合、大小索求,周流天地時
空,《太玄》的「九位」,便與《易》傳言「六虛」一般。〈玄圖〉將此九虛、
九度化成九營,它說:

> 玄有一道:一以三起,一以三生。以三起者,方州部家也。以三生

〔註13〕引見鄭萬耕,《揚雄及其太玄》,臺北:藍燈文化事業股份有限公司,1992 年
9 月,頁 51。

者，參分陽氣以為三重，極為九營，是為同本離生，天地之經也。

旁通上下，萬物并也。九營周流，終始貞也。

「以三起」、「以三生」見本文第二章。「營」不僅是「位」，亦是「段」，所以「九營周流」指的是上述三階段九種形態的周轉運行。《太玄》並將九營與一年的時節配合，且各設定名目，並將之分階段，與人事道理相合：

始於十一月，終於十月，羅重九行，行四十日。誠有內者存乎「中」，宣而出者存乎「羨」，雲行雨施存乎「從」，變節易度存乎「更」，珍光淳全存乎「晬」，虛中弘外存乎「廓」，削退消部存乎「減」，降隊幽藏存乎「沈」，考終性命存乎「成」。

〈玄圖〉把八十一首分為九營，與曆法相配。一年之中，陽氣始於十一月，陰氣終於十月，這分為九行，每一行四十日半。接著訂立並說明此「中」、「羨」、「從」、「更」、「晬」、「廓」、「減」、「沈」、「成」九行的名稱、意義與特點。

是故一至九者，陰陽消息之計邪。反而陳之，子則陽生於十一月，陰終十月，可見也；午則陰生於五月，陽終於四月，可見也。生陽莫如子，生陰莫如午。西北則子美盡矣，東南則午美極矣。

由上述的一至九行，是陰陽生息消失的過程。〈玄圖〉以十二支配十二月，再配上空間，劉韶軍製圖解如注釋附圖〔註14〕。子美在子月極盛，指陰；午美在午月極盛，指陽。陰陽流轉就在盛極必衰的過程中循環。從天到地，〈玄圖〉再詳細的言及人道：

故思心乎一，反復乎二，成意乎三，條暢乎四，著明乎五，極大乎六，敗損乎七，剝落乎八，殄絕乎九。生神莫先乎一，中和莫盛乎五，倨劇莫困乎九。夫一也者、思之微者也；四也者、福之資者也；七也者、禍之階者也。三也者、思之崇者也；六也者、福之隆者也；九也者、禍之窮者也。二、五、八，三者之中也。福則往而禍則承也。九虛設關，君子小人所為宮也。

「思心、反復、成意……殄絕」乃每一首的九贊在人間世事中所分別代表的意

〔註14〕

子	丑	寅	卯	辰	巳	午	未	申	酉	戌	亥
十一月	十二月	一月	二月	三月	四月	五月	六月	七月	八月	九月	十月
北	東北	東	東南	南	西南	西	西北				
陽生					陽終	陰生		陰終			

參見劉韶軍，《揚雄與《太玄》研究》，北京：人民出版社，2011年8月，頁297。

義。一至三為「福」，四至六為「思」，七至九為「禍」。而此九行的變化，就
是〈玄告〉所言「人三據」的變化歷程。又說一為第一段的始，五為第二段的
中，九為第三段的終。思的開始、福的順利、禍的最艱難，所以一，五，九為
福思禍的代表。

接著〈玄圖〉又以「一、四、七」，「二、五、八」，「三、六、九」三階段
的「始、中、終」作拆解說明，最後說九位設置開展，君子小人之道就在其中
居處。不僅如此，〈玄瑩〉還列舉了十三項「玄」理貫注的「玄術」：

> 凡十有二始，群倫抽緒，故有一、二、三，以絓以羅，玄術瑩之。鴻
> 本五行，九位施重，上下相因，醜在其中，玄術瑩之。天圓地方，
> 極植中央，動以曆靜，時乘十二，以建七政，玄術瑩之。斗振天而
> 進，日違天而退；或振或違，以立五紀，玄術瑩之。植表施景，榆
> 漏率刻，昏明考中，作者以戒，玄術瑩之。泠竹為管，室灰為候，
> 以揆百度；百度既設，濟民不誤，玄術瑩之。東西為緯，南北為經；
> 經緯交錯，邪正以分，吉凶以形，玄術瑩之。鑿井澹水，鑽火離木，
> 流金陶土，以和五美；五美之資，以資百體，玄術瑩之。奇以數陽，
> 偶以數陰，奇偶推演，以計天下，玄術瑩之。六始為律，六間為呂，
> 律呂既協，十二以調，日辰以數，玄術瑩之。方州部家，八十一所，
> 畫下中上，以表四海，玄術瑩之。一辟、三公、九卿、二十七大夫、
> 八十一元士，少則制眾，無則治有，玄術瑩之。古者不運不虞，慢
> 其思慮，匪筮匪卜，吉凶交瀆；於是聖人乃作蓍龜，鑽精倚神，鉗
> 知休咎，玄術瑩之。是故欲知不可知，則擬之以乎卦兆；測深摹遠，
> 則索之以乎思慮。二者其以精立乎？夫精以卜筮，神動其變；精以
> 思慮，謀合其適；精以立正，莫之能仆；精以有守，莫之能奪。故
> 夫抽天下之蔓蔓，散天下之混混者，非精其孰能之？

〈玄瑩〉還列舉了十三項的「玄術瑩（明）之」的知識領域，從律曆、天文、
五行、人事、官制、地理、律呂、卜筮等方面來論玄術，使人文知識與玄的體
系可以相互容納，並能相互應用。劉韶軍認為《太玄》的「玄術瑩之」，有三
個層次：一、《太玄》之術可說明各種現象的奧妙；二、終極之玄可從不同形
式的事物運動中得到體現，《太玄》之術也可以明瑩之；三、各種事物的運動
又各自從一個具體方面表現和反映了中及之玄。〔註15〕

〔註15〕詳見劉韶軍，《楊雄與《太玄》研究》，北京：人民出版社，2011 年 8 月，頁 221。

最後〈玄圖〉也言及了十數圖：

　　一與六共宗，二與七共明，三與八成友，四與九同道，五與五相守。

對照〈玄數〉所言

　　三八為木，為東方，……四九為金，為西方……七為火，為南方，……

　　一六為水，為北方，……五五為土，為中央

以此作成圖表如下：

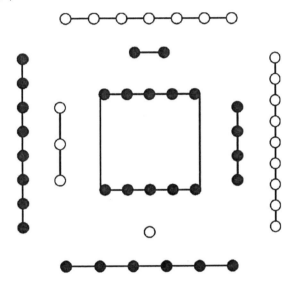

馮友蘭與鄭萬耕都指出上表就是宋人劉牧所說的「洛書」，而朱熹稱為「河圖」。只不過「河圖」中有加了五個白圈。馮友蘭說，按照「河圖」的排列，每一方面都代表五行的「生數」和「成數」。下面兩排，即所謂「天一生水，地六成之」。上面兩排，即所謂「地二生火，天七成之」……中央的三排，即所謂「天五生土，地十成之」。通共加起來，就成為〈繫辭〉所謂「凡天地之數五十又五，所以變化而行鬼神也。」〔註16〕

　　相較於後世生成數的思想，揚雄綜整呈現了「五行之數」與「天地之數」五位相得的說法，然它與〈繫辭〉不同之處則是未有「天數五」，且將「五與十相守」改為「五與五相守」〔註17〕。

〔註16〕參見馮友蘭，《中國哲學史新編》（三），臺北　藍燈文化事業公司，1991 年 12月，頁 242；及鄭萬耕，《揚雄及其太玄》，臺北：藍燈文化事業股份有限公司，1992 年 9 月，頁 114。

〔註17〕范望注解釋：「王則為王，廢為十也，重五以見十，隱十以見玄之大義也。」《太玄》系統中重視「五」、「九」之數，而不用「十」，當是強調「玄」、「冥」之意。參見范望注，《太玄經》，北京：中國書店，萬玉堂本，2014 年 1 月，頁 78。

　　總之，《太玄》的基本原則就是以《易》所架構的三才系統為本，改陰陽二分為奇偶和三分，開展了一個以三為本，以九為數的屬於揚雄時代的繁複思想系統。

三、《太玄》卜筮的原則

　　〈繫辭〉說：「大衍之數」並略論及周《易》卜筮的原理。關於《太玄》的占卜方式以及占斷吉凶的方法，主要文字出現在〈玄數〉，本論文第三章論及《太玄》的經文部分時已在〈《太玄》的索首與占斷方式〉一節敘述過，在此僅論述《太玄》對於卜筮一事所呈現的義理。

　　〈玄圖〉說：

> 玄有一規、一矩、一繩、一準，以從橫天地之道，馴陰陽之數，擬諸其神明，闡諸其幽昏，則八方平正之道可得而察也。玄有六九之數，策用三六，儀用二九。玄其十有八用乎！泰積之要，始於十有八策，終於五十有四。并始終策數，半之為泰中。泰中之數三十有六策，以律七百二十九贊，凡二萬六千二百四十四策，為太積。七十二策為一日，凡三百六十四日有半，踦滿焉，以合歲之日而律歷行。故自子至辰，自辰至申，自申至子，冠之以甲，而章、會、統、元〔註18〕與月蝕俱沒，玄之道也。

上文重申「玄」的規、矩、繩、準〔註19〕是囊括天地之道、陰陽之數，模擬神明，闡發陰陽之妙，這由八方平正之道可以得知。「六九之數」依〈玄數〉說：「天以三分，終於六成，故十有八策。天不施，地不成，因而倍之」再加上人道，共是 18 x 3 共為五十四。策以三而衍，儀即陰陽二儀，用九贊，所以玄的十八用便依策、儀而來。「泰積」即《太玄》七百二十九贊之總，即取自「始於十有八策，終於五十有四」相加除二得到「泰中」為三十六策〔註20〕。然後

〔註18〕西漢「太初曆」中的名辭。曆法起始的元點叫「上元」，經過「甲子」、「甲辰」、「甲申」，為一周期就稱「元」。元之下分為「章、會、統」三層，一章十九年，一統一千五百三十九年，一統三會，所以一會五百一十三年。參見劉韶軍，《揚雄與《太玄》研究》，北京：人民出版社，2011 年 8 月，頁 304。

〔註19〕葉子奇注說「規謂天圓，矩謂地方。繩謂南北為經而直，準謂東西為緯而平。」又以〈玄數〉中：「三八為規，四九為矩，二七為繩，一六為準」之言為據。

〔註20〕鄭萬耕認為，此法當以《易》之「大衍之數」為本，揚雄以五十為太極，象《太玄》之三十六。參見鄭萬耕，《太玄校釋》，北京：北京師範大學出版社，1989 年 2 月，頁 374。

把三十六策乘上七百二十九贊，就會得到「太積」——二萬六千二百四十四策。《太玄》八十一首分為七百二十九贊，每兩贊主一日，所以一日是七十二策，共三百六十四日半，再加上「踦」「嬴」兩贊，而滿一歲為 365 天又 1539 日之 385，與「三統曆」合。

　　再進一步，《太玄》以「自子至辰，自辰至申，自申至子」三統說：第一統以「甲子」日開始，然後「甲辰」、「甲申」日開始，三統之後，又回到以「甲子」日開始，如此以「三統曆」、「太初曆」為參考，編製了一特殊的曆法〔註21〕，這就完成了《太玄》的玄道。

　　卜筮的原理之外，〈玄瑩〉還提到卜筮的意義，首先是：

> 立天之經曰陰與陽，形地之緯曰從與橫，表人之行曰晦與明。陰陽
> 曰合其判，從橫曰緯其經，晦明曰別其材。陰陽、該極也，經緯、
> 所遇也，晦明、質性也。陽不陰，無與合其施；經不緯，無以成其
> 誼；明不晦，無以別其德。陰陽所以抽嘖也，從橫所以瑩理也，明
> 晦所以昭事也。嘖情也抽，理也瑩，事也昭，君子之道也。

《易・繫辭》曰：「立天之道曰陰與陽，立地之道曰柔與剛，立人之道曰仁與義」《太玄》改「剛柔、仁義」為「縱橫、晦明」，用「陰陽、經緯、晦明」來觀察並掌握天地人之道。應用陰陽的原則是「合其判」，指有所分別，並且備盡一切道理；運用從橫的原則是「緯其經」，指宏觀的把經緯視為整體，並且在所有空間無所不合；採用晦明的方式是「別其材」，指以晦明來分辨人才，並且了解每一賢愚之稟賦。出於情、昭於理、明於事，用整體的思維來處世，才是君子之道。

　　在整體全面的由天、地、人三方來觀覽玄理之餘，還要把握因革之理，〈玄瑩〉說：

> 夫道有因有循，有革有化。因而循之，與道神之。革而化之，與時
> 宜之。故因而能革，天道乃得；革而能因，天道乃馴。夫物不因不
> 生，不革不成。故知因而不知革，物失其則；知革而不知因，物失
> 其均。革之匪時，物失其基。因之匪理，物喪其紀。因革乎因革，
> 國家之矩範也。矩範之動，成敗之效也。

在《太玄》中，揚雄強調的就是因革變化。有因無革，事情不能發生；有革無

〔註21〕詳見劉韶軍，《楊雄與《太玄》研究》，北京：人民出版社，2011 年 8 月，頁304。

因，事情不能發展。「革」要掌握時，「因」要掌握理。在陰陽消長的過程中，因循革化，繼承改良，就是「貴其有循而體自然也」。要掌握玄理，必須能因、能革，兩者缺一不可，國家矩範綱紀，成敗效驗，就在於能否落實、順應、因革玄理。〈繫辭〉說：「化而裁之謂之變，推而行之謂之通。」可知《太玄》因革思想的前承與改變。當然這裡的因革、因循，還是建立在精誠感應的基礎上，所以〈玄數〉也說：「凡筮有道：不精不筮，不疑不筮，不軌不筮，不以其占不若不筮。」宏觀、因革、精誠，掌握這些原則，就能夠了解《太玄》的玄理，而能夠契通天地人之道。

最後〈玄瑩〉重申《太玄》的禍福觀：

> 往來熏熏，得亡之門。夫何得何亡？得福而亡禍也。天地福順而禍逆，山川福庳而禍高，人道福正而禍邪。故君子內正而外馴，每以下人。是以動得福而亡禍也。福不醜不能生禍，禍不好不能成福。醜好乎，醜好乎！醜好，君子所以宣表也。夫福樂終而禍憂始。天地所貴曰福，鬼神所祐曰福，人道所喜曰福。其所賤在惡皆曰禍。故惡福甚者其禍亢。晝人之禍少，夜人之禍多，晝夜散者其禍福雜。

「熏熏」是人多嘈雜之意，而得失之門，就在每一個芸芸眾生之間。卜筮的目的不只是要得到趨吉避凶的結果，而是要得到趨吉避凶的智慧。「內正而外馴，每以下人」就是得福無禍的重要態度。雖然禍福在天人之間是不斷變化的過程，但福與禍是截然有分的。揚雄認為君子坦然明白的去正視福禍，才能夠將個人福禍與天地的福禍相合，那麼與玄道哲思相合的價值觀，也就能引領人們由《太玄》得到合適的人生定位與智慧。

馬浮（1883～1967）說：「不有十翼，《易》其終為卜筮之書乎。〔註22〕」周《易》本來的卜筮之用，到「十翼」就成就了其哲學意涵的發展，《太玄》的卜筮，斷占系統，則是就「十翼」而生。所以，可以說《太玄》中卜筮的意義，亦附屬於哲學的思維模式，而非單純的止於求神或迷信的功用。

除了上述三點，〈繫辭〉解釋爻與象的名稱與義涵，〈玄捝〉也解釋《太玄》中各篇的意思：

> 故首者、天性也。衝、對其正也。錯、絣也。測、所以知其情。攡、

〔註22〕參見馬浮，《復性書院講錄·觀象卮言序說》，第 2 冊 6 卷，台北：夏學社出版事業有限公司，1981 年 3 月，頁 1 下。

張之。瑩、明之。數為品式。文為藻飾。捉、擬也。圖、象也。告、其所由往也。

參照《太玄校釋》之說，以下解釋《太玄》十一篇傳的要旨：

首，《太玄》八十一首之辭，用以表現天地一年四時陰陽消長運行，萬物生死盛衰的過程。

衝，兩首相對成文，說解八十一首之次序。

錯，解釋八十一首之意義，不一順序，錯綜交雜而作。

測，《太玄》七百二十九贊之測辭，用以說明《太玄》各贊之意義。

數，品式，指說解《太玄》之框架結構。

攡，張，闡發《太玄》的玄旨。

瑩，闡明玄道在各種事物上的應合。

圖，闡釋自然即人事變化的過程。

告，闡釋天、地、人與衰運行之道。

捉，擬，闡明《太玄》用以取象之事物。

文，文飾《太玄》的系統架構。〔註23〕

錢穆認為，〈繫辭〉裡的思想：「大體上是遠於《論語》而近於《老》《莊》的。約有下面三條：（一）《繫辭》言神、言變化，相當於《老》《莊》言自然、言道；《論語》好言仁，只重人與人的相交，對於人類以外的自然界似少注意。（二）《繫辭》言利害、吉凶，《老》《莊》亦言利害、吉凶；孔子學說的對象為人群，故不敢言利而言義，《老》《莊》學說的對象為自然，故不必言義而逕言利。（三）《繫辭》《老子》均重因果觀念；孔子貴知命，僅求活動於現有的狀態之下，《老子》、〈繫辭〉於命的來源均有討究，顯見他們思想上有不同。所以〈繫辭〉裡的哲學，是道家的自然哲學，他的宇宙論可以說是唯氣之一元論，或者說是法象的一元論。」〔註24〕則今以《太玄》諸篇觀之，不僅核心思想「玄」的特色充滿著道家形上思想的特色。在言利害、吉凶、重因果、探討命的來源部分，《太玄》的立場也是與〈繫辭〉一致而近於《老》《莊》。

〔註23〕參見鄭萬耕，《太玄校釋》，北京：北京師範大學出版社，1989 年 2 月，頁 348 ～349。

〔註24〕參見錢穆，〈論十翼非孔子作〉，《古史辨》第三冊上編，臺北：藍燈文化，1987 年，頁 89～94。

　　總之，對於近乎繁複的判讀吉凶過程，揚雄想要達成「以數呈現、與玄相容、與天相合」的目的。但他不取權威、不言神鬼，而是不厭其煩採用「數」囊括所有可能的對應方式，並周延呈現「玄」與天地萬物的基本關係。

　　《夢溪筆談·象數》說：「今之卜筮，皆用古書，工拙繫乎用之者。唯其寂然不動，乃能通天下之故。人未能至乎無心也，則憑物之無心者而言之。如灼龜、璺瓦，皆取其無理，則不隨彼理而震，此近乎無心也。」《易》在卜筮過程中，主要的思維模式是「感應」。通過《易》而與物感通，人與物貫於《易》；易道的提出為感通提供了形上的基礎。《太玄》的卜筮則減弱了「感應」變化的部分，而期待用更繁瑣的架構，去增強感通的確定性。雖然他強調「貴其有循而體自然」、「因而循之，與道神之。革而化之，與時宜之」（〈玄瑩〉）以及「精以思慮，謀合其適」（〈玄瑩〉）的理性思維。但基本原理講的如此繁複，讓人無法輕易了解、難以遵循，且失去了出自於內在必然去遵從的動力，只以趨福避凶作為其理論的指導原則，也就難以如《易》般的讓人了解而接受。

　　《太玄》各篇傳文，固然是對《易》傳的模仿，但不似其它各篇一一對應，因〈繫辭〉便作〈玄攡〉、〈玄瑩〉、〈玄圖〉、〈玄告〉、〈玄捥〉五篇，或有學者〔註25〕認為「雄自為一書」，也就針對《太玄》傳文篇章許多的思想創意而言。

第三節　〈玄數〉、〈玄文〉篇釋義

　　《漢書·天文志》說：「天以一生水，地以二生火，天以三生木，地以四生金，天以五生土。五位皆以五而合，而陰陽易位，故曰『妃以五成』。然則水之大數六，火七，木八，金九，土十。」可知一為水之生數，而六為水之成數，所以一與六就和五行中水相配，而屬北方水德。〈玄數〉展示了《太玄》思想與五行思想的結合依次類推，可得其圖如下：

〔註25〕比如宋林希逸說：「雄自為一書，誰敢輕議，凡其抵牾者，皆雄自為，拙也。請試言之，〈說卦〉、〈雜卦〉乃聖人紬繹其所未盡者，《玄》何必仿乎？則〈衝〉可去也，〈錯〉亦可去也。〈文言〉大傳乃當時議論之所及者，《玄》何必仿乎？則〈攡〉可去也，〈瑩〉亦可去也，〈玄文〉亦可去也。參見清朱彝尊，點校補正《經義考·擬經二·卷269》（第八冊），臺北：中研院文哲所籌備處，1997年6月，頁94。

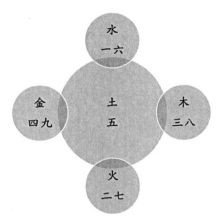

〈玄攡〉說:「數為品式」。〈玄數〉依此四方之數搭配五行之德,然後更將從古所見的事類,依五行為類,囊括進來,作一呈現,它說:

三八為木,為東方,為春,日甲乙,辰寅卯,聲角,色青,味酸,臭羶,形詘信,生火,勝土,時生,藏脾,侟志,性仁,情喜,事貌,用恭,揫肅,徵旱,帝太昊,神勾芒,星從其位。類為鱗、為雷、為鼓、為恢聲、為新、為躁、為戶、為腸、為嗣、為承、為葉、為緒、為赦、為解、為多子、為出、為予、為竹、為草、為果、為實、為魚、為疏器、為規、為田、為木工、為矛、為青怪、為觚、為狂。

四九為金,為西方,為秋,日庚辛,辰申酉,聲商,色白,味辛,臭腥,形革,生水,勝木,時殺,藏肝,侟魄,性誼,情怒,事言,用從,揫義,徵雨,帝少昊,神蓐收,星從其位,類為毛、為盤、為巫祝、為猛、為舊、為鳴、為門、為山、為限、為邊、為城、為骨、為石、為環珮、為首飾、為重寶、為大哆、為釦器、為舂、為椎、為力、為縣、為燧、為兵、為械、為齒、為角、為螫、為毒、為狗、為入、為取、為罕、為寇、為賊、為理、為矩、為金工、為鉞、為白怪、為瘖、為譖。

二七為火,為南方,為夏,日丙丁,辰巳午,聲徵,色赤,味苦,臭焦,形上,生土,勝金,時養,藏肺,侟魂,性禮,情樂,事視,用明,揫哲,徵熱,帝炎帝,神祝融,星從其位,類為羽、為竈、為絲、為網、為索、為珠、為文、為駮、為印、為綬、為書、為輕、為高、為臺、為酒、為吐、為射、為戈、為甲、為叢、為司馬、為禮、為繩、為火工、為刀、為赤怪、為盲、為舒。

一六為水,為北方,為冬,日壬癸,辰子亥,聲羽,色黑,味鹹,臭

朽，形下，生木，勝火，時藏，藏腎，侟精，性智，情悲，事聽，用聰，撝謀，徵寒，帝顓頊，神玄冥，星從其位，類為介，為鬼，為祠，為廟，為井，為穴，為竇，為鏡，為玉，為履，為遠行，為勞，為血，為膏，為貪，為含，為蟄，為火獵，為閉，為盜，為司空，為法，為准，為水工，為盾，為黑怪，為聲，為急。

五五為土，為中央，為四維，日戊己，辰辰戌丑未，聲宮，色黃，味甘，臭芳，形殖，生金，勝水，時該，藏心，侟神，性信，情恐懼，事思，用睿，撝聖，徵風，帝黃帝，神后土，星從其位，類為其裸，為封，為餅，為宮，為宅，為中霤，為內事，為織，為衣，為裳，為繭，為絮，為床，為薦，為馴，為懷，為腹器，為脂，為漆，為膠，為囊，為包，為輿，為穀，為稼，為嗇，為食，為賓，為棺，為櫝，為衢，為會，為都，為度，為量，為土工，為弓矢，為黃怪，為愚，為牟。

〈玄數〉依照五行、五方、五時、十日、辰、五音、五色、五味、五臭、形、生、勝、時、五臟、侟、性、情、事、用、撝、徵、五帝、五神、五蟲、五工、五兵、五官、五器、五病……、為怪、五官病、五情緒等不同領域的人間事項，用五行的概念分門別類，作一對照比較呈現。其中比較特殊的有：

「十日」指十干，十干的甲乙屬東方，比如：「日戊己」就是中央、配土

「辰」依十二支（時辰）配四方之序，比如：「辰子亥」配北方；「辰辰戌丑未」就是配四隅，即辰東南、戌西北、丑東北、未西南。

「侟」是存和薦的異體字，由「侟志、侟魄、侟魂、侟精、侟神」看來，當為「存」。

「撝」范望注：「撝猶佐也，肅靜以佐恭」《尚書·洪範》：「一曰貌，二曰言，三曰視，四曰聽，五曰思。貌曰恭，言曰從，視曰明，聽曰聰，思曰睿。恭作肅，從作乂，明作哲，聰作謀，睿作聖。」可知用、事部分，乃取〈洪範〉五行之用。

「為怪」指「為青怪、為白怪、為赤怪、為黑怪、為黃怪」青、白、赤、黑、黃分別是春、秋、冬、夏、中之色，范注解釋成「災氣隨時〔註26〕」。

〔註26〕參見范望注，《太玄經》，北京：中國書店，2014年1月，頁338。

「五官病」指「鼽、瘖、盲、聾、愚」，鼽是鼻不通，愚為思不通。

在五行事類說完之後，〈玄數〉作一小結：

五行用事者王，王所生相，故王廢，勝王囚，王所勝死。

王為旺，「用事」便是五行每一行都在一年四時的變化中起作用；用事之行所
生的那一行叫作「相」；「故王」，舊旺即已發生作用的那一行，不再發生作用。
克勝用事的那一行，即被囚禁；用事之行所勝的那一行則死。這便是言《太玄》
所配五行之數及其時間方位的世界圖式〔註27〕。

在對五行思想的詮釋之外，《太玄》也特別吸納當時的音樂知識〔註28〕，

〔註27〕 參見鄭萬耕，《太玄校釋》，北京：北京師範大學出版社，1989 年 2 月，頁 324
～325。

〔註28〕 《史記·律書》說：「…………九九八十一以為宮。三分去一，五十四以為徵。
三分益一，七十二以為商。三分去一，四十八以為羽。三分益一，六十四以為
角。黃鐘長八寸七分一，宮。大呂長七寸五分三分（一）〔二〕。太簇長七寸
（七）〔十〕分二，角。夾鐘長六寸（一）〔七〕分三分一。姑洗長六寸（七）
〔十〕分四，羽。仲呂長五寸九分三分二，徵。蕤賓長五寸六分三分（一）
〔二〕。林鐘長五寸（七）〔十〕分四，角。夷則長五寸〔四分〕三分二，商。
南呂長四寸（七）〔十〕分八，徵。無射長四寸四分三分二。應鐘長四寸二分
三分二，羽。生鐘分：子一分。丑三分二。寅九分八。卯二十七分十六。辰八
十一分六十四。巳二百四十三分一百二十八。午七百二十九分五百一十二。未
二千一百八十七分一千二十四。申六千五百六十一分四千九十六。酉一萬九
千六百八十三分八千一百九十二。戌五萬九千四十九分三萬二千七百六十八。
亥十七萬七千一百四十七分六萬五千五百三十六。」此段記載乃用「三分損益
法」理出十二律呂的管長。
另外，《禮記·月令》上的記載，律呂與月份之間的對應為：「孟春之月，律中
太簇；仲春之月，律中夾鐘；季春之月，律中姑洗；孟夏之月，律中仲呂；仲
夏之月，律中蕤賓；季夏之月，律中林鐘；孟秋之月，律中夷則；仲秋之月，
律中南呂；季秋之月，律中無射；孟冬之月，律中應鐘；仲冬之月，律中黃鐘；
季冬之月，律中大呂。」《月令》中所列出的，正是以黃鐘對應冬至所在的仲
冬月份——子月（陽曆十二月）。
《淮南子·天文訓》整理上述二者，提出「上生」、「下生」之說，原文如下：
「凡十二律，黃鐘為宮，太簇為商，姑洗為角，林鐘為徵，南呂為羽。物以三
成，音以五立，三與五如八，故卯生者八竅。律之初生也，寫鳳之音，故音以
八生。黃鐘為宮，宮者，音之君也。故黃鐘位子，其數八十一，主十一月。下
生林鐘。林鐘之數五十四，主六月，上生太簇。太簇之數七十二，主正月，下
生南呂。南呂之數四十八，主八月，上生姑洗。姑洗之數六十四，主三月，下
生應鐘。應鐘之數四十二，主十月，上生蕤賓，蕤賓之數五十七，主五月，上
生大呂。大呂之數七十六，主十二月，下生夷則。夷則之數五十一，主七月。
上生夾鐘。夾鐘之數六十八，主二月，下生無射。無射之數四十五，主九月，
上生仲呂。仲呂之數六十，主四月，極不生。徵生宮，宮生商，商生羽，羽生

來建立其思想體系，或有學者稱之為「納音〔註29〕」。本來「宮、商、角、徵、羽」已在前述「五音」類出現，但揚雄還是以十二律呂來建立另一數字架構。十二律呂本是古時用來校正樂器的器具，以十二竹管製成，依長短確定音階。京房已以十二律呂配交。《後漢書·律歷志》記載了一段京房自己的話：「受學故小黃令焦延壽。六十律相生之法：以上生下，皆三生二，以下生上，皆三生四，陽下生陰，陰上生陽，終於中呂，而十二律畢矣。中呂上生執始，執始下生去滅，上下相生，終於南事，六十律畢矣。夫十二律之變至於六十，猶八卦之變至於六十四也。宓羲作易，紀陽氣之初，以為律法。建日冬至之聲，以黃鍾為宮，太蔟為商，姑洗為角，林鍾為徵，南呂為羽，應鍾為變宮，蕤賓為變徵。此聲氣之元，五音之正也。」或依此，〈玄數〉說：

> 其在聲也，宮為君，徵為事，商為相，角為民，羽為物。其以為律呂：黃鍾生林鍾，林鍾生太蔟，太蔟生南呂，南呂生姑洗，姑洗生應鍾，應鍾生蕤賓，蕤賓生大呂，大呂生夷則，夷則生夾鍾，夾鍾生無射，無射生仲呂。子午之數九，丑未八，寅申七，卯酉六，辰戌五，巳亥四。故律四十二，呂三十六。并律呂之數，或還或否，凡七十有八，黃鍾之數立焉。其以為度也，皆生黃鍾。甲己之數九，乙庚八，丙辛七，丁壬六，戊癸五。聲生於日，律生於辰。聲以情質，律以和聲，聲律相協，而八音生。

十二律呂分為陰陽兩類，奇數六律為陽律，叫做六律即「黃鍾、太蔟、姑洗、蕤賓、夷則、無射」為六律。偶數六律為陰律，稱為六呂即「大呂、夾鍾、仲呂、林鍾、南呂、應鍾」為六呂。其中「黃鍾生林鍾，林鍾生太蔟……」用的就是《史記》所載的「三分損益法」來呈現十二律呂的管長與關係。三分生一

角，角生姑洗，姑洗生應鍾，比于正音，故為和。應鍾生蕤賓，不比正音，故為繆。日冬至，音比林鍾，浸以濁。日夏至，音比黃鍾，浸以清。以十二律應二十四時之變，甲子，仲呂之徵也；丙子，夾鍾之羽也；戊子，黃鍾之宮也；庚子，無射之商也；壬子，夷則之角也。」

此外，據口試委員提示，《管子·地員》的五音說，當可視為納音思想更早的源頭，特此補正。詳見陳福濱師，〈《管子·地員》五音說之研究〉，貴州大學學報（藝術版）第27卷4期，頁71～78，2013年12月。

〔註29〕晉《抱朴子》記載了「用之於八宮四十八爻卦占」的音樂知識，唐《開元占經》稱之為「納音」。解麗霞認為《太玄》吸收了京房的方法，也就是在「納甲」、「納支」之外並補增了「納音」。參見解麗霞，《揚雄與漢代經學》，廣州：廣東人民出版社，2011年8月，頁196。

是加上三分之一，三分損一是減去三分之一，於是《太玄》就以「上生」「下生」的關係，整理呈現了十二律呂的關係。試作十二律呂圖如下〔註30〕。

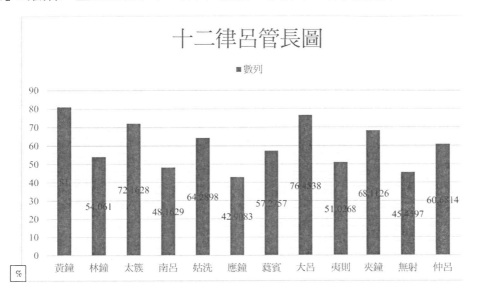

十二律呂管長圖

■數列

《太玄》以黃鐘數八十一，六律為天、六呂為地，聲律天地相配，地則虛三以扮天，所以去除地之數，黃鐘之數七十八生〔註31〕。

關於「子午數」，葉子奇注和范望都有予以說明，以下製表呈現。

律　呂	十二辰	十二月	律呂數	律　呂	十二辰	十二月	律呂數
黃鐘	子	十一月	9	蕤賓	午	五月	9
大呂	丑	十二月	8	林鐘	未	六月	8
太簇	寅	一月	7	夷則	申	七月	7
夾鐘	卯	二月	6	南呂	酉	八月	6
姑洗	辰	三月	5	無射	戌	九月	5
仲呂	巳	四月	4	應鐘	亥	十月	4

甲己數范望注認為配「子」數，所以是 9
乙庚數范望注認為配「丑」數，所以是 8
丙辛數范望注認為配「寅」數，所以是 7
丁壬數范望注認為配「卯」數，所以是 6
戊癸數范望注認為配「辰」數，所以是 5

〔註30〕此表縱座標為百分比，橫坐標則是圖呈現十二律呂間「上生」、「下生」的關係。
〔註31〕參見李周龍，《易學拾遺》，臺北：文津出版社，1992 年 3 月，頁 232。

再以「甲乙、丙丁、戊己、庚辛、壬癸」依序配「角、徵、宮、商、羽」五音。而以天干配五聲，地支配十二律，聲律相和，那「金、石、絲、竹、匏、土、革、木〔註32〕」八音便相諧而生。

除了搭配當時流行的五行思想，曆法知識，以及音樂理論外，《太玄》中強調的「九」系統，也是由三分思想延伸出獨特數字系統。

〈玄數〉說：

> 九天：一為中天，二為羨天，三為從天，四為更天，五為睟天，六為廓天，七為減天，八為沈天，九為成天。

> 九地：一為沙泥，二為澤池，三為沚崖，四為下田，五為中田，六為上田，七為下山，八為中山，九為上山。

> 九人：一為下人，二為平人，三為進人，四為下祿，五為中祿，六為上祿，七為失志，八為疾瘀，九為極。

第一組為「天、地、人」，「中」天是首名，除了〈玄圖〉有予以說解內涵之外〔註33〕，這九天更是《太玄》八十一首的九個段落：

> 中天從〈中〉、〈周〉、〈礥〉、〈閑〉、〈少〉、〈戾〉、〈上〉、〈干〉到〈狩〉

> 羨天從〈羨〉、〈差〉、〈童〉、〈增〉、〈銳〉、〈達〉、〈交〉、〈耎〉到〈傒〉

> 從天從〈從〉、〈進〉、〈釋〉、〈格〉、〈夷〉、〈樂〉、〈爭〉、〈務〉到〈事〉

> 更天從〈更〉、〈斷〉、〈毅〉、〈裝〉、〈眾〉、〈密〉、〈親〉、〈斂〉到〈彊〉

> 睟天從〈睟〉、〈盛〉、〈居〉、〈法〉、〈應〉、〈迎〉、〈遇〉、〈竈〉到〈大〉

> 廓天從〈廓〉、〈文〉、〈禮〉、〈逃〉、〈唐〉、〈常〉、〈度〉、〈永〉到〈昆〉

> 減天從〈減〉、〈唫〉、〈守〉、〈翕〉、〈聚〉、〈積〉、〈飾〉、〈疑〉到〈視〉

> 沈天從〈沈〉、〈內〉、〈去〉、〈晦〉、〈瞢〉、〈窮〉、〈割〉、〈止〉到〈堅〉

> 成天從〈成〉、〈闕〉、〈失〉、〈劇〉、〈馴〉、〈將〉、〈難〉、〈勤〉到〈養〉

這九天每首的九贊（加上「踦」「嬴」兩贊）分配了一歲的時間。且按照「一六為水、二七為火、三八為木、四九為金、五五為土」的配法，依次置「水、火、木、金、土〔註34〕」於《太玄》的九天中：中為一水、周為二火、礥為三

〔註32〕《周禮·春官》說：「大師掌六律六同……皆播之以八音：金石土革絲木匏竹。」

〔註33〕〈玄圖〉：「誠有內者存乎『中』，宣而出者存乎『羨』，雲行雨施存乎『從』，變節易度存乎『更』，珍光淳全存乎『睟』，虛中弘外存乎『廓』，削退消部存乎『減』，降隊幽藏存乎『沈』，考終性命存乎『成』。」

〔註34〕〈洪範〉說到五行之序曰：「水火木金土」可知《太玄》採用的是《尚書·洪範》的次序。

木、閑為四金、少為五土、戾又為六水、上又為七火、干又為八木、符又為九金；羨開始又為一水，直至〈養〉。「九地」則由「窪地」依次上升到「田地」最後到「高山」；「九人」則是依照〈玄圖〉「思、福、禍」的順序「下人、平人、進人」為一般人；「下祿、中祿、上祿」為士大夫百官到天子；「失志、疾瘀、極」則是失志困苦之人。

〈玄數〉又說：

> 九體：一為手足，二為臂脛，三為股胘，四為要，五為腹，六為肩，
> 七為喉咄，八為面，九為顙。

> 九屬：一為玄孫，二為曾孫，三為仍孫，四為子，五為身，六為父，
> 七為祖父，八為曾祖父，九為高祖父。

> 九竅：一六為前，為耳，二七為目，三八為鼻，四九為口，五五為
> 後。

第二組為「體、屬、竅」由「天地人」進入「人」的部分。「九體」是人體的九個部分，其中「喉咄」是喉嚨。「九屬」提到了一個人的上下九世。「九竅〔註35〕」則是以耳目鼻口等諸竅，一六、二七、三八、四九之數為五行水火木金之配。

第三組為「序、事、年」：

> 九序：一為孟孟，二為孟仲，三為孟季，四為仲孟，五為仲仲，六
> 為仲季，七為季孟，八為季仲，九為季季。

> 九事：一為規模，二為方沮，三為自如，四為外他，五為中和，六
> 為盛多，七為消，八為耗，九為盡弊。

> 九年：一為一十，二為二十，三為三十，四為四十，五為五十，六
> 為六十，七為七十，八為八十，九為九十。

「九序」是人的排行，「九事」是人事的發展過程，「九年」是人的年齡。「九事」中從策劃到受阻到熟練；從外部條件具足，到中和到興盛；從衰弱到衰敗到困弊，這就說明了人的作為，就是一個循環演變的過程。

上述由「九」所展開的數字系統，便是《太玄》具有獨創性的思想架構呈現。它不僅和五行、曆法再結合，且試圖於人世間提出一套完整的生命指導原則。

〔註35〕《莊子·齊物論》說：「百骸、九竅、六藏，賅而存焉，吾誰與為親」《周禮·
天官》：「陽竅七者在頭露見，故為陽也；陰竅二者在下不見。故為陰云。」

　　〈說卦〉解說《易》卦爻來源及其蘊含之意義，並將八卦「乾、坤、坎、離、艮、兌、震、巽」對應豐富的意象。〈玄數〉一開始介紹《太玄》卜筮的方法，然後說明《太玄》的架構，而漢代宇宙論正是以龐大體系與精微生成步驟為宗，所以〈玄數〉所提到「九營」的架構，就成為《太玄》思想闡明以「數」與萬物連結的重要特色之一。

　　揚雄將五行與玄道相配，是要突出「五行相生相合」，亦即玄道與五行的陰陽之紀，一種物象與數、理的關係〔註36〕。而將此種關係擴而張之，則律呂、星象、曆法都成為《太玄》在〈玄數〉篇建立思想系統的材料。

　　《易》傳中〈文言〉專門著重〈乾〉、〈坤〉兩卦說解，提出「元、亨、利、貞」之說；〈玄文〉則疏解玄體與時空結合，提出了《太玄》中的重要核心思想「罔、直、蒙、酋、冥」，並與四方、四時配合，它說：

> 罔、直、蒙、酋、冥。罔、北方也，冬也，未有形也。直、東方也，春也，質而未有文也。蒙、南方也，夏也，物之脩長也，皆可得而載也。酋、西方也，秋也，物皆成象而就也。有形則復於無形，故曰冥。故萬物罔乎北，直乎東，蒙乎南，酋乎西，冥乎北。故罔者、有之舍也。直者、文之素也。蒙者、亡之主也。酋者、生之府也。冥者、明之藏也。罔舍其氣，直觸其類，蒙極其脩，酋考其親（就〔註37〕），冥反其奧。罔蒙相極，直酋相劾。出冥入冥，新故更代。陰陽迭循，清濁相廢。將來者進，成功者退。已用則賤，當時則貴。天文地質，不易厥位。

「罔」代表北方、冬季，「直」代表東方、春季，「蒙」代表南方、夏季，「酋」代表西方、秋季，「冥」代表北方、冬季。《太玄》用它來說明天地事物從出生到毀滅，從興盛到衰敗的運行歷程，此五字也就成為事物發展歷程的專名。罔，未形；直，樸素而殖；蒙，豐盛覆冒；酋，就，成熟成就；冥，幽暗、冥昧無形。罔是萬物始萌生，故無萬物之居處；直是有素質而無文；蒙是繁茂之極，但亦是衰亡之主；酋是成熟，萬物新生之府庫；冥是無形，雖然冥昧，但卻是

〔註36〕周立升認為其目的，不是重複《呂覽・十二紀》、《禮記・月令》和《淮南子・時則訓》的有關內容，也不是為了補充或增益上述著作所缺載的事類。參見〈《太玄》對「易」「老」的會通與重構〉，《孔子研究》，2001 年第 2 期，2001 年 6 月，頁 88。

〔註37〕司馬光集注本說明原文作「親」范注以為乃「就」之誤。此處解為「成就」之意。參見范望注，《太玄經》，北京：中國書店，2014 年 1 月，頁 238。

光明之所藏。萬物生長氣居罔中，直時萬物觸而類，蒙時萬物成長至極，酋時萬物考其成就，冥時萬物變為無形幽奧。「罔、蒙」為無形有形之極，「直、酋」則屬相互抑勒，一奠基一成熟，「冥」則為萬物生死始終的過度階段。在陰氣陽氣循環，天地事理成敗往復的過程中，天有其文，地有其質，萬物都有其不變的位置。

〈玄文〉接著把此理貫通到人事，它說：

> 罔、直、蒙、酋、冥。言出乎罔，行出乎罔，禍福出乎罔。罔之時玄矣哉。行則有蹤，言則有聲，福則有膊，禍則有形，之謂直。有直則可蒙也。有蒙則可酋也。可酋則反乎冥矣。是故罔之時則可制也。
>
> 八十一家由罔者也。

言、行從無形處萌生，禍福亦是，玄理無形無狀本在此階段。言行禍福產生了形跡，叫作直。由直必然發展到蒙（興盛）酋（完成）。最後返回冥幽。「出於冥而入於冥」，這便是人事發展的變化歷程。而罔之時一切初萌而未形，正是處理事情的好時機，《太玄》的八十一首作為處世之則，就要由罔階段開始。

早在晉范望《太玄解贊》就指出：「『罔、直、蒙、酋、冥』此五者，《太玄》之德，猶《易》『元、亨、利、貞』也。」學者指出，「罔直蒙酋冥」指代四方四時，與〈說卦〉時空合一的體系內在特徵相似〔註38〕，並以「罔直蒙酋冥」將《易》「元亨利貞」第一次上升到形而上層面，而成就了一個時間與空間相互配合的世界圖示〔註39〕。鄭萬耕也說：「揚雄模仿周《易》的『元、亨、利、貞』，提出了『罔、直、蒙、酋、冥』的觀念，用來說明事物從無形到有形，從發生到消滅的無窮發展過程，含有深刻的辨證思維。」〔註40〕

然而兩者還是有著本質上的差異：「元亨利貞」本來是乾卦的占斷之辭，〈文言〉將它導入四德，賦予它社會倫理的意義。「罔、直、蒙、酋、冥」卻不是首辭，且體現的是「玄」理，並與方位、四時相配的一個發展過程。所以說「出冥入冥，新故更代。陰陽迭循，清濁相廢」，「罔、直、蒙、酋、冥」表

〔註38〕參見田小中，《《太玄》易學思想研究》，山東大學博士論文，2009 年 3 月，劉玉建教授指導，頁 64。

〔註39〕參見鄭萬耕，《易學與哲學》，上海：上海科學技術文獻，2013 年 2 月，頁 52。

〔註40〕鄭萬耕還進一步指出：「它對後來易學史的發展具有重要意義。就其對『元亨利貞』四德的理解說，第一次以其配春夏秋冬四時和東南西北四方，說明植物生長成藏的過程，開始突破了道德的領域，具有了世界觀的意義。」參見鄭萬耕，《揚雄及其太玄》，臺北：藍燈文化事業股份有限公司，1992 年 9 月，頁 116。

現了玄的性質與妙用，是理解八十一首的核心思想，也是理解世界運作以及福禍之端。

第四節　小結

　　「一陰一陽之謂道」，《易》傳以陰陽論道，重視的除了時變的精神，還是強調道德意識。《太玄》傳文論陰陽消長，更重視各階段變化與玄理的對應。從首名的對比與解釋，到建立詳細數的架構系統與五行、卦氣說、曆法相互參照、結合。李周龍便引《唐書‧曆志》來說明星象、律呂是西漢卦氣說未及提到的，而揚雄用以架構其系統，將《易》與曆、與律呂治於一爐的龐大體系〔註41〕。解麗霞認為：「《太玄》經、傳分立，經是對《易經》的模仿，是採用《易》的形式，用另一套語言和象數來闡釋《易》理，吸取了漢代天文曆法方面的成就，把《易》詮釋為一套新的曆法〔註42〕。」

　　王青認為，揚雄的《太玄》受到《易》傳與《呂氏春秋》的影響，「試圖以一個基本的模型和圖式來反映最基本的規律，整合一切事物……，漢儒利用不同的方法，採用不同的體系，一直在孜孜不倦地繼續嘗試，這顯示了戰國晚期以來思想界對世界萬物統一性的堅定信念。〔註43〕」他認為揚雄以前，對世界萬物的整合基本上可以區分為兩個體系，即陰陽八卦系統和陰陽五行系統，揚雄自成一體，自己創立一套新的符號，這套符號表面上看是由方、州、部、家所組成的八十一首系統。

　　羅熾談到中華「易」文化的類型說：

　　1.天人合一的整體思維

　　2.奉常處變的循環思維

　　3.寓理於象的形象思維

　　4.得意忘言的直覺思維

　　這四種思維方式又集中為兩種模式：經學模式和陰陽五行模式，〔註44〕

〔註41〕參見李周龍，《易學拾遺》，臺北：文津出版社，1992年3月，頁228～235。
〔註42〕參見解麗霞，〈經傳一體還是經傳分立──《太玄》仿《易》的經傳問題〉，《周易研究》，2012年第5期（總115期），2012年10月，頁54。
〔註43〕參見王青，〈《太玄》研究〉，《漢學研究》第19卷1期，臺北：漢學研究中心，2001年6月，頁101。
〔註44〕參見《道家文化研究》第12集（道家易），北京：生活‧讀書‧新知三聯書局，1998年1月，頁52。

形成了具體鮮明特色的中華民族認知系統。

　　參考諸家之語，《太玄》其實是《易》文化發展的思想典型中的一特例。晉人李軌《法言》注曰：「今《太玄》非古事，乃自成一家之書，故作之也。」清汪榮寶疏曰：「凡以新意創著篇籍，亦皆是作。」〔註45〕吳秘曰：「《太玄》其事則述，其書則作〔註46〕。」王葆玹認為：「揚雄以為經莫大於《易》，故作《太玄》；傳莫大於《論語》，故作《法言》，其撰作宗旨雖與儒家經學有差別，但他摹仿早期的經傳形式而未摹仿晚近的章句形式，是有多方面意義的〔註47〕。」由是觀之，《太玄》不是經的注解之書；而其言陰陽，既是陰陽八卦，也參雜陰陽五行的說法。此外，它由《易》的陰陽二分衍生出奇、偶、和的三分思想，並且借用當時天文、曆法知識、卦氣說、五行思想乃至於音樂知識，建立屬於《太玄》自己的理論架構。所以《太玄》是一部獨立的思想創作，而模擬，只是它推展其思想的一種手法，這是研究《太玄》思想時，最需釐清和著重的，而唯有以此為基，《太玄》思想的主體性，才能得到彰顯，而其價值，才能得到重視。

〔註45〕參見汪榮寶，《法言義疏・問神・卷六》，臺北：藝文印書館，1968 年。

〔註46〕參見朱彝尊，《經義考・擬經一・卷268》（第八冊），臺北：中研院文哲所籌備處，1997 年 6 月，頁 76。

〔註47〕參見王葆玹，《今古文經學新論》，北京：中國社會科學出版社，2000 年 5 月，頁 467～468。

第五章 《太玄》的思想體系

　　揚雄針對《老子》及《易》傳這兩種哲學系統，做了吸收與闡發，完成了他的個人創作——《太玄》。周《易》以「易」闡明「簡易、變易、不易」的人生哲學，到了《太玄》，變成了以「玄」為主的哲學思想；而《老子》思想中「道生一，一生二，二生三，三生萬物」由一而多的宇宙生化歷程，也在《太玄》，成為以「玄」為主，兼賅本體論及宇宙論的哲思。所以我們看待《太玄》，不能僅只限於仿《易》之作，而應重視它在西漢後期學術思想上的價值。本章即針對《太玄》所蘊含的哲學思想，作梳理討論。

第一節　本體論

　　「玄」字在《太玄》中出現過 91 次，在模仿周《易》十翼所作的〈首〉、〈衝〉、〈錯〉、〈測〉、〈攡〉、〈瑩〉、〈數〉、〈文〉、〈掜〉、〈圖〉、〈告〉等十一篇，則出現 80 次。是《太玄》中出現最頻繁的用字〔註1〕。學者們針對《太玄》中的「玄」字作分類，整理出《太玄》中玄字出現可能的不同意義〔註2〕。可知

〔註1〕根據「中國哲學書電子化計畫」http://ctext.org/taixuanjing/zh?searchu=%E7%8E%84&page=3 的檢索及《太玄校注》一書參照而得。〈首〉、〈衝〉、〈錯〉、〈測〉、〈攡〉、〈瑩〉、〈數〉、〈文〉、〈掜〉、〈圖〉、〈告〉等十一篇文字中，「天」出現 114 次，「地」字出現 58 次，「道」字出現 50 次，「氣」字出現 11 次。

〔註2〕鄭萬耕將玄字義分作五大類，黃嘉琳則依據此為本，再加入黃國忠及魏啟鵬的論述，補充了 9 點，總結「玄」字義約有 1.《太玄》書 2.《太玄》的哲學體系即世界圖示 3.事物變化規律或法則 4.事物變化的神妙莫測 5.世界的最高本原 6.心 7.天 8.陰之極或陽之極 9.幽隱之意等數種意含呈現。參見黃嘉琳，《揚雄《太玄》《法言》氣論思想研究》，臺北：文化大學中國文學研究所碩士論文，

揚雄以「玄」命名，並以「玄」為主軸，想要開創一個與《易》一般的思想體系。只是，這個思想架構，不再強調《易》中生生不息、日新又新之盛德，而是以《老子》首章中所言「玄之又玄，眾妙之門」的「玄」作為本源。既然「玄」在其思想中居於核心地位，那麼，「玄」所展現的特徵為何呢？

一、玄之為體

〈玄攡〉說：

> 玄者、幽攡萬類而不見形者也。資陶虛無而生乎規，攡神明而定摹，
>
> 通同古今以開類，攡措陰陽而發氣。

用「不見其形」來說明玄的形上特性，攡即摛，幽曲鋪敍萬物形貌與順成萬物生成規準的玄，其特性就是虛無不見。帛書〈道原〉已將《老子》所言：「有物混成，先天地生，寂兮寥兮，獨立而不改」（二十五章）的道體以「恆無之初，迥同大虛」來詮解。揚雄亦用虛無不見來詮釋玄，並且由虛無到生規、定摹、開類、發氣，都是由此不見其形的「玄」來展開。所以〈玄首都序〉說：

> 馴乎！玄，渾行無窮正象天，萬物資形。

〈玄首〉把天道運行的極則推到萬物發展的源頭，並連結上了渾行無窮的玄。

再看同時代的作品《指歸》，虛無、神明都是它論道的重要概念〔註3〕。而嚴遵強調道屬性時還說：「虛之虛者生虛者，無之無者生無者〔註4〕，無者生有形者。故諸有形之徒皆屬於物類。物有所宗，類有所祖。（卷八）」現象界中的一切都是以道為本，而道是超然於自然界的「虛無」，這種「虛無」是獨立先在於天地未生之前，從虛之虛、無之無的狀態，逐步顯實，然後才由「無形」到「有形」，成為物類的宗祖。

王俊彥指導，2008年6月，頁110～121。

趙中偉師作〈揚雄《太玄》「玄」義的研究〉一文，從玄字的本義探討，並申明玄字在《太玄》以及其哲學思想中所蘊含的意義。參見趙中偉，《兩漢文學學術研討會論文集》，兩漢文學學術研討會籌備委員會，臺北：華嚴出版社，1995年5月，頁25～60。

〔註3〕《指歸·卷七》「天地所由，物類所以，道為之元，德為之始，神明為宗，太和為祖。」又《指歸·卷八》在解釋《老子》「道生一，一生二」時也說：「一以虛，故能生二。二物並興，妙妙纖微，生生存存。因物變化，滑淖無形。生息不衰，光耀玄冥。無嚮無存，包裹天地，莫睹其元；不可逐以聲，不可逃以形，謂之神明。」

〔註4〕這兩句《道藏》本指歸作：「虛之虛者生虛虛者，無之無者生無無者」，今據王德有校本改。

由上述兩個方向來看待揚雄詮釋「玄」的角度，便可以了解「玄」既不是有限實體，亦非空無、不存在，而是超越時空限制，在萬物生化之先就存在的本然。而這樣的本體概念，是揚雄把漢代道家將道體虛無及繁瑣化的特色，延續到了《太玄》之中〔註5〕。於是，將天地萬物的生成、規律都歸向於一個本體，揚雄選擇《老子》思想中的「玄」來作為這個本體的代稱。

二、玄之為用

〈易・繫辭〉說：

> 《易》與天地準，故能彌綸天地之道。仰以觀於天文，俯以察於地理，是故知幽明之故，原始反終，故知死生之說。精氣為物，遊魂為變，是故知鬼神之情狀。與天地相似，故不違。知周乎萬物，而道濟天下，故不過。旁行而不流，樂天知命，故不憂。安土敦乎仁，故能愛。範圍天地之化而不過，曲成萬物而不遺，通乎晝夜之道而知，故神无方而易无體。

由於《易》的創作與天地萬物是相準擬的，所以它可以申明天地萬物之道而不違、不過、不流、不憂。也因此，它能夠化成萬物而不遺、不過，無體、無方的展現其神妙，這是易的功能與妙用。日新之謂盛德、生生之謂易的道德本體之用。

《太玄》提到玄的特色時說：

> 夫玄晦其位而冥其畛，深其阜而眇其根，攘其功而幽其所以然者也。……仰而視之在乎上，俯而窺之在乎下，企而望之在乎前，棄而忘之在乎後，欲違則不能，嘿則得其所者，玄也。（〈玄攤〉）

〈太玄攤〉則說明玄體之妙。由上引文可知，「易」與「玄」都可視為其自然、人文世界排列構造的原則，是事物產生、發展的規律，無所不包且與世並存，欲違不能。

《太玄》進一步說明玄體之用：

> 故玄者，用之至也。……瑩天功、明萬物之謂陽也，幽無形、深不測之謂陰也。陽知陽而不知陰，陰知陰而不知陽，知陰知陽，知止知行，知晦知明者，其唯玄乎。

在《太玄》中的玄，無方所、無界限，深藏其博厚和根本，於是其用之至，便能知陰知陽，知止知行，知晦知明，能夠超越所有事物的對立與限制，無所不

〔註5〕參見王葆炫，《正始玄學》，濟南：齊魯書社，1987年，頁195。

在的明萬物，卻又幽隱無形、俯而不見地展現妙用。《指歸》說「道不施、不與而萬物以存，不為、不宰而萬物以然。然生於不然，存生於不存，亦明矣！」（卷十）又說「神明之數，自然之道，無不生無，有不生有，不無不有，乃生無有」（卷十一），可知一樣以虛無詮解道體，揚雄以「玄」，作為說解道用的說明，亦當是強調玄對於萬物的超越性，故能掌握玄的本體妙用。《太玄》說：

> 故玄聘取天下之合而連之者也。綴之以其類，占之以其觚，曉天下
> 之瞶瞶，瑩天下之晦晦者，其唯玄乎。

因為玄存在於萬物之中，又不同於萬物，所以「聘取天下之合而連」，成為萬事萬物發展的本體，這不僅合於道家思想中道體的特色，且言玄不言道，不落實玄的生成，卻也活化了玄之妙用。這一「道樞」的特點，竊以為頗有莊子論道之風，事實上，這也正與指歸論道的特點一致。

《後漢書·張衡傳注》說：「宓羲氏謂之易，老子謂之道，孔子謂之元，而揚雄謂之玄」。可知《太玄》的中心思想「玄」，一方面前承易的架構，改生生不息、剛健不已的道德本體，為道家思想的道論特色，也就是把儒家的形上思想〔註6〕，轉換成了道家式的本體論述。只是從掌握「物理」、轉換「數理」、鑄成「倫理」，不以仁德為本源，「玄德」如何開出人倫之常，在《太玄》中則沒有進一步的說明。

第二節　宇宙論

宇宙論是哲學思想中的重要論題，漢代思想家建立了龐大而複雜的理論系統，假設宇宙的生成演化步驟以及天人感應的基礎〔註7〕。在《太玄》中，對於世界和宇宙的構成，有極大的著墨。

〔註6〕 羅光說：「儒家形上學當然研究『有』，然以『有』由『在』去研究，乃以變易之『有』為本體，稱為『生命』。由變易之『有』，研究宇宙的變易，由宇宙的變易，研究人的變易，講解人的本體，講明人生活之道，因為都是由『形上之道』一方面去研究，便能合成儒家的形上學。」參見《儒家形上學·羅光全書冊四之二》臺北：學生書局，1996年8月，頁II。

〔註7〕 比如：儒家部分：賈誼在〈六術〉中以「六理」、「六法」、「六行」所形成以「六」為度的體系中表現。董仲舒《春秋繁露》則以陰陽五行及人副天數的方式，來說明他的天人感應思想。而道家（雜家）部分：呂覽的整體宇宙論架構在〈十二紀〉中充分表現；〈淮南子〉中有體系完整的氣化宇宙論；而嚴遵則是結合道德、神明、太和、萬物等概念，開展了宇宙演化的步驟，完成了一套縝密的理論體系。

一、宇宙之構成

《太玄》的宇宙，是如何形成的呢？〈玄告〉言：

> 玄生神象二，神象二生規，規生三摹，三摹生九據。玄一摹而得乎
> 天，故謂之有天；再摹而得乎地，故謂之有地；三摹而得乎人，故
> 謂之有人。

此處對於宇宙演化一與多、道與氣、萬物陰陽的關係，作了描述。這般的宇宙
生成的步驟，明顯是以《老子》：「道生一，一生二，二生三，三生萬物」的架
構為基礎來推衍。根據《太玄校釋》，「摹」作謀索，而「神象」可視為《易》
傳中的兩儀，葉注則說「玄一理也，神兼理言，象以氣言，規言神氣二者圓而
不滯〔註8〕」，所以我們也可以發現，玄生神象是一種顯實下落，神象生規（三
種符號）又更加的顯實玄理，然後生天地人三玄各三種的謀索方向，而最後天
地人的九贊之位可以依據。

此外，揚雄提出「罔、直、蒙、酋、冥」的觀念與四方、四時配合，他說：

> 罔、直、蒙、酋、冥。罔、北方也，冬也，未有形也。直、東方也，
> 春也，質而未有文也。蒙、南方也，夏也，物之脩長也，皆可得而
> 載也。酋、西方也，秋也，物皆成象而就也。有形則復於無形，故
> 曰冥。故萬物罔乎北，直乎東，蒙乎南，酋乎西，冥乎北。故罔者、
> 有之舍也。直者、文之素也。蒙者、亡之主也。酋者、生之府也。冥
> 者、明之藏也。罔舍其氣，直觸其類，蒙極其脩，酋考其親（就），
> 冥反其奧。罔蒙相極，直酋相勅。出冥入冥，新故更代。陰陽迭循，
> 清濁相廢。將來者進，成功者退。已用則賤，當時則貴。天文地質，
> 不易厥位。（〈玄文〉）

「罔」代表北方、冬季，此時陽氣萌發地中，萬物隨陽而潛藏而未具形質，所
以說「舍其氣」、「有之舍」。

「直」代表東方春季、陽氣育物，萬物生成，初具形質，質而未有文也但質乃
文的基礎，所以說「觸其類」、「文之素」。

「蒙」代表南方夏季，陽氣極盛，萬物繁茂脩長，蒙極則衰，陽生陰亡，所以
說「極其脩」、「亡之主」。

「酋」代表西方、秋季，萬物熟，陰氣盛，物皆成象而就，且成熟生籽，所以
說「考其親（就）」、「生之府」。

〔註8〕參見鄭萬耕，《太玄校釋》，北京：北京師範大學出版社，1989年2月，頁378。

「冥」由北方冬季，陰氣盛極，萬物死滅，有形復於無形，然有形可見之物又將發生，有無形間奧妙難測，所以說「反其奧」、「明之藏」。

這五種狀態，在時間推移與空間變化的過程中，「罔蒙相極，直酋相勅」，相生相極、相敕相束，對立面轉化的過程，就是《太玄》所要呈現的循環思想。而由天道貫注到人道的方式，《太玄》依據其宇宙論架構，縝密詳盡的建立了一個完整「數」的系統。《太玄》說：

> 玄一摹而得乎天，故謂之有天；再摹而得乎地，故謂之有地；三摹而得乎人，故謂之有人。天三據而乃成，故謂之始中終。地三據而乃形，故謂之下中上。人三據而乃著，故謂之思福禍。（〈玄告〉）

取象不同，造成占卜的方式與詮釋的重點也不同，揚雄的《太玄》取象也呈現出自己的特色。玄經過三摹（謀索）呈現出天地人三種可以依據掌握的特徵，在天是時間，所以有「始、中、終」三階段，在地是空間，所以有「下、中、上」的位置，再加上人的行為，就產生了「思、福、禍」的狀況。而此「九據」就是宇宙人生各種面貌的縮影。揚雄還進一步細說：

> 九天：一為中天，二為羨天，三為從天，四為更天，五為睟天，六為廓天，七為減天，八為沈天，九為成天。（〈玄數〉）

> 誠有內者存乎「中」，宣而出者存乎「羨」，雲行雨施存乎「從」，變節易度存乎「更」，珍光淳全存乎「睟」，虛中弘外存乎「廓」，削退消部存乎「減」，降隊幽藏存乎「沈」，考終性命存乎「成」。是故一至九者，陰陽消息之計邪。（〈玄圖〉）

可知天的九個階段，且揚雄還一一解釋九天之名目……。而從一到九，就是陰陽氣息流動的歷程，且以中天配十一月、成天配十月。解釋完了九天，《太玄》還有九地、九人、九體、九屬、九序、九事、九年〔註9〕（〈玄數〉）。這便是揚雄以「九」為數，在《太玄》中想要建立說明世界體系的模式。依據此系統，也就能明瞭吉凶，進而趨吉避凶。

除了縝密的數術系統是《太玄》的認識世界的方式外，進一步觀察，推明天道「出冥入冥，新故更代。陰陽迭循，清濁相廢。」到人道「將來者進，成功者退。已用則賤，當時則貴」的循環往復，從天文現象、自然運行的天道，到人間遵行的準則。《太玄》從天道貫通人道，講求「玄」主、客體的合一之

〔註9〕詳見本論文第四章第三節。

用。〈玄攡〉說：

> 故玄者，用之至也。見而知之者智也，視而愛之者仁也，斷而決之
> 者勇也，兼制而博用者公也，能以偶物者通也，無所繫輆者聖也。
> 時與不時者命也。虛形萬物所道之謂道也，因循無革天下之理得之
> 謂德也，理生昆群兼愛之謂仁也，列敵度宜之謂義也。秉道德仁義
> 而施之之謂業也。

用「玄」觀察而知曉吉凶是「智」，用「玄」見到萬物而能愛它是「仁」，用「玄」
遇事果斷是「勇」，用玄兼而不偏，能廣用於民是「公」。能與外物配合的叫
「通」，能無所拘滯的叫「聖」。可知《太玄》將人事間道德如：智、仁、勇、
公等十二個德目連結上了形上本體最高境界、無所繫輆且能配合萬物的「玄」，
這般的論述，一方面不違背氣化精誠感應的基礎，而將道德、仁義通列為體
「玄」的原則與規律，所以他強調「貴其有循而體自然」。

二、宇宙之發生

漢代思想家對於宇宙起源問題有道、元、氣、五行⋯⋯等主張。雖然當時
思想家並未對此產生共識，不過，對於這（太初）終極元素之認定，則是漢代
宇宙論的特點〔註10〕。由於〈太玄攡〉說到：「玄者、⋯⋯攡措陰陽而發氣」，
所以有學者認為，玄即當時流行思想所說的「元氣」，而以之作為宇宙論生成
的起點〔註11〕。然而，觀察《太玄》的宇宙生成論，是否就是以「元氣」等同
於玄，而能視為宇宙生成的起點呢？〈玄告〉言：

> 玄者、神之魁也。天以不見為玄，地以不形為玄，人以心腹為玄。
>
> 天奧西北，鬱化精也；地奧黃泉，隱魄榮也；人奧思慮，含至精也。

鄭萬耕以「精、榮」為線索，認為此處揚雄繼承黃老道家之學〔註12〕，而以精
即氣，來說解玄與元氣為一整體不可分的說法。但陳福濱師對於玄與氣的關
係，則認為玄在《太玄》中是「最高的道，是宇宙的根本，不是指氣，⋯⋯是

〔註10〕參見鄔昆如，〈漢代宇宙論之興起與發展及其在哲學上的意義〉，《漢代文學與
　　　　思想學術研討會論文集》，臺北：文史哲出版社，1991年10月，頁109。

〔註11〕參見鄭萬耕，《揚雄及其太玄》，臺北：藍燈文化事業股份有限公司，1992年
　　　　9月，頁124。

〔註12〕鄭萬耕以管子和淮南子引文為例，說明並舉黃老學把道詮解為精氣，並認為
　　　　揚雄「玄」的思想，是黃老之學關於「氣」的唯物主義學說的繼續。參見鄭萬
　　　　耕，《揚雄及其太玄》，臺北：藍燈文化事業股份有限公司，1992年9月，頁
　　　　127～128。

氣的來源〔註13〕。」對於《太玄》展現氣化宇宙論的論點，學者們都贊同且詳細論述。但對於氣屬於《太玄》宇宙生成的哪一步驟，上述兩位學者則提出了不同的看法。這其中，「神」的位置就相當的關鍵，今將《太玄》中有關「神」的字句製表，呈現比對：

1	周	☰周。陽氣周神而反乎始，物繼其彙
2	太玄攡	玄者、幽攡萬類而不見形者也。資陶虛無而生乎規，攡神明而定摹，通同古今以開類，攡措陰陽而發氣。
3	太玄攡	夫天宙然示人神矣，夫地他然示人明也。天地奠位，神明通氣，有一有二有三。
4	太玄棿	玄之贊辭也，或以氣，或以類，或以事之骹卒。謹問其性，而審其家；觀其所遭遇，劚之於事，詳之於數，逢神而天之，觸地而田之，則玄之情也得矣。
5	太玄告	玄者、神之魁也。
6	太玄告	玄生神象二，神象二生規，規生三摹，三摹生九據。

根據第 1 條，《指歸·卷七》說：「生息不衰，光耀玄冥。無嚮無存，包裹天地，莫睹其元；不可逐以聲，不可逃以形，謂之神明。」可知《太玄》「周」首：「陽氣周（循環）神」之神，當屬與「氣」將生而未形的狀態。

根據第 2 條，「玄」不見其形，然後生規，定摹，開類，發氣。是否將玄與氣視作同一層次，是有討論空間的。

根據第 3 條，「天地奠位，神明通氣」，可知神明與氣的位階相同。

根據第 5 條，魁當解為「首」，則玄、神就產生了次序。

根據第 6 條，從玄—神象—規—三摹（天地人）—九贊之據，可知「神象」就是「玄」與「規摹」之間的過度階段。

　　《老子指歸》說：「天地生於太和，太和生於虛冥」（卷七），又說：「形因於氣、氣因於和」（卷八）。另外，嚴遵在《老子注》也說：「太和妙氣，妙物莫神，空虛為家，寂泊為常，出入無窮，往來無間，動無不遂，靜無不成。」可知「太和」是指歸在其宇宙論體系言氣的重要階段：清、濁、和由一而三也對應著三生萬物的階段，所以它是「有無之間」的銜接點，而指歸中的「神」（明）就是太和之氣萬物初生的上一階段。

　　雖然，「神」也與「玄」一般，在《太玄》中有多種不同的義涵，但整理

_____

〔註13〕參見陳福濱師，《揚雄》，臺北：東大圖書公司，1993 年 3 月，頁 30。

以上的文字，我們可以得出揚雄的宇宙論系統，當是以不見其形的玄作為萬物之始，然後落實為「神」、「象」、「規」、「摹」等氣化運行的階段。若將其宇宙發展論對照《老子》和同時代的《老子指歸》，則可以轉化成如下圖示：

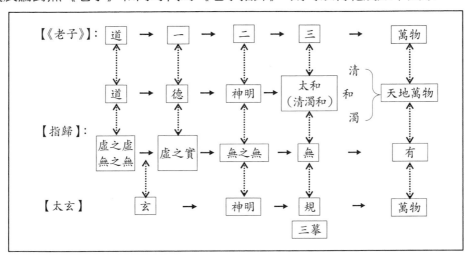

由此可知，《太玄》根據《老子》「道生一，一生二，二生三」的架構，以道家式的宇宙論改變《易經》生生不息的創生道德本體，而進入《太玄》宇宙論的新領域。而這其中，若對照《指歸》的宇宙論圖示，可知《太玄》當不以玄作為氣化流轉、自然生機流行的主要階段，因為「玄」除了不見其形之外，還有「聘取天下之合而連之」之用及「知陰知陽」之妙，因為不全同於氣，所以能夠超越其限制。陳鼓應提到《太玄》的「玄」符合漢代元氣觀念〔註14〕，鄭萬耕也舉《漢書·律歷志》：「太極元氣，函三為一」為例，認為「玄」即漢代元氣，沒有玄外的虛無，他認為玄是一種物質實體，是漢代元氣說的一種。然而如董仲舒之言：「元為萬物之本，而人之元在焉，安在乎？在乎天地之前」（《春秋繁露·重政》），可知所謂漢代所流行的元氣說，強調的當屬「一種混沌未知的起始狀態」。

且根據《淮南子》「虛廓生宇宙，宇宙生元氣」及《老子指歸》「太和」之說，則關於「玄」在宇宙生成演化的位置，當還是如同陳福濱師所言：「超越一切相對事物之上的絕對者，它是超感覺的，是天地的本源，是最高的道〔註15〕。」而將氣的位置放在《太玄》宇宙論圖式中神明運作之後的部分，保留「玄」的

〔註14〕參見陳鼓應，〈漢代道家易學鉤沉〉，《臺大文史哲學報》第57期，臺北：《臺大文史哲學報》編委會辦公室，2002年11月，頁60~61。

〔註15〕參見陳福濱師，《揚雄》，臺北：東大圖書公司，1993年3月，頁34。

靈動與彈性，當是較為合理的判斷。

《淮南子・俶真》將《莊子・齊物論》「有始也者……有未始有始也者」的說法分述成並列而不對等的七大階段；〈天文〉則有「太始生虛霩，虛霩生宇宙，宇宙生元氣。元氣有涯垠，清陽者薄靡而為天，重濁者凝滯而為地」的宇宙論述。而在時代相近的《易緯・乾鑿度》也說：「夫有形生於無形，乾坤安從生？故曰：『有太易、有太初、有太始，有太素也。太易者，未見氣也；太初者，氣之始也；太始者，形之始也；太素者，質之始也。氣形質具而未相離，故曰渾沌。』」。我們可以發現《易緯・乾鑿度》說「有形生於無形」時，也是以〔道—氣—物〕的形式推衍，而其中「太初，氣之始也」的階段，正可以與《太玄》論宇宙演化中「神明」的地位相比擬。所以說，揚雄保留了玄的玄妙虛無特性，以氣來活化「道在天地」的思想，與當時宇宙論思想的發展應是可以相互參照的。

第三節　尚智思想

唐君毅說：「形上學或本體論、宇宙論，皆直接以存在為對象，而知識論則以知識為對象……形上學、宇宙論、本體論之就此心與其對象為存在而論之，與知識論中之就其如何關聯以構成知識而論之，至少有觀點的不同。〔註16〕」杜保瑞認為：「屬於認識論的知識論建構，在中國哲學的傳統中，一直以來，主要是附屬於形上學進路的哲學體系中在討論的……，如儒家的荀子及董仲舒之學中的認識方法及認識功能的知識論理論，就是預設著儒家形上學世界觀的特定形上學立場而有的認識論哲學，是形上學自身所蘊含的正確認識方法意義下的知識論理論〔註17〕。」《太玄》的尚智思想，亦是建立於「玄」的形上思想所開展出來的宇宙生成論。但比較特別的是，它嘗試會通儒道思想，且將萬事萬物的規律，用「數」的方式，歸納整理來呈現上引唐先生所言「關聯構成知識」的知識論述。

〈玄瑩〉說：

　　古者不運不虞，慢其思慮，匪筮匪卜，吉凶交瀆；於是聖人乃作著

〔註16〕參見唐君毅，《哲學概論》（上），臺北：臺灣學生書局，1996年9月，頁260。
〔註17〕參見杜保瑞，〈中國哲學的知識論問題意識之定位〉，「傳統中國哲學的知識論問題之當代省思國際學術研討會」，臺北：臺灣大學哲學系主辦，2010年9月7～9日。

> 龜，鑽精倚神，鉗知休咎，玄術瑩之。是故欲知不可知，則擬之以
> 乎卦兆；測深摹遠，則索之以乎思慮。二者其以精立乎？夫精以卜
> 筮，神動其變；精以思慮，謀合其適；精以立正，莫之能仆；精以
> 有守，莫之能奪。

相信「玄術瑩之」的可能而遵從聖人所作蓍龜，「測深摹遠」，而能讓人「索之
以乎思慮」的理性思維。所以學者或以為揚雄的認識論承繼了荀子「緣天官」
的理性思維，而影響王充「事莫名於有效」的理性精神〔註18〕。思慮的對象是
「玄」，精於卜筮就能體「玄」，也就能在人世間趨吉避凶，而立正有守就是持
身的重點，所以《太玄》思想並未開出道德的根源，而向善的可能就只歸結到
思慮玄理。且由於揚雄的這個模式不是如《易》般從客觀事實出發，而是從主
觀框框出發，所以即使它縝密，但讓客觀事實區從於主觀臆測，是具有不可克
服的困難〔註19〕。

　　《易》傳重視變易，《繫辭》：「《易》有聖人之道四焉」其中之一就是「以
動者尚其變」。《太玄》則從《易》的變易之中，進一步觀察：「仰以觀乎象，
俯以視乎情。察性知命，原始見終。」（〈玄攤〉）由觀、視、察、知、原、見
等字眼，可知《太玄》採老子「觀復」的境界修養而轉化成之事論的方式，這
便與漢代黃老思想的路線較為接近。《史記·太史公自序·論六家要旨》中所
說的道家是「以虛無為本，以因循為用」。「虛無為本」指的是形上思想為《老
子》「道」的自然無為，「因循為用」乃謂其順隨著道，以之為事物運化、發展
之客觀法則。相較於董子說「奉天法古」、「人副天數」，強調天的神祕性與權
威性，揚雄則說「有循而體自然」，並強調因循革化，《太玄》說：

> 夫道有因有循，有革有化。因而循之，與道神之。革而化之，與時
> 宜之。故因而能革，天道乃得；革而能因，天道乃馴。夫物不因不
> 生，不革不成。故知因而不知革，物失其則；知革而不知因，物失
> 其均。革之匪時，物失其基。因之匪理，物喪其紀。因革乎因革，
> 國家之矩範也。矩範之動，成敗之效也。（〈玄瑩〉）

由「觀復」的思想，揚雄則進一步說明體會因循之理就能體現道之神妙，而以

〔註18〕參見陳福濱師，〈經典研究：《太玄經》〉，《哲學與文化》第 23 卷 10 期(總第
　　　　269 期)，新莊：哲學與文化出版社，頁 3140，1996 年 10 月。
〔註19〕參見韓敬，〈論太玄的哲學體系〉，《中國哲學史研究》1982 年第 1 期(總第 6
　　　　期)，頁 84，1982 年 1 月。

此革化，則能與時俱進。這其中「時」與「理」，便出自於《易》的思想，也與黃老道家重時變、主靜因的特色相符。只是道家黃老思想「因道全法」，強調尊君，或由養生之道以論治國之理〔註 20〕，重視刑名的效用。而在揚雄的《太玄》，這般的因循思想，如〈玄攡〉所言：「律則成物，曆則編時。律曆交道，聖人以謀」，則找到天地自然的規律，然後順之從之，就成為了人生智慧的不變準則。至於在《太玄》中，其因循革化思想如何發展，它說：

> 陽不極則陰不萌，陰不極則陽不芽。極寒生熱，極熱生寒。信道致詘，詘道致信。其動也，日造其所無而好其所新；其靜也，日減其所有而損其所成。故推之以刻，參之以晷；反覆其序，軡轉其道也。以見不見之形，抽不抽之緒，與萬類相連也。（〈玄攡〉）

> 陰不極則陽不生，亂不極則德不形。君子脩德以俟時，不先時而起，不後時而縮。動、止、微、章，不失其法者，其唯君子乎？（〈玄文〉）

陰陽、寒熱、屈伸的相互轉化，其限度就叫「極」〔註 21〕，所以事物「日造其所無」的發展到「極」，接著就「日減其所有」的損，萬物萬類都是這般的發展，君子便在其中觀察陰陽消長的變化規律，然後修德俟時，作出「動、止、微、章，不失其法」的最佳對應，因革就在這般變與反的辯證思想中，成為《太玄》思想得以落實在經驗世界及掌握世事變化的方式。

總之，在〈玄攡〉中，「玄」的哲思集合了老莊道的特色；在講「玄」的變化歷程，感應的知識來自於《易》的感通，又收集混合陰陽家的思想，但大異於董子「人副天數」的思想，而展現出一種尚智、尚數的特徵。解麗霞認為，董仲舒與揚雄思想的不同點在於論證方式的不同以及天、人地位的偏重〔註 22〕。可知，《太玄》的認識論是一種「依律取象」、「以人占天」的思維，此思維不同於卜筮的原理，而藉由《太玄》傳文的說明，可見揚雄想要以此數字系統說明解釋世界現象的用心。

《漢書‧律歷志》：「自伏羲畫八卦，由數起」又說：「數者，一十百千萬也，所以算數事物，順性命之理也」以數的合理性來順性命之理，是一種新說，

〔註 20〕 參見陳麗桂師，《秦漢時期的黃老思想》，臺北：文津出版社，1997 年 2 月，頁 3。
〔註 21〕 參見陳福濱師，《揚雄》，臺北：東大圖書公司，1993 年 3 月，頁 70、71。
〔註 22〕 參見解麗霞，《揚雄與漢代經學》，廣州：廣東人民出版社，2011 年 8 月，頁 226。

也代表了當時若干學者的觀念〔註23〕。揚雄的思想，便是此種以「主智」為特色的思想〔註24〕。

第四節　天與人

在董仲舒的《春秋繁露》中，天有兩種意義：一種指著無形無限的位格最高上天，一種指著由事物可見其理的自然之天。它說：

> 天、地、陰陽、木、火、土、金、水，與人而十者，天之數畢也。
> （《春秋繁露·天地陰陽》）

> 天地之氣，合而為一，分為陰陽，判為四時，列為五行。（《春秋繁露·五行相生》）

> 天有陰陽，人亦有陰陽，天地之陰氣起，而人之陰氣應之而起，人之陰氣起，天地之陰氣亦宜應之而起，其道一也。（《春秋繁露·同類相動》）

> 天以終歲之數，成人之身，故小節三百六十六，副日數也；大節十二分，副月數也；內有五藏，副五行數也；外有四肢，副四時數也；乍視乍瞑，副晝夜也；乍剛乍柔，副冬夏也；乍哀乍樂，副陰陽也；心有計慮，副度數也；行有倫理，副天地也。此皆暗膚著身，與人俱生，比而偶之合。於其可數也，副數；不可數者，副類。皆當同而副天，一也。是故陳其有形以著其無形者，拘其可數以著其不可數者。以此言道之，亦宜以類相應，猶其形也，以數相中也。（《春秋繁露·人副天數》）

「天地」是宇宙之總稱，「氣」是宇宙之生息變化，陰陽、四時、五行則是由一而分的變化殊體。人因為天人「同類相動」的關係，以身察天，而成為天地上下以氣合的整體之一部分。在「奉天法古」、「人副天數」的說法下，把天與

〔註23〕參見徐復觀，《兩漢思想史·卷二》，臺北：臺灣學生書局，1979 年 9 月，頁494。

〔註24〕徐復觀認為當損益盛衰之際，在道德上站穩一個立足點，是儒家的精神。因禍福無常，採以柔退為趨避之方，這是老子的態度。揚雄做《太玄》的動機，就是以老子的態度出發，形成《太玄》構造的骨幹，並由此而放手追求知識。參見徐復觀，《兩漢思想史·卷二》，臺北：臺灣學生書局，1979 年 9 月，頁 477，519。

人以物質之性相合成，然後董子又把位格之天人格化，宣揚天有意志，天人相類，天命王權，以期能達到《易》傳所言「同聲相應，同氣相求」以及與天地合德的最高境界。但這般的類化，雖然幫助董子以德治的方式行「改制」、「教化」，但在思想理論中，「天」意志充滿著神祕性與權威性，便讓天人之間成為一種單向服從的關係，雖然圖顯了人的特殊，卻未開出自覺的理性精神。所以，所謂的「感應」，也就與《易》大不相同，而流於被動僵化。

董子以天譴和災異帶出天威，易學家孟喜「易家候陰陽災變書」，繼之而起的易學家京房，建構了一個龐大而嚴縝的占筮體系。揚雄《太玄》在建立自己的思想系統時，一方面吸收孟、京卦氣之序與卦首相配的思想；另一方面，在天道觀的部分，則承《易》而一改董子對天的看法。

在《太玄》中的〈首〉、〈衝〉、〈錯〉、〈測〉、〈攡〉、〈瑩〉、〈數〉、〈文〉、〈掜〉、〈圖〉、〈告〉等十一篇文字中，「天」出現 114 次，與「天地」一同出現 26 次；另外「天下」出現 12 次。除外，還有「天神」、「天功」等辭彙。陳師福濱認為《太玄》中的「天」，至少有「自然天」、「九天」、「天文」幾個層次的展現〔註25〕：

比如〈玄攡〉說：「瑩天功、明萬物之謂陽也，幽無形、深不測之謂陰也。陽知陽而不知陰，陰知陰而不知陽，知陰知陽，知止知行，知晦知明者，其唯玄乎。」〈玄瑩〉也說：「立天之經曰陰與陽」可知天是在玄理觀照之下的自然天義涵。而此「天」的經與常，指的就是陰陽的消長與流轉。

而〈玄數〉還在其「九營」的系統中，特立了「九天」的系統，它說九天為：「一為中天，二為羨天，三為從天，四為更天，五為睟天，六為廓天，七為減天，八為沈天，九為成天。」〈玄告〉說：「玄生神象二，神象二生規，規生三摹，三摹生九據。玄一摹而得乎天，故謂之有天……」可知《太玄》「九營」的系統中，第一組為「天、地、人」，相較於「九地」，揚雄對於「天」的系統自有其用心之處。「中」天是首名，〈玄圖〉還對「九天」予以特別的說解〔註26〕，如前所言，這九天更是《太玄》八十一首的九個段落〔註27〕。所《太玄》中的「天」，是「玄」在自然界以及人文界端始，而與董子所言有意志的天有所不同。

〔註25〕此據論文口試委員指點補正。
〔註26〕〈玄圖〉：「誠有內者存乎『中』，宣而出者存乎『羨』，雲行雨施存乎『從』，變節易度存乎『更』，珍光淳全存乎『睟』，虛中弘外存乎『廓』，削退消部存乎『減』，降隊幽藏存乎『沈』，考終性命存乎『成』。」
〔註27〕參見本論文第四章第三節。

〈玄文〉說：

> 天道虛以藏之，動以發之，崇以臨之，刻以制之，終以幽之，淵乎
> 其不可測也，曜乎其不可高也。

《太玄》中的天是虛而不見，不展現可知可測的玄妙。可知揚雄修正了董子「人副天數」的思想，將神格的部分，以「玄」的「神明」之妙來代理天德；另外一方面，那自然的天則脫離孟、京易學的物質之性，而用「玄」理來活化。所以我們可以說，《太玄》的天，當是受到道家思想影響，無為而化的自然之天。

在董子，強調「人」的特別在於同類能應天。《太玄》中，一樣承《易》的三才之道，將人道與天、地並列。不僅如此，《太玄》所有數術的架構堆疊，都還是在「玄」理的推演之下，強調人之所當為。〈玄數〉中的因「九」而立的系統，除了九天、九地，接下來的九人、九體、九屬、九竅、九序、九事、九年，全都是與人、人體、人文、人倫、年歲與「人」相關叮囑。〈玄圖〉也將九贊之位與人生哲學「思、福、禍」作詳細的描述，以下製表呈現：

初一	下人	規模	思心	思之微	貧賤
次二	平人	方沮	反復	思之中	而心勞
次三	進人	自如	成意	思之崇	
次四	下祿	外他	條暢	福之資	富貴
次五	中祿	中和	著明	福之中	而尊高
次六	上祿	盛多	極大	福之隆	
次七	失志	消敗	損	禍之階	離咎
次八	疾瘵	耗剝	落	禍之中	而犯菑
上九	極盡	弊殄	絕	禍之窮	

所以說，《太玄》特別重視「人」生於天地間的特殊價值，而以「玄」理，自然而然的指引人能與天地間各種知識系統共存共生。

〈玄文〉在文末提到：

> 天地之所貴曰生，物之所尊曰人，人之大倫曰治，治之所因曰辟。
> 崇天普地，分群偶物，使不失其統者，莫若乎辟。……是以聖人仰
> 天則常，窮神掘變，極物窮情；與天地配其體，與鬼神即其靈，與
> 陰陽挺其化，與四時合其誠。視天而天，視地而地，視神而神，視
> 時而時；天、地、神、時皆馴而惡入乎逆。

可知《太玄》中的「天」、「人」是在核心思想「玄」的貫通中，最重視的兩端。

這其中，又以人能夠思慮、體玄為重點。至於天，也就脫離了災異與神權的牽絆，而樹立了一種特殊的天人關係。

周桂鈿將先秦至兩漢的天人關係學說的發展變化分為：天命論、天人相分論、天人感應說、天道自然論四個階段。〔註28〕其中董仲舒是「天人感應說」期的代表，他把天視作「百神之君」；王充則是「天道自然論」期的代表，將天視作自然無為無意識的存在。由是觀之，揚雄《太玄》中的天人關係以及「天」性質的變化，正是董、王兩期之間，重要的過渡思想。

第五節　小結

戰國秦漢道家在對「道」的概念上，從老莊著重抽象的形上本體，走向氣化宇宙論的思惟模式：將道與氣合論，把「氣」的概念加入了道的創生過程。將老子的道，在詮釋上以「氣」來替代，在架構上以宇宙論的方式來呈現。到了黃老思想的理論總結──《淮南子》，終完成了道家氣化宇宙論的思想體系。從黃老帛書、《管子》四篇、韓非〈解老〉、呂覽、《淮南子》中的道論特色，可知「道」概念義涵的發展與演變〔註29〕。

而由老莊至《淮南子》，道家道論從先秦至西漢發展約可由三方面觀之：即是：

1.「道」的虛無形象及其上本體論的延續。

2.道與氣合論所開展的宇宙論。

3.以「術」言「道」〔註30〕。

《太玄》以「玄」作為思想核心，其實也承繼了漢代黃老道家道論的特色。以下分述之。

（一）本體論

揚雄承繼並改造老子的「玄」概念作為萬物根本與世界本源，並與董仲舒「人副天數」的人格天做區別。雖然太玄不強調本體，但對於玄的妙用靈動深

〔註28〕參見周桂鈿，《秦漢思想研究（壹）：王充哲學思想新探》，福建：福建出版社，2015 年 1 月 1 日，頁 256。

〔註29〕參見陳麗桂師，《秦漢時期的黃老思想》，臺北：文津出版社，1997 年 2 月，頁 5，112。

〔註30〕參見陳麗桂師，《漢代道家思想》，臺北：五南出版社，2013 年 11 月，頁 77，102。

合道家論道之旨。然而「玄」作為《太玄》思想的本體，仿《易》卻沒有以太極的健動性來突顯人的善德，也改變了《易》之中道、器，形上、形下的關係，使得「玄」的動能增添了神秘幽深的色彩，所以趙中偉師認為它「主體性」不足〔註31〕。王青也認為，《太玄》中的「玄」接近本體論〔註32〕，而未成就真正的本體論述。不過，這般「有」—「玄」—「無」的連結，淡化了有而保存了「無」之用，用虛無的玄，證成了以無為本的哲學觀。對於王弼揭明「以無為體、以有為用」的體用思想，當是有先導之功。朱熹言：「子雲所見處，多得之老氏，在漢末年難得人似它。」(《朱子語類‧卷一百三十七》)便可得知《太玄》思想的特殊性。

（二）宇宙論

日學者山田氏在解說道生一與易傳思想時，提出了「兩極構造」、「三極構造」〔註33〕之說。他認為道家所代表的三極系統，其宇宙的衍化，其中心位置之渾沌總是不變的。而《易》傳所說的：「易有太極，是生兩儀，兩儀生四象，四象生八卦。」是指宇宙開闢後，空間不斷的對分，而內部總有一貫穿的道體為其支柱。要之，《太玄》以道家思想宇宙生成論的思維去仿作《易經》、《易》傳，改變了詮解《易經》、《易》傳的方向，比如：「元、亨、利、貞」的基本義涵是社會倫理屬性的，「罔、直、蒙、酋、冥」則成為時間到空間，表示事物生滅的一種規律，而這也創發出漢代宇宙論的新境界。

陳麗桂師在論漢代道家宇宙論時提及兩特色：即以氣詮釋道，作為生化宇宙萬物的基元，和圍繞老子道生一，一生二，二生三，三生萬物的命題推衍出一系列的宇宙創生系列。漢代道家吸收陰陽家的精氣論，以詮釋、推衍道家的本體論並完成氣化的宇宙論。〔註34〕由是觀之，《太玄》的宇宙論特

〔註31〕參見趙中偉師，〈揚雄《太玄》「玄」義的研究〉，《兩漢文學學術研討會論文集》，兩漢文學學術研討會籌備委員會，臺北：華嚴出版社，1995 年 5 月，頁 50。

〔註32〕他說：「揚雄對於「玄」的論述，已經較為接近於本體論了。但這種本體化的傾向並非是揚雄有意識的創造，也不是理論發展的必然性造成的，而是理論的繁瑣化傾向造成的一種無意識的偶然的結果。」參見王青，〈《太玄》研究〉，《漢學研究》第 19 卷第 1 期，臺北：漢學研究中心，2001 年 6 月，頁 100。

〔註33〕轉引自楊儒賓，〈從氣之感通到貞一之道—《易》傳對占卜現象的解釋與轉化〉，《中國古代思維方法探索》，臺北：正中書局出版，1996 年 11 月，頁 255。

〔註34〕參見陳麗桂師，〈漢代的氣化宇宙論及影響〉，《道家文化研究》第八輯，北京：生活讀書新知三聯書店，1996 年 3 月，頁 248。

色不但與漢代道家宇宙論的特色相符合，實亦可將其視作漢代氣化宇宙論的完成〔註35〕。

（三）尚智思想

陳德興說：「巫覡信仰的背後，是絕對權力又難測的天……，而氣化宇宙論述理性釋物秩序，卻是以「數」的統一力量化約了「天」的神祕特質。〔註36〕」所以他認為漢儒便是以此種實有論的精神及數理化的方式來探索天道，「遮蔽」了原有巫覡、聖人（儒）、或真人（道）的天道。而《太玄》中的知識論當是以此「尚智」的精神來說明解釋由道（玄）逐步下落顯實的天地的各種現象。從《禮記・月令》開始，就把十二個月該有的規律，連結到日常社會生活中，董仲舒把此規律結合五行四時，揚雄則再加入曆法樂理。有學者認為，周《易》是從占卜而發展到哲學層面，《太玄》以占卜的形式來表現其哲學思想〔註37〕。可知《太玄》的知識論是一種用數為基礎來說明陰陽氣息、事物道理變化的思想，重視「數」所代表以及展現出的理性精神，而終落於人事之義理。所以謝大寧便認為揚雄「鑄造一個他認為與時推移的新易經系統。〔註38〕」這對於西漢後期讖緯、災異興盛的風潮，做了修正，也給予王充的思想啟發。又在經學興盛與政治混亂的西漢末世，揚雄《太玄》思想的闡發，也讓後人對於經學研究的取向與處世的態度有了重新省思的空間。

（四）天與人

沈清松分析天人合一的三種模式為：A 儒家的天人合德 B 道家的天人為一 C 陰陽家及董子的天人感應。〔註39〕董仲舒結合了陰陽學與儒學，去推闡自己的理論學說。他承繼鄒衍以來的陰陽說與儒家尚德的天命觀，架構其天人合一的災異理論。在 C 式的理論中，天與人是合類的，其關係是緊密相符的，

〔註35〕 參見岑溢成，《中國哲學史》，蘆洲：國立空中大學，1995 年 8 月，頁 289。
〔註36〕 參見陳德興，〈從巫覡時代天帝的社魅與秦漢之際陰陽五行天道思想的形成，論「天」內涵之轉化〉，《哲學與文化》第 39 卷第 6 期，2012 年 6 月，頁 127。
〔註37〕 參見韓敬，〈論太玄的哲學體系〉，《中國哲學史研究》1982 年第 1 期(總第 6 期)，頁 85，1982 年 1 月。
〔註38〕 參見謝大寧，《從災異到玄學》，國立台灣師範大學國文所博士論文，1989 年 5 月，張亨、戴璉璋指導，頁 165。
〔註39〕 參見沈清松，〈「天人合一」觀的原始及其轉化〉，《中國人的價值觀——人文學觀點》，臺北：桂冠圖書公司，1993 年 6 月，頁 207。

天道與君德、治道也都相通，但他們都是透過「氣」的類應去作用。揚雄的《太玄》思想，其實揉合了 B、C 類應天思想的特色。王兆立說：「孟、京以後，西漢末期易學走向有著兩個顯著的特點，一是繼續沿著孟、京易學筮法推進，熱衷於對各種易學筮法的整合與再創造；二是因之漢易筮法較先秦周《易》筮法的轉換，人們對以《易》傳為代表的秦漢間的天道觀，又作了一定的改造和創新。這兩個特點，在揚雄的著作《太玄》都有所體現〔註40〕。」

　　感而遂通是漢代思想的常見模式，在董仲舒，「人副天數」的思惟模式就是他所說感通的基礎；在《老子指歸》，能夠達到天人合一境界的原因，則是建立在人與萬有同體於道的思想基礎上。但指歸所言「同體」是以回歸道家無限玄妙的道為本，強調人要「守靜至虛」、「反初歸始」，始能達到「人道相入」的最高境界。《太玄》試圖以陰陽「氣」的流通來連繫「玄」與「天、地、人」的關係。而在「玄」、「氣」之間，「神」便是《太玄》試圖鉤連「人與道」的重要概念。《太玄》要求人們崇無契玄，由氣之精、神之靈而與玄相合，這是將道家的修養論，轉化而成尚智思想、數術架構的詮說方式。

　　羅光說：「中國哲學上，氣，陰陽，五行，幾個觀念，為最複雜的觀念，也是最籠統的觀念；因為既代表哲理方面物的成素，又代表物理方面物的原素，更進一步又代表人事方面的成因。這換個觀念既是哲理的觀念，又是物理的觀念，而且是政治的觀念。〔註41〕」唐君毅則認為：「混合雜揉人之推理、想像、功利要求與道德要求所形成的一思想方式，亦實為一般人在日常生活中，自然而然最易形成之一的思想方式。此即陰陽思想之本質所在，而其原最遠，其影響於後世之至大之故也。〔註42〕」揚雄一方面應用了陰陽家、數術及曆數的思想，另一方面保留了秦漢黃老道家天人為一、天道治道相貫通的架構，強調氣的聯通，還刻意的活化保留「玄」靈動與超越，完成了縝密且跨越儒道的宇宙論述。揚雄在《太玄》中，將八卦、陰陽五行的思想作了承繼與創新，但對於圖讖的預言和災異的數術，《太玄》中則用《易》的感通與道家的「玄」理予以替代，這使得《太玄》的思想，在西漢後期災異讖緯流行、博士

〔註40〕參見王兆立，于成寶，〈《太玄》的筮法和天道觀略論〉，《周易研究》2009 年第 4 期（總 96 期），2009 年 5 月，頁 26。

〔註41〕參見羅光，《中國哲學思想史‧羅光全書冊七》，臺北：學生書局，1996 年 8 月，頁 186。

〔註42〕參見唐君毅，《中國哲學原論‧原道篇貳》，臺北：學生書局，1980 年 8 月，頁 170。

系統以經學求取利祿的學術界，展現出了一種對於經學權威修正且不同於俗的哲學思維。竊以為這正是《太玄》越過了《易》，更進一步與西漢後期時代學術思想相合而生的重要思想創發。

鄭萬耕將揚雄在漢代思想史上的地位整理成五點，以下擷取分述如下：

一、西漢以來，企圖建立貫通天人的哲學系統風氣，已成為學術發展的大趨勢⋯⋯，《太玄》吸收《淮南子》的世界圖式，對孟京易學作了發揮，使其進一步哲學化、理論化。

二、揚雄繼承並發揮了《老子》和《易》傳的辯證法思想。在其哲學體系中，他以特有的樸素形式，探討了萬物的普遍聯繫，闡發了陰陽變易的學說。

三、揚雄繼承先秦稷下黃老學派、《淮南子》、嚴君平的唯物主義思想路線和思想資料，在當時自然科學的基礎上，提出了「玄」為本的自然觀，構成了一個以陰陽二氣的消長，五行的機械性能說明世界變化的圖示，建立了一個基本上是唯物主義的理論體系。

四、揚雄的宇宙理論，由於堅持了辯證思維，堅持了「自己運動」的觀點，認為宇宙萬物是元氣自我分化的結果，從而排斥了神、上帝、和任何造物主的地位。正因如此，才以「天道自然無為」的思想否定了官方哲學，也即今文經學系統所宣揚的神學目的論和創世說，並企圖從神學中解脫出來。

五、把戰國以來融合儒道的趨勢引向了一個新階段，而達成儒道合流。同時，又開創了一種「不為章句」，注重義理，反對以神學附會經典的學術風氣。所有這些，實又開魏晉玄學之先河。〔註43〕

以上表述，雖然唯物主義（materialism）的理論體系部分，鄭氏以《太玄》重氣而以之肯定世界的基本組成為物質，此點與本文將「玄」視作為「最高的道，是宇宙的根本，不是指氣，⋯⋯是氣的來源」的說法有別；而對於「神學」的定義顯然也與西方哲學的說法不同〔註44〕。但鄭氏論述實已將《太玄》思想上的價值作了完整而全面的評斷。徐復觀更說「假定講漢代思想史而不及揚雄，

〔註43〕參見鄭萬耕，《揚雄及其太玄》，臺北：藍燈文化事業股份有限公司，1992 年 9 月，頁 288～290。

〔註44〕「Theology」，古希臘語：Θεολογια，廣泛指稱所有對神（上帝）這個主題展開的研究或學說。在歐洲，神學常用以指稱基督教神學，而在基督教神學之外，還有伊斯蘭教神學、猶太教神學等神學體系。

我覺得便沒有掌握到兩漢思想演變的大關鍵。〔註45〕」隨著對於《太玄》思想從經學研究領域中解放，近代學者，也愈發注意到《太玄》思想本身所展現的時代特色及會通價值。一旦重新發掘出揚雄作《太玄》的思想價值，則《太玄》思想對於時代思想的承繼與開展，就是思想研究可以重新塑造、探研的寶藏。

〔註45〕徐氏以為《太玄》代表著漢代對數術所講的天人性命之學發生懷疑，開始了一個新的階段。參見徐復觀，《兩漢思想史・卷二》，臺北：學生書局，1976 年6 月，頁 439。

第六章 《太玄》與漢代思想的異同因承

　　晁公武說：「揚雄準《易》作《太玄》經，其〈自序〉稱《玄》盛矣，而諸儒或以為由吳楚僭王，當誅絕之罪；或以為度越《老子》之書，大抵譽之者過其實，毀之者失其真，皆未可信。〔註1〕」其實除了「僭越」的原因，毀譽失真失實還是因為《太玄》之書乃探討天地人之道，其理尚玄，其辭幽奧。所以揚雄自己說：「若夫閎言崇議，幽微之途，蓋難與覽者同也。」（〈解難〉）。

　　這樣一本難解之《太玄》，探討天地人的根本大道，吸收《易》的「變」、《老子》的「玄」、孔子的「德」為思想基礎，融合了五行、律曆、天文、等思想為內容。在吸收綜整的基礎上，《太玄》試圖會通《易》、《老》這兩大思想系統，又有所創新發揮，提出不少獨到的見解。所以雖然當事之人無所重視，桓譚卻說：「玄經數百年外，其書必傳。」（《新論‧閔友》）可知《太玄》一書的價值。本章將指出《太玄》思想的價值，以及它對後代思想的啟發。

第一節 《太玄》與漢代道家

　　徐復觀說：「道家思想在四百年中，一直是一支巨流。〔註2〕」若從哲學的角度看，相較於從武帝時開始獨尊的儒家顯學，能有較大貢獻的，其實是道

〔註1〕 參見朱彝尊，點校補正《經義考‧擬經一‧卷268》（第八冊），臺北：中研院文哲所籌備處，1997年6月，頁84。
〔註2〕 參見徐復觀，《兩漢思想史‧卷二》，臺北：臺灣學生書局，1979年9月，頁1。

家〔註3〕。即便是揚雄所處的西漢後期，雖然經學獨尊，但退出政治舞台的道家思想，對於整個漢代學術思想的影響力，還是不容忽視。《法言‧問道》說：「老子之言道德，吾有取焉耳，及搥提仁義，絕滅理學，吾無取焉耳。」揚雄採從《老子》思想中形上道論的部分為《太玄》的中心思想，則《太玄》與道家思想的關係密切，實不可忽視。

只是「漢代道家」思想的義涵，其實牽涉甚廣，改變亦多，它至少可以包括：初期盛行的黃老道家、老莊道家以及養生一系轉向道教的思想，以下將《太玄》與漢代道家思想的關係，分述論之：

一、《太玄》與黃老思想

所謂的黃老思想，指的是「戰國秦漢之際，結合『黃帝』和『老子』作標幟，本來是戰國以來眾多黃帝傳說的主流，其後因為吸收各家學說精華，終於形成政治性的思想。」〔註4〕進入了漢代，則呈現了不同發展的樣貌。

陳麗桂師認為：「秦漢以後，因隨著政治的統一與學術的統合，理論上也逐漸邁入集大成的成熟階段，於是，先有《呂氏春秋》，後有《淮南子》，把自黃老帛書以來重要的黃老論題，諸如：氣化的宇宙論、精氣的養生說、因道全法的刑名論、虛靜因任的無為術，乃至儒道兼揉、剛柔互濟、形德相養的政治理論，與夫虛隱無形，用奇行間的兵術等等，都做了詳盡的整理。〔註5〕」

依據陳師的這一段話，檢視《太玄》思想中的特質，則可以發現，至少有以下幾點，可以看出《太玄》受到黃老學說影響的痕跡。

（一）氣化宇宙論

黃老思想將《老子》思想作轉化，以「氣」來論「道」。比如：黃老帛書中〈道原〉說：

> 恆無之初，迵同大虛。虛同為一，恆一而止，溼溼夢夢，未有明晦，
> 神微周盈，精靜不熙……。一其號也，虛其舍也，無為其素也，和
> 其用也。

〔註3〕參見陳麗桂師，《漢代道家思想》，臺北：五南圖書出版公司，2013年11月，頁1。
〔註4〕參見陳麗桂師，《戰國時期的黃老思想》，臺北：聯經出版社，1991年4月，序頁（一）。
〔註5〕參見陳麗桂師，《秦漢時期的黃老思想》，臺北：文津出版社，1997年2月，序頁1。

這便是將道的「不可名」，開始用形而下的質性來說明。陳麗桂師認為，帛書中解釋道的特色之一，就是道無具體形象，卻又是一種類似原始物質的狀態。〔註6〕陳鼓應注「湷湷夢夢」說：「這是形容先天一氣混混沌沌的狀態」〔註7〕。

《管子·內業》也說：「道者，所以充形也」、「氣者，身之充也」（〈心術〉）、「道在天地間」（〈內業〉），這是從《老子》到黃老思想將道逐步顯實下落的過程。《管子》四篇論「道」多與「氣」相呼應。如〈樞言〉說：

> 管子曰：「道之在天者，日也，其在人者，心也。」故曰：「有氣則
> 生，無氣則死，生者以其氣。有名則治，無名則亂，治者以其名。」

把「道在人之心」及「生者以其氣」聯繫起來，就可推出作者沒有說出的「道」、「氣」的密切關係，道以氣的形式在人的心及萬物處展現。〈心術上〉與〈內業〉也都以：「其大無外，其小（細）無內」來形容「道」和「氣」。可見《管子》四篇中論道與氣的關係密切〔註8〕。

《管子》四篇將道氣合論，並以精氣來論證道，說：「精也者，氣之精者也」（〈內業〉）；「一氣能變曰精，一事能變曰智」（〈心術下〉）。只有氣中之「精」者，才能完全展現道在天地間「細無內、大無外」的特色。可知《管子》四篇已用精氣的流動說明道德的內容，進一步也開啟了漢代氣化萬物的思想。

《韓非子·解老》中解「上德不德，是以有德」直接以「積精為德」、「重積德」來詮釋。〈解老〉認為，「道」是「死生氣稟焉，萬智斟酌焉，萬事興廢焉」，可知它也是以氣的聚積消散，來詮釋道的活動。陳麗桂師認為：《老子》原本只說道生萬物，並沒有特別強調它（道）也生智慧」可知〈解老〉道氣合論，當循管子〈內業〉、〈白心〉思維而生〔註9〕。

由上可知，先秦黃老思想，已轉化了《老子》：「道可道，非常道」的詮解

〔註6〕 參見陳麗桂師，《戰國時期的黃老思想》，臺北：聯經出版事業公司，1991年4月，頁56。

〔註7〕 參見陳鼓應，《黃帝四經今注今譯》，臺北：臺灣商務印書館股份有限公司，1995年6月，頁470。

〔註8〕 〈內業〉說：「靈氣在心，一來一逝，其細無內，其大無外。氣，物之精，此則為生，下生五穀，上為列星。流於天地之間，謂之鬼神，藏於胸中，謂之聖人；是故此氣，杲乎如登於天，杳乎如入於淵，淖乎如在於海，卒乎如在於己。」可見《管子》四篇中，氣分善氣、惡氣、陽氣、陰氣、精氣……等，又不能全等於道。

〔註9〕 參見陳麗桂師，《戰國時期的黃老思想》，臺北：聯經出版事業公司，1991年4月，頁199。

方式，逐步顯實，用形下的概念與譬喻，嘗試解說「道」。這其中，「精」、「氣」便是黃老思想從《老子》「沖氣以為和」及《莊子》「通天下一氣」的思想中，粹化出的靈感，其後也影響了秦漢時思想家氣化宇宙論的生成。

《呂氏春秋・仲夏紀第五・大樂》以「太一」稱呼道，說：

> 道也者，視之不見，聽之不聞，不可為狀。有知不見之見、不聞之聞，無狀之狀者，則幾於知之矣。道也者，至精也，不可為形，不可為名，彊為之謂之太一。

〈知分〉還說：「凡人、物者，陰陽之化也」，將至精的「氣」融入了「道」的生化內容，並使道在宇宙變化發展上，表現陰陽變化的規律。呂覽將陰陽二氣與道結合，以氣來論道，說明宇宙的離合之常。丁原明認為：「《呂氏春秋》初步將精氣說與陰陽矛盾觀念融匯在一起，這可以說是對精氣說所進行的一次變革，為推動精氣說向氣一元論的轉型做了重要鋪墊。〔註10〕」

《淮南子》思想將漢代氣化宇宙論思想做了整合，〈俶真〉將《莊子・齊物論》所言天地演化的七個階段：「有始者，有未始有有始者，有未始有夫未始有有始者；有有者，有無者，有未始有有無者，有未始有夫未始有有無者。」做了描述，並賦予了氣化流通的意義。〈天文〉說：

> 天墜未形，馮馮翼翼，洞洞灟灟，故曰太始。太始生虛霩，虛霩生宇宙，宇宙生氣。氣有涯垠，清陽者薄靡而為天，重濁者凝滯而為地。清妙之合專易，重濁之凝竭難，故天先成而地後定。天地之襲精為陰陽，陰陽之專精為四時，四時之散精為萬物。

從「太昭（始）→虛霩→宇宙→氣→天地→陰陽→四時→萬物」，這樣完整的氣化宇宙論歷程，還加上了陰陽、四時。所以說《淮南子》可看作是先秦道家思想在中國思想史上第一個轉化階段的總結〔註11〕。它的道論特點在於氣化宇宙論的確立，並將道家思想由先秦以來道論的發展，做了符合時代精神的轉化與總結。所以《太玄》對於這種由黃老思想發展而成的漢代思想顯學，自然有所吸納。

〈玄告〉言：

> 玄者、神之魁也。天以不見為玄，地以不形為玄，人以心腹為玄。

〔註10〕參見丁原明，《黃老學論綱》，濟南：山東大學出版社，1997年12月，頁196。
〔註11〕參見陳麗桂師，〈淮南子的道論〉，第一屆世界道學會議，1988年11月，頁50～73，1987年11月13日會議，1988年1月1日出刊。

天奧西北，鬱化精也；地奧黃泉，隱魄榮也；人奧思慮，含至精也。

鄭萬耕認為，「精」即氣，《太玄》用來說解玄與元氣為一整體，由此認定揚雄繼承先秦稷下黃老之學，他舉《管子·內業》：「凡人之生也，天出其精，地出其形，合此以為人」以及《淮南子·天文訓》「煩氣為蟲，精氣為人，是故精神天之有也，而骨骸者，地之有也」為例，認為「人是由精氣而來」的說法，正與《太玄》說「人奧思慮，含至精也」相合〔註12〕，所以他說：「揚雄所謂『玄』及其宇宙形成論，繼承並發展了黃老之學關於『氣』的唯物主義學說。〔註13〕」

此外，本論文第五章，也製圖比較了《太玄》與《老子》及《老子指歸》的宇宙論圖式。可知《太玄》的宇宙論圖式雖不及《淮南子》的龐大仔細，但《太玄》同時吸納連結《老子》「道生一，一生二，二生三」的三分以及《易》「一陰一陽之謂道」的陰陽變化思想，以「玄生神象二，神象二生規，規生三摹，三摹生九據」，建立了以「三」為本、陰陽氣息流動的思想架構。這也可以視作《淮南子》之後，《太玄》另立的一套與《易》思想結合，結構特殊的氣化宇宙論圖式。

（二）因道全「數」

《老子·三十八章》說：「失道而後德，失德而後仁，失仁而後義，失義而後禮。」相較於「禮」，對於「法」，《老子》採取不接受的立場。它說：「法令滋彰，盜賊多有。」（《老子·五十七章》）但黃老思想的發展，卻是連結道法，因順著「道」無所不包、化成萬物的大架構，替「法」的思想找到詮釋的基礎根源，所以先秦黃老學家都崇道而明法，將道法並論。比如黃老帛書中《經法·道法》說：

> 道生法，法者，引得失以繩而明曲直者也。故執道者，生法而弗敢犯也，法立而弗敢廢也。

法的規律性與權威性因道而生、由道而來，法客觀公正的性質就是來自於道，於是「法」的地位因為「道」而提升，「道」則下降成為法理律則的依據。《管子·心術》對於道法關係也說：

〔註12〕參見鄭萬耕，《揚雄及其太玄》，臺北：藍燈文化事業股份有限公司，1992年9月，頁127。

〔註13〕參見鄭萬耕，《揚雄及其太玄》，臺北：藍燈文化事業股份有限公司，1992年9月，頁136。

> 簡物小大一道，殺戮禁誅謂之法，……法者，所以同出不得不然者
> 也，故殺刃禁誅以一之也。故事督乎法，法出乎權，權出乎道

不問事之繁簡、物之大小，其本一也，對於除惡，不論「殺戮禁誅」都叫作「法」。法以「殺戮禁誅」的方式帶來人事萬物各得其位的成果，所以由「法」可以連通「道」。

《韓非子・飾邪》說：「先王以道為常，以法為本」，如此一來，不僅顯實了「道」的妙用，也提高了「法」的價值。《韓非子・解老》說：

> 夫道者，弘大而無形；德者，核理而普至，至於群生，斟酌用之。
> 道者，萬物之所然也，萬理之所稽也。理者，成物之文也；道者，
> 萬物之所以成也。故曰：『道，理之者也。』……（道）無常操，是
> 以死生氣稟焉，萬智斟酌焉，萬事廢興焉。

韓非認為，「理」是「成物之文」，這與「德」相似。所以在〈解老〉中，道是由德的積存、理的呈顯中去體現。只是在理的部份，韓非以更明顯的質性，來說明它與道的區分。〈解老〉說：「凡理者，方圓、短長、麤靡、堅脆之分也。故理定而後可得道也。」在此，「理」、「德」、「法」就產生相互為用的效果。

道法思想進入秦漢，有了進一步的發展。陳麗桂師指出：「《淮南子》常轉化《老子》之『道』義，用以偏指事物各別存在之客觀規律與理據，或足以成就事物之一定手法與要領，稱為『理』或『數』。」〔註14〕比如：《淮南子・原道》說：「循道理之數，因自然之性」。〈詮言〉說：「勝在於數，不在於欲。……先在於數，而不在於欲也。是故滅欲則數勝，棄智則道立矣。」所以《淮南子》已點出了要得勝、要領先，就要掌握「理」與「數」。而這也就擴大了道法的思想，將前言《韓非子》所說「成物之文」的「理」，更進一步推成了「數」。

《太玄》循此原則，轉向以一種「數」為本的知識論述，從「玄」之理開始下貫天道、地道、人道，成為一個無所不包的人生指示哲學，此思想的基礎，《太玄》巧妙的選擇了《易》，使得「數」術的累積與演算，有一個終極指向，即《易》所言的「感而遂通天下」（〈繫辭〉）的境界，而在《太玄》，就是「玄」之妙用。周立升說：「《太玄》擬《易》，同時又吸收了道家的天道觀和辯證法。」〔註15〕當是就此而言。

〔註14〕 參見陳麗桂師，《漢代道家思想》，臺北：五南圖書出版公司，2013 年 11 月，頁 181。

〔註15〕 參見周立升，〈《太玄》對「易」「老」的會通與重構〉，《孔子研究》，2001 年第 2 期，2001 年 6 月，頁 90。

在《太玄》之中，「數」可分成兩種層次觀之。一種如〈玄數〉中所提到的筮算之法，五行之數、樂理之數、「九營」之數……。《太玄》受到陰陽學說與卦氣說的影響，希望用完整的「數」的系統來呈現天地理則；另一種，則是「貴其有循而體自然」的因循之理，從「玄」理而下貫。〈玄瑩〉說：「天地開闢，宇宙祐坦。天元眡步，日月紀數。周渾曆紀，群倫品庶。或合或離，或嬴或踦。」不論是日月、曆法、萬物群倫……，都是由天元而宇宙而玄來掌握。所以《太玄》的「數」，就同時囊括了道（玄）與《易》算系統的妙用，也可將之視作是黃老道法思想的一種轉型。

徐復觀說：「以數的合理性，可以順性命之理，這不是劉歆一人的思想，而實代表當時若干學者的共同觀念。揚雄的《太玄》在他認為是天、地、人通過數，而將不能把握的玄，成為能把握的玄，這是以數順玄之理，順天地人之理，也即是順性命之理。」〔註16〕只是漢人徵實，對於「玄」，他們大大形容妙用；對於「數」，則是直接堆砌連繫。但顯然，「數」與「道」的聯繫的來由，則不是他要去探討及反思的哲學課題〔註17〕。所以《太玄》因著「道」而設立了完整豐富「數」的系統，強調依此系統便能體玄契道，但由於首、贊都是一己的設定與臆測，因此也就無法達成如《易》「感通」的成效了。然而，徐復觀認為，揚雄向未知世界探索在知識上是全盤落空的，但不應以《太玄》「在知識上的虛假」，而否定他「求知的精神即其運思的方式」〔註18〕。也就是說「知」不是答案，而應是一種態度。則細究《太玄》的「既精且密」系統的建立，進而在「窮理」學風的宋代又引起學者的重視，可知《太玄》思想「數」的特色，實在有其不可取代的時代意義。

（三）由治國轉向治身

劉紀曜在〈仕與隱──傳統中國政治文化的兩極〉一文提到：

在中國，仕與隱的問題之所以產生，主要是周代封建體制崩潰，與平民知識階層興起的結果。在封建的體制下，身分是世襲的參與政

〔註16〕參見徐復觀，《兩漢思想史‧卷二》，臺北：學生書局，1976 年 6 月，頁 494。
〔註17〕徐復觀認為：「將天文上數字與天象及社會生活連結的意義，轉而認定數字即是天體自身的表現，更將自然性格的天體，與傳統的天命與天道的價值觀混而為一，再一轉而將數字也誤認為是價值實體的表現……這是京房把由「卦」所表現出來天道的數字與「曆」所表現出來的天道數字所傅合的成果。」同前注，頁 484。
〔註18〕參見徐復觀，《兩漢思想史‧卷二》，臺北：學生書局，1976 年 6 月，頁 497。

治是特定的身分特權，故無所謂仕與隱的問題。等到封建體制的身
分結構與氏族結構崩潰之後，配合平民知識階層的興起，才使得原
來世襲且具有氏族性的君臣關係，發展成為游動且具個人性的君臣
關係，出仕與否變成個人的自由與抉擇。如此，在平民知識分子之
間，才有仕或隱的問題發生。這種局勢的發展，大體上在春秋晚期
已經完成。〔註19〕

漢代是大一統的朝代，當時的學者與思想家，對於王朝政治有著強烈的使命
感。然而，隨著政治力量一統，經學發展逐漸與利祿之途結合，所以當時思
想家對於政治、社會以及學術問題所產生的批判與建言，也就隨著國勢的衰
微而功能遞減。《漢書·儒林傳》言：「及竇太后崩，武安君田蚡為丞相，黜
黃老刑名百家之言，延文學儒者以百數，而公孫弘以治春秋為丞相封侯。天
下學士靡然嚮風矣。」竇太后的去世，象徵黃老思想退出了學術與政治的舞
台。然而，西漢後期，黃老思想卻成為知識份子生活（命）指導方針，並未
因此而銷聲匿跡，拙作《嚴遵《老子指歸》思想研究》曾整理西漢時期，在
史書記載中，好黃老思想的人物〔註20〕，以下刪節整理與揚雄年代相近的學
者以呈現。

姓名	職業	思想傾向	相關生平事蹟	出處
鄧公	起家為九卿。	子章以脩黃老言顯於諸公閒。	建元中，上招賢良，公卿言鄧公，時鄧公免，起家為九卿。一年，復謝病免歸。	《史記》〈袁盎晁錯列傳〉
楊王孫	家業千金，厚自奉養。	學黃老之術。	吾欲裸葬，以反吾真，必亡易吾意。	《漢書》〈楊胡朱梅雲傳〉
劉德	封為陽城侯。	修黃老術，有智略。	德常持老子知足之計。	《漢書》〈楚元王傳〉
嚴遵	以卜筮為業。	通易、老。	君平卜筮於成都市……裁日閱數人，得百錢足自養，則閉肆下簾而授老子。博覽亡不通，依老子嚴周之指著書十餘萬言。	《漢書》〈王貢兩龔鮑傳〉

〔註19〕 參見劉紀曜，〈仕與隱——傳統中國政治文化的兩極〉，《理想與現實：中國文
化新論·思想篇一》，臺北：聯經出版社，1993年4月，頁293。
〔註20〕 參見劉為博，《嚴遵《老子指歸》思想研究》，臺北：國立臺灣師範大學碩士論
文，2000年6月，陳麗桂指導。頁38～39。

班嗣	家有賜書,內足於財。	雖修儒學,然貴老莊之術。	今吾子已貫仁誼之羈絆,繫名聲之韁鎖,伏周、孔之軌躅,馳顏、閔之極摯,既繫攣於世教矣,何用大道為自眩曜?	《漢書》〈敘傳〉
安丘望之字仲都	京兆長陵人	修尚黃老,漢成帝重其道德,常宗師之,愈自損退。	成帝請之,若值望之章醮,則待事畢,然後往。《老子章句》有安丘之學。	《抱朴子》見於《太平預覽》〈道部八·道士〉
蔡邕六世祖勳	平帝時為郿令	好黃老	王莽初,授以厭戎連率。勳對印綬仰天歎曰:「吾策名漢室,死歸其正。昔曾子不受季孫之賜,況可事二姓哉?」遂攜將家屬,逃入深山,與鮑宣、卓茂等同不仕新室。	《後漢書》〈蔡邕列傳〉
向長	隱居不仕,性尚中和。	通老、易。	建武中,男女娶嫁既畢,敕斷家事勿相關,當如我死也。於是遂肆意,與同好北海禽慶俱遊五嶽名山,竟不知所終。	《後漢書》〈逸民列傳〉
逢萌	家貧,給事縣為亭長。	通《春秋》經。	時王莽殺其子宇,萌謂友人曰:「三綱絕矣!不去,禍將及人。」即解冠挂東都城門,歸,將家屬浮海,客於遼東。	《後漢書》〈逸民列傳〉
淳于恭	侍中	善說老子,清靜不慕榮。	利家有山田果樹,人或侵盜,輒助為收採。又見偷刈禾者,恭念其愧,因伏草中,盜去乃起,里落化之。……後州郡連召,不應,遂幽居養志,潛於山澤。舉動周旋,必由禮度。建武中,郡舉孝廉,司空辟,皆不應,客隱琅邪黔陬山,遂數十年。	《後漢書》〈淳于恭傳〉
范升	光武徵詣懷宮,拜議郎,遷博士;聊城令。	通老、易。	范升字辯卿,代郡人也。少孤,依外家居。九歲通論語、孝經,及長,習梁丘易、老子,教授後生。	《後漢書》〈范升列傳〉

依據上述之人與事，可知西漢後期，面臨政治腐敗、政權動亂之際，黃老思想開始轉向民間，並與個人的愛好相合。精氣思想由與道相合的理論層級轉向了個人的修養喜好，進而就再往道教養生思想發展。而龐大的宇宙論系統，也轉向數術、象數乃至災異、讖緯的體系。

胡適（公元 1891～1962）說：「無為主義只是把自然演變的宇宙論應用到人生和政治上去。〔註21〕」西漢後期《太玄》承繼了黃老思想「天道治道相貫通」的特色，但由於治道因政治、經濟狀態混亂使然，不再能行，所以《太玄》中強調人生哲理的比例便加重。學者認為，「揚雄之所以取得如此眾多的學術成就，與其奉行道家修身準則和處世態度密不可分。〔註22〕」蒙文通說：「在《華陽國志》著錄的楊厚、任安一派，自西漢末年至晉代，師承不絕，都是以黃老災異見長」，「兩漢時巴蜀頗以此（黃老）見稱。〔註23〕」王克奇認為，漢初的無為政治理論表現了道家作為當時的正統思想「務為治」的政治特徵；而東漢中後期出現的無為政治論，則表現出批判現實，否定君主專制的異端傾向。〔註24〕上述學者點出了黃老思想進入西漢後期與揚雄及《太玄》的密切關係。揚雄作《太玄》，乃應順著黃老思想轉變的思潮，從治國轉向治身，從道法結合轉向道數結構，並連繫了《易》的「陰陽之氣」與黃老思想中的「精氣」，架構出屬於《太玄》的氣化宇宙論思想，最後引導出了理性批判思想的產生。由此觀之，從「務為治」到「批判現實」，《太玄》之作，記錄了西漢後期道家思想重要的轉變軌跡。

朱子在《朱子語類》中稱讚「子雲所見處，多得之老氏，在漢末年難得人似它。」（卷一百三十七）但另一方面，又用儒家衛道之心說：「揚雄則全是黃老。某嘗說，揚雄最無用，真是一腐儒。他到急處，只是投黃老。」（卷一百三十七）則或許朱子所指責《太玄》中黃老思想的部分，或許正是揚雄思想承繼黃老時代精神，所展現出的精采。

〔註21〕 參見胡適，《中國中古思想史長編》，臺北：胡適紀念館，1971 年 2 月，頁 348。

〔註22〕 參見陳廣忠、梁宗華，《道家與中國哲學‧漢代卷》，人民出版社，2004 年 6 月，頁 265。

〔註23〕 參見蒙文通，〈巴蜀的文化〉，《巴蜀古史述論》，四川：人民出版社，1981 年 8 月，頁 98～99。

〔註24〕 參見王克奇，〈漢代的道家和異端思想〉，《文史哲》，1998 年第 5 期，1998 年 9 月，頁 79～85。）

二、《太玄》與《老子指歸》

《漢書・王貢兩龔鮑傳》說：「君平年九十餘，遂以其業終，蜀人愛敬，至今稱焉。及雄著書言當世士，稱此二人。」嚴君平下簾授《老子》，揚雄從其學，而當《漢書》說：「揚雄少時從遊學，以而仕京師顯名，數為朝廷在位賢者稱君平德。」〔註25〕可見揚雄思想中的道家特質，當受到嚴君平的啟發。

關於《太玄》與《老子指歸》在思想的關聯，至少有下列數端：

（一）形上本體思想

魏啟鵬說：「今存《老子指歸》中，論『為玄為默』不下十七處，為中國哲學古籍中論述最詳盡者。〔註26〕」在《老子指歸・卷八》解釋「道生一、一生二、二生三」時便說：

> 道虛之虛，故能生一。有物混沌，恍惚居起。輕而不發，重而不止，陽而無表，陰而無裏。既無上下，又無左右，通達無境，為道綱紀。懷壞空虛，包裹未有，無形無名，芒芒涓涓，混混沌沌，冥冥不可稽之，亡於聲色，莫之與比。指之無嚮，搏之無有，浩洋無窮，不可論諭。潢然大同，無終無始，萬物之廬，為太初首者，故謂之一。
> 一以虛，故能生二。二物並興，妙妙纖微，生生存存。因物變化，滑淖無形。生息不衰，光耀玄冥。無嚮無存，包裹天地，莫覩其元；不可逐以聲，不可逃以形，謂之神明。存物物存，去物物亡，智力不能接而威德不能運者，謂之二。
> 二以無之無，故能生三。三物俱生，渾渾茫茫，視之不見其形，聽之不聞其聲，搏之不得其緒，望之不覩其門。不可揆度：不可測量，冥冥宵宵，潢洋堂堂。一清一濁，與和俱行，天人所始，未有形朕圻堮，根繫於一，受命於神者，謂之三。
> 三以無，故能生萬物。清濁以分，高卑以陳，陰陽始別，和氣流行，三光運，群類生。有形嚮可因循者，有聲色可見聞者，謂之萬物。

〔註25〕《漢書・王貢兩龔鮑傳》還記載「杜陵李彊素善雄，久之為益州牧，喜謂雄曰：『吾真得嚴君平矣。』雄曰：『君備禮以待之，彼人可見而不可得詘也。』彊心以為不然。及至蜀，致禮與相見，卒不敢言以為從事，乃歎曰：『楊子雲誠知人！』。」可知揚雄與嚴君平師生關係的篤厚。

〔註26〕參見魏啟鵬，〈太玄・黃老・蜀學〉，《道家文化研究》第12集（道家易），北京：生活・讀書・新知三聯書局，1998年1月，頁243～245。

上述文字除了說明道化生萬物的過程，從「芒芒潰潰，混混沌沌，冥冥不可稽之」、「無嚮無存，包裹天地，莫覩其元；不可逐以聲，不可逃以形」、「視之不見其形，聽之不聞其聲，搏之不得其緒，望之不覩其門」的描述，可以知道嚴遵主要想要表述的，就是道體「為玄為默」而不可捉摸的境界。

《太玄》將《老子》中「玄之又玄、眾妙之門」的道，以「玄」作為《太玄》理論開展的核心，它說：「玄者，幽攡萬類而不見其形者也。」又說：「玄，渾行無窮正象天，萬物資形。」極力保留道玄妙的形上性格，這種分化舒張卻又不見形跡的神妙，就是《太玄》用來聯繫歸復本根的思惟模式。這不僅迴避了黃老思想「以術論道」的思維方式，也重新顯廓道家思想重思辯的哲學形上特質。

任繼愈認為，《太玄》受到指歸的影響有三：1.重視探討宇宙的本源和世界的統一性；2.強調世界本源的虛無性；3.強調世界本體的非實有性和絕對性。〔註27〕嚴遵作《老子指歸》將形上虛無的「道」作為萬物的基礎、統轄事理，這種以道為本的思想，可說是魏晉玄學哲學本體論的先聲。則揚雄《太玄》論玄，雖不明言道家自然之「道」，其實承繼了指歸虛無論道的特色，將「玄」放置在其《太玄》思想的源頭、本體，不以氣來說玄，實是西漢後期私人注老對於《老子》思想的特殊詮解方向的延續。

（二）「三」與「和」的思想

「正」、「反」、「合」是一個進步的過程，是一個反思的歷程。春秋時期已見對「和」作思辯性的論述。陰陽概念在戰國時期得到發展，由陰陽「消長」到「相克」到「轉化」，比如史伯說：「和實生物，同則不繼」、「以他平之謂之和」（《國語・鄭語》）；晏嬰說：「和如羹焉，水、火、醯、醢、鹽、梅。以烹魚肉，燀之以薪，宰夫和之，齊之以味，濟其不及，以洩其過。君子食之，以平其心，君臣亦然。」（《左傳・昭公二十年》），這些都是對於「和」的概念作哲學性的思辯。〔註28〕《老子》中雖已說到「沖氣以為和」，但對於「氣」與「和」的概念內涵，則未多作描述。另外，《皇帝內經》中，也提出了陰陽貴和的養生思想，〈上古天真論〉說：「有至人者，淳德全道，『和於陰陽』，調於四時，去

〔註27〕參見任繼愈，《中國哲學發展史》（秦漢），北京：人民出版社，1985 年 2 月，頁 395～396。

〔註28〕參見宮哲兵，〈晚周時期「陰陽」與「和」範疇的變化發展〉，《中南民族學院學報》，1982 年第 3 期，1982 年 4 月，頁 127～131。

世離俗，積精全神，游行天地之間，視聽八達之外，此蓋益其壽命而強者也，亦歸於真人。」只是這些思想都只是強調陰陽關係中的「和」，而未點明「陰、陽」之外的第三種狀態謂之「和」。《易》只有在〈乾彖〉說：「大哉乾元，萬物資始，乃統天。雲行雨施，品物流形。大明終始，六位時成，時乘六龍以御天。乾道變化，各正性命。保合太和，乃利貞。」此時已提到了「太和」為「乾道變化，各正性命」順利的狀態，但也沒有進一步的說解「太和」為何？

　　《老子指歸》解老，相當重視「和」的概念，在它的宇宙論架構中，將「太和」當作是聯結道氣、有無的重要階段。指歸形容「太和」之境時說：

　　　　天地未始，陰陽未萌，寒暑未兆，明晦未形，有物三立，一濁一清，清上濁下，和在中央。三者俱起，天地以成，陰陽以交，而萬物以生。」（《老子指歸・卷十三》）

指歸認為「天地未始、陰陽未萌、明晦未形」時就「有物三立」；且清濁未分之時，「和」已在其中而為三。另外又將「太和」當作清濁相混、陰陽相交的元素之一。指歸同時將「和」當作哲學概念，又是清濁相交的元素之一。

　　《太玄》則將奇（「一」）、偶（「--」）、和（「---」）三爻當作宇宙演化的元素之一，從而生出「以三起」：「玄有一道，一以三起，一以三生，以三起者，方、州、部、家也」（〈玄圖〉）就是以「三」為規則衍生出的數理；以及「以三生」：「以三生者，參分陽氣，以為三重，極為九營，是為同本離生；天地之經也。」（〈玄圖〉）參分陽氣而化衍成天地萬物。由上可知，「陰、陽、和」的思想固然是西漢末年學術思潮中的特色之一，但指歸論道以「虛無」為體，且重視「和」的概念，對揚雄《太玄》中改造周《易》陰陽二分為陰陽和三分法思想的推闡，當有啟發串引之功。

（三）《易》、《老》思想會通

　　關於《老子指歸》，許多學者研究注意到《易》傳形上思想與道家思想發展的關聯〔註29〕，張濤說：「西漢後期，與整個思想文化領域一樣，易學和易

〔註29〕比如：張濤指出《易》傳上下各得其位而又互相為應的中正、太和思想，也可與指歸中注重整體和諧的「守分」思想提出有關。參見〈嚴遵易學思想淺析〉，《內蒙古師大學報》，1999 年第 3 期，1999 年 6 月，頁 39〜41。王德有則認為〈君平說二經目〉中「上經配天，下經配地，陰道八，陽道九，以陰行陽，故七十有二首，以陽行陰，故分為上下，以五行八，故上經四十可更始，以四行八，故下經三十有二而終矣」的架構，就是依循易學思惟的「道家之易」。參見〈易入儒道簡論〉，《哲學研究》，1994 年第 3 期，1994 年 3 月，頁 31〜35。

學思想發展的一個重要特點，就是道家思想因素及其影響表現得越來越突出。〔註30〕」則揚雄的《太玄》，正是屬於「易學思想」作品而能印證張氏此說。下文針對《老子指歸》與《太玄》會通《易》、《老》的思想特色作比較：

首先是強調陰陽氣息的流通，指歸說：

> 故天地之道，一陰一陽。陽氣主德，陰氣主刑，刑德相反，和在中央。春生夏長，秋收冬藏，終而復始，廢而又興。陽終反陰，陰終反陽，陰陽相反，以至無窮。（卷十）

> 夫天地之道，一陰一陽，分為四時，離為五行，流為萬物，精為三光。陽氣主德，陰氣主刑，覆載群類，含吐異方，玄默無私，正直以公，不以生為巧，不以殺為功。（卷十二）

對照《太玄》玄首都序：「馴乎！玄，渾行無窮正象天。陰陽批參，以一陽乘一統，萬物資形。」以及〈玄圖〉說：「一玄都覆三方，方同九州，枝載庶部，分正群家，事事其中。則陰質北斗，日月畛營，陰陽沈交，四時潛處，五行伏行。」可知指歸與《太玄》不只吸收了《易》的陰陽氣息之說，顯然也受到了董子以來，陰陽五行思想的影響。

其次，指歸與《太玄》也都重視「時」與「變」的思想。《太玄》在〈玄瑩〉中提到「因、循、革、化」之說，〔註31〕強調「貴其有循而體自然」。由「觀復」、「體玄」，進一步申明因循之理，而以此革化，則能與時俱進。這其中「時」與「理」的概念，便可提蘊出自於《易》的思維。指歸也重視時變，它說：

> 夫天地之應因於事，事應於變，變無常時。是以事不可預設而變不可先圖，猶痛不可先摩而痒不可先折，五味不可以升斗和，琴瑟不可以尺寸調也。故至微之微，微不可言，而至妙之妙，妙不可傳。
> （卷七）

這裡的「時」、「變」或許更接近黃老思想「因循時變」的無為之術。但《太玄》所說的「革」與「化」，則更有《易》傳「時中」及「健變」思維的味道。

最後，《老子·十九章》說「棄聖絕智，民利百倍。」但在指歸與《太玄》

〔註30〕 參見張濤，〈嚴遵易學思想淺析〉，《內蒙古師大學報》第 28 卷 3 期，1999 年 6 月，頁 39。

〔註31〕 〈玄瑩〉說：「因而循之，與道神之。革而化之，與時宜之。故因而能革，天道乃得；革而能因，天道乃馴。夫物不因不生，不革不成。故知因而不知革，物失其則；知革而不知因，物失其均。革之匪時，物失其基。因之匪理，物喪其紀。」

中，顯然對於聖人的教化之功，呈現偏《易》傳的傾向。指歸雖然也說「是以聖人，釋仁去義，歸於大道，絕智廢教，求之於己……寂若無人，至於無為。」（卷九），但還是一再強調「賢者為佐，聖人為主，務愛有餘，以為左右，智者居上，癡者居下，能大爵高，伎小官卑，功匙賞微，勞大祿重，侯王之道」（卷七）的尚賢治道。《太玄》則直截仿〈繫辭〉：「立天之道曰陰與陽，立地之道曰柔與剛，立人之道曰仁與義」說「立天之經曰陰與陽，形地之緯曰從與橫，表人之行曰晦與明」（〈玄瑩〉），期待建立一套能夠讓眾人遵循的「君子之道」。

魏啟鵬說：「嚴君平更以玄默無為之說融通《易經》，開道家黃老易學之生面。〔註32〕」嚴君平作《老子指歸》當是引《易》入《老》；而揚雄則是引《老》入《易》。他的《太玄》試圖將周《易》和《老子》融合建立成一個儒道兼賅的哲學思想體系，所以「感而遂通」是「易」理，也是「玄」理。湯用彤在〈漢代思想的主流與逆流〉的演講題綱中，將蜀學中《老子指歸》與《太玄》的重玄思想，視作為漢代思想的「淨化運動」。〔註33〕可知兩者重哲思的特色，與漢代其時學術重陰陽、天人感應、政治性的主流思想相當不同，而這也就為魏晉的「玄」風思想，開啟了先聲。

徐復觀說：「揚雄在作《太玄》的動機上，顯然是以老子的態度為出發點，並形成《太玄》構造的骨幹。〔註34〕」本節由黃老思想從漢初到西漢後期的轉變，以及《老子指歸》闡述《老子》思想的脈絡看來，《太玄》不僅由《老子》的思想出發，確實也擷取了漢代道家思想的諸多特色，如：精氣說、氣化宇宙論、虛無道體、三分思想……等項目，建立出了《太玄》中屬於道家思想特色的骨幹。陳福濱師說：「漢代道家分為三支；一支通過韓非，成為黃老刑名之術；一支與方士合流，而有神仙長生之說，日後終演成東漢末年的道教；另一支則由玄理之欣賞，轉入玄談；因此，先秦道家轉至兩漢，在政治上形成黃老思想，在宗教上促使道教的形成，在學術上更影響魏晉玄學名理之興盛。」〔註35〕則揚雄《太玄》開創的是道家思想在政治與學術上的新典型。

〔註32〕參見魏啟鵬，〈太玄・黃老・蜀學〉，《道家文化研究》第12集（道家易），北京：生活・讀書・新知三聯書局，1998年1月，頁243～245。

〔註33〕參見湯用彤，《魏晉玄學・湯用彤全集・卷六》，臺北：佛光文化，2001年4月，頁347。

〔註34〕參見徐復觀，《兩漢思想史・卷二》，臺北：學生書局，1976年6月，頁477。

〔註35〕參見網路資料：scholar.fju.edu.tw/課程大綱/upload/000541/.../G-0380-04253-.doc。

第二節 《太玄》與漢代儒家

　　韓愈讚揚雄是「大純而小疵」、「聖人之徒」(〈讀荀子〉)；司馬光更推尊他為孔子之後，超荀越孟的一代「大儒〔註36〕」。《漢書・藝文志》記載：「右儒五十三家，八百三十六篇。」注云：「入揚雄一家〔三〕十八篇。〔註37〕」可知《漢書》或將《太玄》「擬易」之作視為儒家典籍。司馬光《太玄集注・說玄》說《太玄》一書的思想：「皆本於太極、兩儀、三才、四時、五行，而歸於道德仁義禮也。」可見司馬光認為《太玄》作為儒、道、律、數等學術的理論根源，是歸結於儒家的「道德仁義禮」的人文關懷之上。下文將對《太玄》思想中的儒家成分，加以提挈並闡釋。

一、《太玄》與經學思想

　　〈論六家要旨〉提到儒家思想時說：

> 儒者博而寡要，勞而少功，是以其事難盡從；然其序君臣父子之禮，
> 列夫婦長幼之別，不可易也。
>
> 夫儒者以六藝為法。六藝經傳以千萬數，累世不能通其學，當年不
> 能究其禮，故曰「博而寡要，勞而少功」。若夫列君臣父子之禮，序
> 夫婦長幼之別，雖百家弗能易也。

司馬談看儒家，六藝經傳已成為其學術思想的代表。武帝之後，經學發展更加興盛，「獨尊儒術」的主張自然讓經學與儒家思想的發展，密切綁在一起。皮錫瑞說：「《易》有象數占驗，《禮》有明堂陰陽，不盡齊學，而其旨略同。當時儒者以為人主至尊，無所畏憚，借天象以示儆，庶使其君有失德者猶知恐懼修省。此《春秋》以元統天、以天統君之義，亦《易》神道設教之旨。漢儒藉此以匡正其主。」〔註38〕可知皮錫瑞說明漢代思想家利用「經典」來宣揚天人相應之學，董仲舒《春秋》大一統如是，孟、京易學如是，而揚雄的《太玄》也如是。

　　《漢書・五行志》：「董仲舒治公羊《春秋》，始推陰陽，為儒者宗。」董子精研五經，承繼鄒衍以來的陰陽說與儒家尚德的天命觀，利用陰陽學推闡自

〔註36〕「嗚呼，揚子雲真大儒者邪。孔子既沒，知聖人之道者，非子雲而誰？孟與荀
　　　　殆不足擬，況其餘乎！」(《司馬光集・說玄・卷六八》)
〔註37〕參見《漢書・藝文志第十・卷三十》。
〔註38〕參見皮錫瑞，《經學歷史》，臺北：藝文印書館，1987年10月，頁68。

己的儒學理論，提出了一套以「天人感應」為基礎的天道、政治觀，他的學說為當時經學體系的建立出了一份力，「把儒家家族制度的父權和宗教的神權、統治者的王權三位一體化〔註39〕」，卻也因此開啟了陰陽五行化的經學，之後更「以《春秋》災異之變，推陰陽所以錯行」（《漢書‧董仲舒傳》）影響了之後今文經學家好言災異及讖緯神學興盛的風氣。

　　孟、京一派，因專言象數，並借助於象數大談陰陽災異，與漢代思想的主軸「天人之學」相配合，所以象數易學因為京房等人的努力，成為漢代易學的主流。余敦康認為，漢代以「卦氣說」為代表的象數派易學發展史上的重要環節，他說象數派易學「上承先秦傳統，推天道以明人事，發展了周《易》所固有的核心思想，同時也加深擴大了周《易》所有固有的內容形式的矛盾，從而激發出魏晉時期以王弼為代表的義理派。」〔註40〕林忠軍還說：「京氏的高明之處，不在於重複漢初以來流行的、具有豐富內涵的五行學說，而在於他將五行說引進易學領域，進行加工改造，創立了以五行為軸心的易學象數體系。」〔註41〕關於《太玄》與象數易學的關係，本論文二、三章已有論述，學者一致申明《太玄》中對於：四正卦的取用與否、中孚用卦（配中首）、六十（四）卦配一年之日之數、六日七分、六卦主二十四節氣說，都可以找出《太玄》襲用孟、京學說的痕跡。這也顯現出，揚雄以更宏觀的視野，以《太玄》去繼承與改造《易》學思想的用心與作法。馮友蘭說：「揚雄的《太玄》，可以說是漢代『象術之學』的一個改造。〔註42〕」便是此意。

　　然而，經學的發展在與政治力量和利祿之途參雜之下，至西漢後期，雖然經學興盛依舊，卻也產生了不少的問題。〔註43〕《南齊書‧劉瓛陸澄傳‧史臣論》說：

　　　儒風在世，立人之正道；聖哲微言，百代之通訓。洙泗既往，義乖

〔註39〕參見邊家珍，〈漢代經學吸納陰陽五行說的原因及其歷史意義〉，《孔子研究》2002年第6期，2002年8月，頁23。

〔註40〕參見余敦康，《漢宋易學解讀》，北京：華夏出版社，2006年7月，頁530。

〔註41〕林忠軍說：「卦氣說是易學與曆法相結合的產物，按照一定的規律，將《周易》六十四卦三百八十四爻與一年中的四時、十二月、二十四節氣、七十二候相匹配，就是卦氣說。」參見林忠軍，〈孟喜、京房的象數易學〉，《中國哲學》第23輯，遼寧：遼寧教育出版社，2001年月，頁268，297。

〔註42〕參見馮友蘭，《中國哲學史新編》（三），臺北　藍燈文化事業公司，1991年12月，頁237。

〔註43〕詳見本論文第二章。

七十；稷下橫論，屈服千人。自後專門之學興，命氏之儒起，石渠
朋黨之事，白虎同異之說，六經五典，各信師言，嗣守章句，期乎
勿失。（卷三九）

對於經學系統重師法、家法，「嗣守章句」之情況，揚雄在《法言‧寡見》
說：「呱呱之子，各識其親；譊譊之學，各習其師。精而精之，是在其中矣。」
又說：「古者之學耕且養，三年通一。今之學也，非獨為之華藻也，又從而
繡其鞶帨，惡在其《老》不《老》也。」《後漢書‧儒林傳論》說：「其耆名
高義，開門授徒者，編牒不下萬人，皆專相傳祖，莫或訛雜。至有分爭王庭，
樹朋私里。繁其章條，穿求涯穴，以合一家之說。故揚雄曰：『今之學者，
非獨為之華藻，又從而繡其鞶帨。』」（卷七九）揚雄以儒者的身分，期望在
興盛但漸趨僵化的經學系統中，作一創新改革。所以他的《法言》仿五經之
外的聖人之言——《論語》而作；《太玄》則取經之大者〔註44〕來仿作，而
其用心，當然還是站在儒家系統內「士君子」的身份來表達，針對經學系統
的亂象作修正。

在《法言》中，揚雄明白的說出他對於當時經學博士系統亂象的看法，它
說：

舍五經而濟乎道者，末矣（《法言‧吾子》）

或問：「五經有辯乎？」曰「惟五經為辯。說天者莫辯乎《易》，說
事者莫辯乎《書》，說體者莫辯乎《禮》，說志者莫辯乎《詩》，說理
者莫辯乎《春秋》。」（《法言‧寡見》）

或問：「天地簡易而聖人法之，何五經之支離。」曰：「支離，蓋其
所以為簡易也。已簡已易，焉支焉離？」（《法言‧五百》）

揚雄認為，五經的重要性是不言而喻的，但對於「支離」解經的狀況，他反對
的當是其時今文經學的煩瑣和迷信，用簡易、「不為章句，訓詁通而已，博覽
無所不見」的方式，去掌握五經（非獨守一經）的精義。田小中考證《太玄》
對經典大量引用化用，可以說是一部融匯五經之作。其用《易》、《書》、《禮》

〔註44〕《漢書‧儒林傳》說：「易為卜筮之書，獨不禁，故傳授者不絕。」《漢書‧藝
文志》說：「六藝之文：《樂》以和神，仁之表也；《詩》以正言，義之用也；
《禮》以明體，明者著見，故無訓也；《書》以廣聽，知之術也；《春秋》以斷
事，信之符也。五者，蓋五常之道，相須而備，而《易》為之原。故曰「易不
可見，則乾坤或幾乎息矣」，言與天地為終始也。」可知班固已將《易》視作
五經之源。

舉幾例以證，[註45]可知揚雄主張在聖人正道的基礎上博通五經，其實也是對於經學所展現的一種開放的態度。

《漢書·眭兩夏侯京翼李傳》贊曰：

> 幽贊神明，通合天人之道者，莫著乎易、春秋。然子贛猶云「夫子之文章可得而聞，夫子之言性與天道不可得而聞」已矣。漢興推陰陽言災異者，孝武時有董仲舒、夏侯始昌，昭、宣則眭孟、夏侯勝，元、成則京房、翼奉、劉向、谷永，哀、平則李尋、田終術。此其納說時君著明者也。察其所言，仿佛一端。假經設誼，依託象類，或不免乎「億則屢中」。仲舒下吏，夏侯囚執，眭孟誅戮，李尋流放，此學者之大戒也。京房區區，不量淺深，危言刺譏，構怨彊臣，罪辜不旋踵，亦不密以失身，悲夫！

從董仲舒「興推陰陽言災異」，眭孟是其再傳弟子，然後這股「假經設誼，依託象類」的風氣，就一直發展到哀、平之際。只是此法至揚雄時，也不再復為學術界所完全信服[註46]。

〔註45〕引用原文如下：其中用《詩》之處，如《上首》次三云「出於幽谷，登於茂木，思其珍穀。」測曰：「出穀登木，知向方也。」此化用《詩經》「出自幽谷，遷于喬木。」《小雅·伐木》在《詩經》裡，此本為求友之義，即「嚶其鳴矣，求其友聲」。而《太玄》以之言君子棄惡就善，舍邪趨正。如鳥出幽谷而登茂木。……又如《親首》次三云「螟蛉不屬，螺贏取之，不近悔。」測曰：「螟蛉不屬，失其體也。」化用《詩經》「螟蛉有子，螺贏負之，教誨爾子，式穀似之。」《小雅·小宛》螺贏常捕螟蛉銀其幼蟲，古人誤認為螺贏養螟蛉為己子。《詩經》言蜾贏取他子以為己子，以喻誨人子以似己。而《太玄》反《詩》之義，一言非其子而子之，失其親疏之體。參見田小中，《《太玄》易學思想研究》，山東大學博士論文，2009 年 3 月，劉玉建教授指導，頁 19。

他統計《太玄》多采聖人及諸經之語。除《易》而外，引得最多的是和《論語》，有 29 條，其次是《詩經》19 條，其次是《尚書》14 條。其他還引及《禮》、《春秋》、《孝經》、《大學》、《中庸》、《孟子》、《荀子》。他舉例《禮首》次七：「出禮不畏，入畏。測曰：出禮不畏，人所棄也。」《集注》云：「七為禍始而當夜，小人逾越禮法而不顧者也。由其不畏，所以入畏，謂陷刑戮也。《書》曰：『弗畏，人畏』，明《太玄》之文出自《周書·周官》。《斂首》次三：「見小勿用，以我扶疏。測曰：見小勿用，俟我大也。」《集注》云：「物方微小，君子養之，以俟其大，而後取之。《禮》：『不麛不卵，不殺胎，不妖夭。草木零落，然後人山林。』皆此意也。」參見田小中，〈司馬光《太玄集注》研究〉，《重慶文理學院學報》第 32 卷 6 期，2013 年 6 月，頁 32。

〔註46〕徐復觀語，參見徐復觀，《兩漢思想史·卷二》，臺北：臺灣學生書局，1979 年 9 月，頁 421。

　　由此推論,《太玄》其實是再進一步,在董仲舒與京房的天人相應基礎上,對《易》學進行改造。解麗霞提出《太玄》有象因數生,以九為範,以五為式,四時、四方、五行、擴大易象五項特色。他認為《太玄》「重數輕象」的作法,是一種簡易的解《易》方式,不違背《易》理,卻與《易》象不同。〔註47〕孟、京是在《易》學的系統中創發,與災異說結合,開發出了漢代象數《易》的路子;揚雄《太玄》則是兼取象數與義理的解經方式,在《易》學系統之外,作了開創的功夫,《法言·淵騫》說「通天、地、人曰儒,通天、地而不通人曰伎。」可知揚雄《太玄》擬經對於「人道」的關注。

　　李澤厚說:「孔子繼承遠古所提出的仁學結構,主要是通過漢代一系列的行政規定如尊儒學、倡孝道、重宗法,同時也通過以董仲舒為代表的『天人感應』的宇宙圖式,才真正具體地落實下來。從而,孔子仁學主要是氏族貴族『以身作則』的道德論,到漢代就成了『天人感應』的帝國秩序的宇宙論了。」〔註48〕又說:「董仲舒的貢獻就在於,他最明確地把儒家的基本理論(孔孟講的仁義等等)與戰國以來風行不衰的陰陽家的五行宇宙論具體地配置安排起來,從而使儒家的倫理政治綱常有了一個系統論的宇宙圖式作為基石,使《易》傳、《中庸》以來儒家所嚮往的『人與天地參』的世界觀得到了具體的落實,完成了《呂氏春秋·十二紀》起始的、以儒為主融合各家以建構體系的時代要求。」〔註49〕漢儒努力把「內聖」的德治思想轉化成「外王」的經、常律定,可知董仲舒的《春秋》學與孟京的《易》學說,是對儒學系統作創發且與統治思想結合。由於時代背景的不同,揚雄的《太玄》,則是對於經學系統中的產出災異思想作反動,是對儒學系統提出的反省與修正。所以他反對董子以來有目的性的災異之說,想要直接回到先秦孔孟純粹的聖人之道。可以說不論是董仲舒或揚雄,他們最終目的,還是企求以儒家思想達成治平天下的理想。

二、《太玄》的儒家思想

　　《法言·問神》說:「或曰:『玄何為?』曰:『為仁義』曰:『孰不為仁,孰不為義。』曰:『勿雜也而已矣。』」由此段設問對話的內容,我們可以得知:

〔註47〕參見解麗霞,〈重構象數:《太玄》的贊《易》之道〉,《周易研究》2008 年第 6 期(總 92 期),2008 年 7 月,頁 21。
〔註48〕參見李澤厚,《中國古代思想史論》,北京:人民出版社,1986 年 3 月,頁 174。
〔註49〕參見李澤厚,《中國古代思想史論》,北京:人民出版社,1986 年 3 月,頁 145。

揚雄《太玄》的核心思想，最終還是要歸向仁義。不僅如此，揚雄還特別強調「勿雜」。〔註50〕可知他對於儒家思想有其「純粹」的想望。

《老子》說：「道大，天大，地大，人亦大。域中有四大，而人居其一焉」（二十五章）；〈玄圖〉說「夫玄也者，天道也，地道也，人道也，兼三道而天名之。君臣、父子、夫妻之道。」在看似相近的架構中，《太玄》凸顯了人倫中「君臣、父子、夫妻」之道，恰恰也就是漢時的「三綱」，展現了其時儒家思想的特色，〈玄攡〉說：

> 故玄者，用之至也。見而知之者智也，視而愛之者仁也，斷而決之者勇也，兼制而博用者公也，能以偶物者通也，無所繫輆者聖也。時與不時者命也。虛形萬物所道之謂道也，因循無革天下之理得之謂德也，理生昆群兼愛之謂仁也，列敵度宜之謂義也。秉道德仁義而施之之謂業也。

以「玄的用」來解釋儒家的道德概念「智、仁、勇、公、通、聖、道、德、義」。其中「道、德」解為虛形、無革還合於「玄」理的特質。但近似黃老道家思想中所說的道的代言、工具性質的「理」，就被揚雄把它跟儒家的核心思想「仁」綰在了一起，更不要說秉持「道德仁義」是「玄」施之人事間偉大事業。〈玄告〉說：

> 故善言天地者以人事，善言人事者以天地。明晦相推而日月逾邁，歲歲相盪而天地彌陶，之謂神明不窮。原本者難由，流末者易從。
> 故有宗祖者則稱乎孝，序君臣者則稱乎忠，實告大訓。

《太玄》真正關心的，不是形而上的天、也不是形而下的自然，而是天地人事。且從其文字中的宗祖序臣，教忠教孝，則其對於人生的倫理及生命安頓的重視。可知《太玄》建立的思想架構，有虛無玄妙的「玄」作為源頭，但妙用發展在人世，比如：

> 晝夜相承，夫婦繫也。終始相生，父子繼也。日月合離，君臣義也，孟季有序，長幼際也。兩兩相闔，朋友會也。〈玄圖〉

〔註50〕雖然與揚雄同時的劉向稱董仲舒為「世儒宗」（《漢書·劉向傳》）。但是由《春秋繁露·求雨》對於「春旱求雨」這件事說：「以甲乙日為大蒼龍一，長八丈，居中央。為小龍七，各長四丈。於東方。皆東鄉，其間相去八尺。小童八人，皆齊三日，服青衣而舞之。」《法言·先知》對此說：「象龍之致雨也，難已哉。」另外《法言·淵騫》說：「守儒：轅固、申公，災異：董相、夏侯勝、京房。」可知揚雄對於董仲舒的看法以及對儒家思想的標準與抉擇。

不相殄乃能相繼也，不相逆乃能相治也。相繼則父子之道也，相治則君臣之寶也。〈玄告〉

對於「五倫」關係和諧的嚮往，對於君臣父子相繼相處的強調，再再都呈現了儒者「鳥獸不可與同群」，還是對於道德人倫的關懷和歸與。

「君子」是華夏民族的一種理想人格典範，關於它的起源，余英時認為「君子」最初是專指社會上居高位的人，〔註51〕到了春秋戰國之時，周室衰微，「君子」的形象產生了變化，而形成了一個泛指道德與智慧兼合的知識份子形象。至《論語》、《孟子》出，儒者的風範躍然於紙上，豐富活化了君子的形象。揚雄《法言》有不少討論「君子」的文字，〔註52〕在《太玄》中，他也喜用「君子、小人」或「賢人、小人」做對比，敘述了許多君子之道。它說：

人之所好而不足者，善也；人之所醜而有餘者，惡也。君子日彊其所不足而拂其所有餘，則玄道之幾矣。（〈玄攡〉）

離乎情者必著乎偽，離乎偽者必著乎情。情偽相盪而君子小人之道較然見矣。（〈玄攡〉）

陰陽所以抽嘖也，從橫所以瑩理也，明晦所以昭事也。嘖情也抽，理也瑩，事也昭，君子之道也。（〈玄瑩〉）

君子內正而外馴，每以下人。是以動得福而亡禍也。福不醜不能生禍，禍不好不能成福。醜好乎，醜好乎！醜好，君子所以宣表也。（〈玄瑩〉）

君子脩德以俟時，不先時而起，不後時而縮。動止微章，不失其法者，其唯君子乎？（〈玄文〉）

君子藏淵足以禮神，發動足以振眾，高明足以覆照，制刻足以竦懲，幽冥足以隱塞。君子能此五者，故曰罔、直、蒙、酋、冥。（〈玄文〉）

從上引用的《太玄》文字中，君子的形象是所謂「彊其所不足」的行善而「奉行」玄道的，這與《易》傳「天行健君子自強不息」的思想相類，所不同的，只是奉行對象是「天」或「玄」而已。此外，從陰陽之情、縱橫之理、明暗之

〔註51〕參見余英時，〈儒家「君子」的理想〉，《中國思想傳統的現代詮釋》，臺北，聯經出版社，1987年8月，頁145～165。

〔註52〕參見劉為博，〈揚雄《法言》中的「君子」形象〉，《孔孟月刊》，第38卷5期（總449期），2000年1月，頁32～44。

事理以及情偽之相離合，可知前三則引文都是著眼於君子與「道」的契合。但後三則所言之「內正而外馴」、「脩德以俟時」以及「藏淵禮神，發動振眾，高明覆照，制刻竦懯，幽冥隱塞」五事，則可知除了掌握「時」與「玄道」相契相合，君子之「德」，實是體悟施行玄理的必要條件，則《太玄》以道德意識為其君子行為思想的依歸，其理亦明。

　　余英時曾引用美國社會學家派森思（Talcott Parsons）「哲學的突破」的說法，來說明中國知識份子以「道」的承擔自居的使命感。〔註53〕聖人「內聖外王」的事功與氣象，也是儒家強調的一個主題。在西漢後期，揚雄的老師嚴遵，在其著作《老子指歸》中提到的聖人，首要的特色便是「體玄守一」，它說：

> 故人能入道，道亦入人，我道相入，淪而為一。守靜至虛，我為道室。與物俱然，揮沌周密。反初歸始，道為我襲。（卷九）
>
> 虛無以合道，恬泊以處生，時和以固國，玄教以畜民。養以無欲，導以自然，贈以天地，賜以山川。（卷十二）
>
> 上德之君，性受道之纖妙，命得一之精微，性命同於自然，情意體於神明，動作倫於太和，取捨合乎天心。神無所思，志無所慮，聰明玄遠，寂泊空虛。陰陽為使，鬼神為謀。身與道變，上下無窮。進退推移，常與化俱。故恬淡無為而德盈于玄域，玄默寂寥而化流於無極。思不可量，厚不可測，兼包大營，澤及萬國。知不足以倫其化，言不足以導其俗。天下喁喁，皆蒙其化而被其和。（卷十二）

指歸中的聖人，體玄守一，展現自己秉賦氣性之極大質，並且要靠「守靜至虛」的修養，才能「身與道變，上下無窮」，用「玄教」來畜養人民，順成造化自然之功，是與道相合，「德盈于玄域，玄默寂寥而化流於無極」。

　　然以此相較於《易》傳〈文言〉說：

> 夫大人者，與天地合其德，與日月合其明，與四時合其序，與鬼神合其吉凶，先天而天弗違，後天而奉天時，天且弗違，而況於人乎！況於鬼神乎！

聖人是一種先於天地真理序位的存在，他（她）是與天地、日月、四時造化並生合德，也充滿著道德的意識。《太玄》傳文中的「聖人」共出現 8 次，除了

〔註53〕參見余英時，《中國知識階層史論（古代篇）》，臺北，聯經出版社，1980 年 8 月，頁 30～56。

說明聖人作《太玄》作蓍龜以謀，其中最特殊的就是〈玄文〉說：

> 聖人仰天則常，窮神掘變，極物窮情；與天地配其體，與鬼神即其
> 靈，與陰陽挺其化，與四時合其誠。視天而天，視地而地，視神而
> 神，視時而時。天地神時皆馴而惡入乎逆。

《太玄》也重視聖人與天地合德之功，強調聖人馴天、地、神、時，與時俱化
的特點，〈玄瑩〉還說：「立天之經曰陰與陽，形地之緯曰從與橫，表人之行曰
晦與明」，只是在三才之道中，顯然《太玄》偏重的是聖人如何教化之功，而
非體玄的修養感應及境界提升。它說：

> 是以昔者群聖人之作事也，上擬諸天，下擬諸地，中擬諸人。天地
> 作函，日月固明，五行該醜，五嶽宗山，四瀆長川，五經括矩。天
> 違地違人違，而天下之大事悖矣。（〈玄摝〉）

努力的「作事」就是聖人的人文化成之功。細分上述三組文字中的「聖人」，
顯然《太玄》與《易》傳相近，而與《老子指歸》所言的「虛無合道、養以無
欲、導以自然」的道家思想式的聖人形象，是相差較大的。

　　陳榮捷稱揚雄之學是「道家化的儒學」，他說：「形上學方面，他只是重複
道家之說，但是他將之結合了儒家倫理，而後者才是他的興趣所在。」〔註54〕
而相較於「五行」思想在《太玄》經、傳中的篇幅比例，《太玄》中的儒家
思想固然不及。但兩者在序位的排列則是清楚明白。「玄」和「陰陽五行」
之理，分別是形上的思想指導及形而下生活的奉行律則，但連繫這其中「人
道」的化成，儒家思想的君子之道、人倫之道以及中庸之道，顯然還是《太
玄》中最關鍵的部分。鄔昆如將揚雄的思想理論特色定義為「道德為本，生
計為方」〔註55〕，則其所言的「生計」，今若以《太玄》思想內容觀之，正
是君子之道、聖人之德與人倫之常的重申。

〔註54〕參見陳榮捷，《中國哲學文獻編選·上》，臺北：巨流圖書公司，1993 年 3 月，
　　　　頁 385。

〔註55〕鄔氏所言如下：「在西漢哲學開始時，有陸賈倡仁義，有賈誼用德教來復古安
　　　　民，有淮南子的融通儒、道，有董仲舒的天人相應，有司馬遷的歷史哲學證
　　　　言，有揚雄的破識緯神仙，而立以『道德為本，生計為方』的理論體系。但是，
　　　　這些哲學大師都無法個別地挑起護衛文化的大樑，而且，彼此間亦沒有建立
　　　　起合作無間的精神和努力，以致於沒有催生集大成的思想家，來挽救其危亡
　　　　的厄運」參見鄔昆如，〈東漢社會哲學之研究〉，《台大創校四十週年國際中國
　　　　哲學研討會論文集》，1985 年 11 月，頁 69～95。

第三節 《太玄》與漢代思潮

　　《漢書》本傳說《太玄》一書：「筮之以三策，關之以休咎，絣之以象類，播之以人事，文之以五行，擬之以道德仁義禮。」所以即使〈藝文志〉將《太玄》歸到儒家類，但「陰陽五行」、「道家玄理」也都是《太玄》思想中的重要部分。下文將對漢代文化中《太玄》以及漢代義理的會通特質，加以討論分析。

一、會通思想

　　《史記·太史公自序》記司馬談〈論六家要旨〉中言：

> 道家無為，又曰無不為，其實易行，其辭難知。其術以虛無為本，以因循為用。無成埶，無常形，故能究萬物之情。不為物先，不為物後，故能為萬物主。有法無法，因時為業；有度無度，因物與合。
>
> 故曰：「聖人不朽，時變是守。虛者道之常也，因者君之綱」也。

又在論及道家思想特色時說：

> 道家使人精神專一，動合無形，贍足萬物。其為術也，因陰陽之大順，采儒墨之善，撮名法之要，與時遷移，應物變化，立俗施事，無所不宜，指約而易操，事少而功多。

漢代前期學者對於「道」的詮說重心，是在以道為萬物本元、無所不包的前提之下，用「術」來詮解「道」。此外，漢初道家也走氣化宇宙論的思惟模式：即道與氣合論，把「氣」的概念加入了道的創生過程。〔註56〕這樣的作法，就使得「道」成為了所有「術」基礎，而這也就是司馬談所說「因陰陽，采儒墨，撮名法」的道（雜）家思想的理論基礎。

　　蒙文通說：「司馬談所說的『道家』，顯然是『雜家』，就是『黃老』，和莊周一流道家不同，就是這個意思。」〔註57〕陳麗桂師分析：「在漢志所述的『雜家』之學中，只有『兼儒墨、合名法』，而沒有『因陰陽之大順』……在漢志裡，『雜家』、『陰陽家』是分流的。」她認為〈論六家要旨〉詮解更為精確，黃老道家之學本來就跟陰陽之學有深厚的關係。〔註58〕也就是說從司馬談到班固，漢代思想的各家會通是一直持續而沒有改變的，只是以黃老思想觀之，

〔註56〕參見本章前文「黃老思想」所引陳師之說。

〔註57〕參見蒙文通，《中國哲學思想探原》，臺北：臺灣古籍出版社，1997年10月，頁370。

〔註58〕參見陳麗桂師，《漢代道家思想》，臺北：五南圖書出版公司，2013年11月，頁17。

或因為陰陽五行思想的轉向，陰陽學獨自發展或與災異、經學、儒學結合；又或因黃老思想退出政治舞台而本身產生變化，所以《漢書・藝文志》將之分流。

此外，陳師還提到〈論六家要旨〉中提及兩次「術」的不同，她認為「六家之中唯陰陽與道家學說被稱為『術』，但兩者顯然不同。陰陽家太拘之『術』，指漢志所謂『明唐、羲合、史卜之職』的『數術』」；此處的道家之術⋯⋯司馬談說，這種『術』是兼採陰陽、儒、墨、名、法各家之長，所提煉出來的。」〔註59〕則以今觀之，揚雄思想中的「術」，不僅同時吸納展現了〈論六家要旨〉中的兩種「數」——陰陽家、道家的「術」的特色，還進一步建立了《易》架構、新符號的「數」的系統。

由上論述可知，《太玄》承繼了漢初以來，黃老道家思想會通的特色。另一方面，隨著武帝時，儒術的獨尊，儒家思想也展現了會通思想的特色。

董仲舒是「為群儒首」（《漢書・董仲舒傳》）的漢代大儒。他解釋《春秋》「明經術之意，上疏條教，說《春秋》得失。」（《漢書・董仲舒傳》）他的天人之學，是以天人感應的模式，綜合陰陽五行的宇宙論所建構而成的。解麗霞認為他是「構建體系」解經的第一人。而揚雄在漢末同樣採取了一樣「建構體系」的解經方式。他認為揚雄和董仲舒的解經方式主要長處有兩點：一是可以通過對經典進行創造性的詮釋；一是在體系中容括各家之長。〔註60〕王青說：「在揚雄以前，對世界萬物的整合基本上可以區分為兩個體系，即陰陽八卦系統和陰陽五行系統，揚雄自成一體，自己創立一套新的符號，這套符號表面上看是由方、州、部、家所組成的八十一首系統，但實際用於整合和揭示世界萬物及其規律的，乃是陰陽和數字。」〔註61〕這指的是，《易》與陰陽五行兩個系統的相互整合，說的也就是經學與陰陽思想的結合。《太玄》在建構體系這一方面，則超出了董仲舒和京房易學的限制，建立了一個修正經學、橫跨儒道的天人之學。

馮樹勳在〈太玄儒道思想歸趨辨〉一文中，從「玄」義、陰陽觀、文質觀來看《太玄》思想，認為《太玄》的思想傾向有「儒道無分軒輊」、「道主儒輔」

〔註59〕參見陳麗桂師，《漢代道家思想》，臺北：五南圖書出版公司，2013 年 11 月，頁 8。

〔註60〕參見解麗霞，《揚雄與漢代經學》，廣州：廣東人民出版社，2011 年 8 月，頁 207、208。

〔註61〕參見王青，〈《太玄》研究〉，《漢學研究》第 19 卷第 1 期，臺北：漢學研究中心，2001 年 6 月，頁 101。

及「儒主道輔」三種說法。其中又以「道主儒輔」說為之主流。他說：

> 不論言「道主儒輔」或「儒主道輔」者，實不過是非平衡說下的不
> 同取態而已。儘管問題分屬兩個層次，但卻可以採用相同的解決問
> 題方法，其關鍵即在把以往學者處理此課題的方法倒轉過來。以往
> 學者處理此等問題的方案，不論相信非平衡說或平衡說者，都是在
> 《太玄》第一手文本內，儘量找尋其中與儒家或道家相似的觀念。
> 依循這種方式的搜尋，固然必有所獲，因之足以證明《太玄》是兼
> 具儒、道兩家思想的。然而，不論平衡說與非平衡說的核心，皆不
> 在說明《太玄》中含有儒、道的思想，而欲找出其間價值比重有無
> 區別。但依何種比例，才足以判定其價值比重的不同，具有判別性
> 意義呢？因之，這種考察方法必然出現判準不明，且易落入誰與定
> 其是非泥沼中。〔註62〕

他的結論是：

> 《太玄》在儒、道思想矛盾不顯時，總是強調其雷同處，因而容易掩
> 蓋儒、道思想實有不同價值偏重的事實。唯有對玄、陰陽和文質等核
> 心理念，迫顯儒、道兩家所持立場互異，以致取捨相反時，才能從作
> 者的抉擇當中，明確顯示揚雄傾向選擇儒家價值觀的事實。〔註63〕

關於馮氏所言，確實是完整而有力的論述。但揚雄是儒者，《太玄》是否
必為儒家（或道家）思想之作？則若由「會通思想」的方向觀察，則《太玄》
的創新意義以及價值就更能彰顯。

徐復觀說：「儒道兩家思想的結合，表明西漢思想的一個傾向。〔註64〕」
朱伯崑：「儒家的倫理觀念，道家和陰陽家的天道觀，成了《易》傳解《易》
的指導思想。〔註65〕」可見在學術發展的演變中，本會有思想的交流會通。如
朱氏所言，《易》傳既有會通與思想整合，則《太玄》之作自沿襲此特色而加
以發揚光大。根據兩位學者的說法，則《太玄》思想展現的就是「會通」的特
色，而這種特色就是建立在儒、道思想體系本身就吸收各家思想的基礎上，以

〔註62〕參見馮樹勳，〈太玄儒道思想歸趨辨〉，《師大學報》第51卷1期，2011年3
月，頁29。

〔註63〕同前注，頁48。

〔註64〕參見徐復觀，《兩漢思想史·卷二》，臺北：學生書局，1976年6月，頁488。

〔註65〕參見朱伯崑，《易學哲學史》，臺北：藍燈文化事業股份有限公司，1991年9
月，頁47～48。

「務為治」(〈論六家要旨〉)作為最終的目標。漢代道家加上了陰陽家的思想，展現在「氣」、「精氣」的概念，並以此推衍道家的養生說與本體論。漢代儒家加上了陰陽家的思想，展現在「讖緯」、「陰陽五行」以及「天人感應」的哲學。〔註66〕《太玄》思想中的儒道會通特色，其實是將黃老思想的刑名論轉向數術，然後以儒家的仁義為依歸，由仿《易》為手段，重新建立出一套不同孟京易學的理性、數術的思維系統。它屬於綜合天文、曆法、黃老、儒家、道家思想的會通思想，而不能單一某一流派、某一家來定義它。

二、《太玄》與桓譚、王充思想

揚雄、桓譚、王充三人時代接近，在人生境遇上，也有相似的巧合。王充在《論衡・超奇》說：

> 夫通覽者，世間比有；著文者，曆世希然。近世劉子政父子、楊子雲、桓君山，其猶文、武、周公並出一時也；其餘直有，往往而然，譬珠玉不可多得，以其珍也。
>
> 王公子問於桓君山以楊子雲。君山對曰：「漢興以來，未有此人。」君山差才，可謂得高下之實矣。采玉者心羨於玉，鑽龜能知神於龜。能差眾儒之才，累其高下，賢於所累。又作《新論》，論世間事，辯照然否，虛妄之言，偽飾之辭，莫不證定。彼子長、子雲說論之徒，君山為甲。自君山以來，皆為鴻眇之才，故有嘉令之文。筆能著文，則心能謀論，文由胸中而出，心以文為表。觀見其文，奇偉俶儻，可謂得論也。由此言之，繁文之人，人之傑也。
>
> 陽成子長作《樂經》〔註67〕，楊子雲作《太玄經》，造於助思，極窅冥之深，非庶幾之才，不能成也。孔子作《春秋》，二子作兩經，所

〔註66〕參見陳麗桂師，〈漢代的氣化宇宙論及其影響〉，《道家文化研究》第八輯，1996年3月，頁249～266。

〔註67〕王應麟，《漢書藝文志考證》：「元始四年，立樂經。三禮圖云：『舊圖引樂經云：黃鍾磬。周禮磬氏疏。』案：樂云，磬前長三律二尺七寸，後長二律尺八寸，與三禮圖所引同，今樂經亡，莫知誰作。王充論衡曰：『陽成子長作樂經非庶幾之才不能成也。』然則漢儒所作歟？《後漢書・律曆志》注：『建初二年七月，太常丞鮑鄴上言亦引樂經曰，十二月行之所以宣氣豐物也。』沈約云：『秦代減學樂經殘亡。』《尚書・大傳》引樂曰：『舟張辟雍，鶬鶬相從，八風回回，鳳皇喈喈。』」陽成子長就是陽成子張，與桓譚同時，《新論》說：「陽成子張，名衡，蜀人，與吾具為祭酒」即《史記》的陽成衡。

謂卓爾蹈孔子之跡，鴻茂參貳聖之才者也。

從這三段文字可以看出，後兩人對揚雄的讚譽與欽佩。桓譚「漢興以來，未有此人」之語，將揚雄推為西漢儒者第一人；王充則把劉向父子、揚雄、桓譚比作，「文、武、周公」並出一時。王充將揚雄作《太玄》比孔子之作經。不選《法言》而言《太玄》，可見王充注意到《太玄》之作的特殊性。

〈佚文〉還說：

玩楊子雲之篇，樂於居千石之官；挾桓君山之書，富於積狔頓之財。

〈案書〉說：

仲舒之言道德政治，可嘉美也；質定世事，論說世疑，桓君山莫上也。故仲舒之文可及，而君山之論難追也。驥與眾馬絕跡，或蹈驥哉？有馬於此？足行千里，終不名驥者，與驥毛色異也。有人於此，文偶仲舒，論次君山，終不同於二子者，姓名殊也。故馬效千里，不必驥騄；人期賢知，不必孔、墨。何以驗之？君山之論難追也。兩刃相割，利鈍乃知；二論相訂，是非乃見。是故韓非之《四難》、桓寬之《鹽鐵》，君山《新論》之類也。世人或疑，言非是偽，論者實之，故難為也。卿決疑訟，獄定嫌罪，是非不決，曲直不立，世人必謂卿獄之吏才不任職。至於論，不務全疑，兩《傳》并紀，不宜明處，孰與剖破渾沌，解決亂絲，言無不可知，文無不可曉哉？案孔子作《春秋》，采毫毛之善，貶纖介之惡。可褒，則義以明其行善；可貶，則明其惡以譏其操。《新論》之義，與《春秋》會一也。

桓譚、王充所處時代變化相近，加上同樣對於當時經學系統與虛妄論述的反對，所以王充對他的仰慕及稱許也就表現得更明確。他將漢代的儒宗董仲舒拿來陪襯桓譚，可說是對桓譚莫高的禮讚。《論衡·超奇》中言《新論》「論世間事，辯昭然否，虛妄之言，偽飾之辭，莫不證定」，這當也與他「疾虛妄」的批判精神相應。今以這三位思想家的作品觀之，或許，同一時代、性格相近的知識份子，面對時代所給予的思想課題，所展現的識見與風格，自有其相應類似的相承與特色。

關於桓譚其人，以下摘錄《後漢書·卷二十八·桓譚傳》三段文字，藉以說明他的生平事蹟：

桓譚字君山，沛國相人也。父成帝時為太樂令。譚以父任為郎，因好音律，善鼓琴。博學多通，徧習五經，皆詁訓大義，不為章句。

能文章，尤好古學，數從劉歆、楊雄辯析疑異。性嗜倡樂，簡易不修威儀，而憙非毀俗儒，由是多見排抵。

及董賢為大司馬，聞譚名，欲與之交。譚先奏書於賢，說以輔國保身之術，賢不能用，遂不與通。當王莽居攝篡弒之際，天下之士，莫不競褒稱德美，作符命以求容媚，譚獨自守，默然無言。莽時為掌樂大夫，更始立，召拜太中大夫。

其後有詔會議靈臺所處，帝謂譚曰：「吾欲〔以〕讖決之，何如？」譚默然良久，曰：「臣不讀讖。」帝問其故，譚復極言讖之非經。帝大怒曰：「桓譚非聖無法，將下斬之。」譚叩頭流血，良久乃得解。

出為六安郡丞；意忽忽不樂，道病卒，時年七十餘。

第一段文字記載桓譚生平，可知他好音律，好學徧習五經，為學方式為詁訓大義，不為章句，與揚雄交善。第二段文字說明了桓譚在亂世中為官，對於寵臣和王莽，都採取不求用，不與通的超然態度。第三段文字除了表現出桓譚「有所不為」的氣節，更說明了桓譚「不為讖」，對讖緯說的排斥與堅拒。這三點恰與揚雄的生平巧合般的雷同。桓譚不僅在人生抉擇、境遇上與揚雄相近，他個人也算是揚雄的知音之一。除了本論文第二章所提到兩人對渾天、蓋天說的看法，以及桓譚稱讚揚雄的好學外，桓譚《新論》說：

玄經數百年，其書必傳。世咸尊古卑今，貴所聞賤所見也，故輕易之。《老子》其心玄遠而與道合，若遇上好事，必以《太玄》次五經也。

這肯定是當世人中，對《太玄》最高的評價。桓譚以玄與道相比，他說：「揚雄作玄書，以為玄者，天也，道也。言聖賢制法作事，皆引天道以為本統，而因附續萬類、王政、人事、法度，故宓羲氏謂之易，老子謂之道，孔子謂之元，而揚雄謂之玄。玄經三篇，以紀天地人之道，立三體有上中下，如禹貢之陳三品。」（《後漢書·張衡傳》註引《新論》）可知桓譚已認定了《太玄》的創作，其價值可與儒、道、經學易家的作品相媲美。

他的作品《新論》〔註68〕反對災異、讖緯之說，它說：

昔楚靈王驕逸輕下，簡賢務鬼，信巫祝之道，齋戒潔鮮，以祀上帝，禮羣神。躬執羽紱，起舞壇前，吳人來攻，其國人告急，而靈王鼓

〔註68〕據《後漢書》載，譚著書行世二十九篇，曰《新論》，上書獻之，世祖善焉。今傳世有清孫馮翼、嚴可均輯本，此據朱謙之《新輯本桓譚新論》。

舞自若，顧應之曰：「寡人方祭上帝，樂明神，當蒙福祐焉。」不
敢赴救，而吳兵遂至，俘獲其太子及後姬以下，甚可傷。（《新論‧
辨惑》）

敵人兵臨城下，楚王不作危機處理，只是然禮神祭祀，最後自然為敵人所擒。
〈辨惑〉還連舉了漢武帝李夫人、哀帝老才人、糞上拾食老翁等例，都是在說
明讖緯迷信的不可取。不僅舉古人例，桓譚還直接針對當權者提出質疑，它說：

聖王治國，崇禮讓，顯仁義，以尊賢愛民為務，是為卜筮維寡，祭
祀用稀。王翁好卜筮，信時日，而篤於事鬼神，多作廟兆，潔齋祀
祭，犧牲殽膳之費，吏卒辨治之苦，不可稱道，為政不善，見叛天
下。及難作兵起，無權策以自救解，乃馳之南郊告禱，搏心言冤，
號興流涕，叩頭請命，幸天哀助之也。當兵入宮日，矢射交集，燔
火大起，逃漸臺下，尚抱其符命書，及所作威斗，可謂蔽惑至甚矣。
（《新論‧見微》）

「聖王治國，……卜筮維寡，祭祀用稀」這便是針對王莽抱符命作威斗而不「崇
禮顯義，以尊賢愛民為務」的斥責。兩漢之際是讖緯最盛行的時期，桓譚不僅
不接受讖緯神學之說，還出言、著述表達反對之意。這便與揚雄作《太玄》強
調卜筮以「立人之德」為基礎且不言災異的心情一般，都是一種理性思惟的展
現。

在《太玄》中，感應是體玄、是循數，是思慮、是抉擇；體玄循數是由上
而下的道家式的天人相應，思慮抉擇則是儒家式的修養與天道遙契。桓譚反讖
緯，卻不反天人感應之說，他說：

異變怪者，天下所常有，無世而不然，逢明主賢臣、智士仁人，則
修德善政，省職慎行以應之，故咎映消亡，而禍轉為福焉。……。
由是觀之，則莫善於以德義精誠報塞之矣。故《周書》曰：「天子見
怪則修德，諸侯見怪則修政，大夫見怪則修職，士庶見怪則修身，
神不能傷道，妖不能害德。」及衰世薄俗，君臣多淫驕失政，士庶
多邪心惡行，是以數有災異變怪。又不能內自省視，畏天戒〉過絕
其端，其命在天也。〉而反外考謗議，求問厥故，惑於佞愚，而以
自註誤，而令患禍得就，皆違天逆道者也（《新論‧譴非》）

人抱天地之體，懷純粹之精，有生之最靈者也。是以貌動於木，言
信於金，視明於火，聽聰於水，思睿於土。五行之用，動靜還與神

通。貌恭則肅，肅時雨若；言從則乂，乂時暘若；視明則哲，哲時燠若；聽聰則謀，謀時寒若；心嚴則聖，聖時風若。金木水火皆載於土，雨暘燠寒皆發於風，貌言視聽皆生於心。（《新論‧離事》）

桓譚認為，人是「生之最靈」，所以要「以德義精誠」報天，並且善體「五行之用」，這都與《太玄》中的具體主張不謀而合。不僅如此，〈離事〉還舉許多要「應天」之事，比如：明堂、圓池、曆算〔註69〕，他不僅不反對應天之舉，反而表達天人相應的重要。這顯然又與揚雄的立場是一致的。

然而，對於董仲舒「春旱求雨」式的災異感應的應天之說，揚雄已表現出了他的看法，〔註70〕桓譚則說：

劉歆致雨具，作土龍、吹律及諸方術無不備設。譚問：「求雨所以為土龍，何也？」曰：「龍見者，輒有風雨興起，以迎送之，故緣其象類而為之。」難以頓牟〔註71〕磁石，不能真是，何能掇針取芥，子駿窮無以應。（《新論‧辨惑》）

在此，桓譚也反對求雨靠作土龍、吹律等方術。對於靜電、磁力的道理不了解，就不能掇針取芥。所以桓譚認為用象類的土龍，來迎送帶來風雨的真龍，是不可被接受的迷信之說。〔註72〕

從史籍所載，可知桓譚對揚雄及《太玄》的讚美。由上所述，桓譚反讖緯、反權威的思維以及重德義的感應思想，其實與《太玄》中所呈現的思想有極大的同質性。則可知桓譚這種反迷信、反災異感應的批判精神，當受到揚雄的《太

〔註69〕桓譚在《新論‧離事》中提到的「曆算」原文如下：「通曆數家算法推考其紀，從上古天元已來，訖十一月甲子夜半朔冬至，日月若連璧。」
提到的「明堂」原文如下：「王者造明堂辟雍，所承天行化也。天稱明故命曰明堂，為四面堂，各從其色，以做四方。上圓法天，下方法地，八窗法八風，四達法四時，九室法九州，十二坐法十二月，三十六戶法三十六雨，七十二牖法七十二風。」
提到的「圓池」原文如下：「王者作圓池，如璧形，實水其中，以環壅之，名曰辟雍。言其上承天地，以班教令，流轉王道，周而復始。」
〔註70〕參見本章第二節「儒家思想」注釋50。
〔註71〕《論衡‧亂龍》說：「頓牟掇芥，磁石引針，皆以其真是，不假他類。」頓牟即琥珀。
〔註72〕口試委員提示王充對「土龍」看法的補充說明，《論衡‧亂龍》篇末說：「雲樽刻雷雲之象，龍安肯來？夫如是傳之者何可解，則桓君山之難可說也，則劉子駿不能對，劣也。劣則董仲舒之龍說不終也。《論衡》終之。故曰『亂龍』。〔亂〕者，終也。」可知王充的立場是要終結「象龍」之說的討論，也就是同意桓譚的說法，並為董仲舒之說作出解釋。

玄》思想影響。

王充（公元 27 年～97 年）在他現存的作品《論衡》中，最後一篇〈自紀〉，詳細訴說了他自己的身世背景。比對《後漢書》本傳，他的生平事蹟如下：

> 王充者，會稽上虞人也，字仲任。其先本魏郡元城，一姓孫。一幾
> 世嘗從軍有功，封會稽陽亭。……在縣位至掾功曹，在都尉府位亦
> 掾功曹，在太守為列掾五官功曹行事，入州為從事。不好徼名於世，
> 不為利害見將。常言人長，希言人短。專薦未達，解已進者過。及
> 所不善，亦弗譽；有過不解，亦弗復陷。能釋人之大過，亦悲夫人
> 之細非。好自周，不肯自彰。勉以行操為基，恥以材能為名。眾會
> 乎坐，不問不言；賜見君將，不及不對。在鄉里慕蘧伯玉之節，在
> 朝廷貪史子魚之行。見汙傷不肯自明，位不進亦不懷恨。貧無一畝
> 庇身，志佚于王公；賤無斗石之秩，意若食萬鐘。得官不欣，失位
> 不恨。處逸樂而欲不放，居貧苦而志不倦。淫讀古文，甘聞異言。
> 世書俗說，多所不安，幽處獨居，考論實虛。（《論衡·自紀》）

> 王充字仲任，會稽上虞人也，其先自魏郡元城徙焉。充少孤，鄉里
> 稱孝。後到京師，受業太學，師事扶風班彪。好博覽而不守章句。
> 家貧無書，常游洛陽市肆，閱所賣書，一見輒能誦憶，遂博通眾流
> 百家之言。後歸鄉里，屏居教授。仕郡為功曹，以數諫爭不合去。
> （《後漢書·王充傳》）

由兩段文相自比較可知：王充是會稽上虞人，祖先原籍魏郡元城（與王莽同籍）。〈自紀〉文末說自己「細族孤門」，但鄉里稱孝，好學不倦，可知他與揚雄一般都是出身寒門。他的為人與言論都奇特，不同流俗。為學態度一如揚雄與桓譚「好博覽而不守章句。」年輕時曾做過縣掾功曹等職位，但「得官不欣，失位不恨」，仕數不耦而去。

至於《論衡》之作，王充說：

> 又傷偽書俗文多不實誠，故為《論衡》之書。……《論衡》者，論之
> 平也。口則務在明言，筆則務在露文。高士之文雅，言無不可曉，
> 指無不可睹。觀讀之者，曉然若盲之開目，聆然若聾之通耳。（《論
> 衡·自紀》）

> 充好論說，始若詭異，終有理實。以為俗儒守文，多失其真，乃閉
> 門潛思，絕慶弔之禮，戶牖牆壁各置刀筆。箸論衡八十五篇，二十

餘萬言，釋物類同異，正時俗嫌疑。(《後漢書‧王充傳》)

因官場不遇，故退而著述，晚年又任州治中職，後以老病而自免還家〔註73〕。《論衡》之作，他自己說是因為「傷偽書俗文多不實誠」，所以要「論之平」、「立真偽之平」；《後漢書》則說是「釋物類同異，正時俗嫌疑。」可知，《論衡》是想要修正當時社會宗教迷信、神祕主義、浮華虛偽的言論，建立公平合宜的立論原則而作。

《論衡‧超奇》說：「揚子雲作《太玄經》，造於眇思，極窅冥之深，非庶幾之才，不能成也。」並稱讚揚雄是「鴻茂參聖之才。」《論衡‧案書》稱讚揚雄說：「漢作書者多，司馬子長、楊子雲，河、漢也，其餘，涇、渭也。然而子長少臆中之說，子雲無世俗之論。」可知王充十分服膺揚雄《太玄》的玄思。徐復觀說：「王充假托於道家的自然無為所建立的天道觀，主要是為了否定當時流行的感應說。〔註74〕」既言假托，則王充的理性尚智精神與《太玄》的思想有何異同？以下嘗試論之。

《論衡‧譴告》說：

夫天道，自然也，無為。如譴告人，是有為，非自然也。黃老道家，論說天道，得其實矣。

王充承襲黃老道家自然無為的精神，首次明白的採用「萬物自生」的論點，闡發萬物生化不受主導限制的無為思想。但王充所言的自然無為，只是針對天地間「萬物自生」的觀點而言。〈自然〉說：「天地合氣，萬物自生，猶夫婦合氣，子自生矣」、「天之動行也，施氣也；體動氣乃出，物乃生矣。」《太玄》就是以「陰陽之氣流通」的方式看待天地間萬物感應，並以「渾行無窮正，萬物資形」來闡釋其核心思想──「玄」。

由此可以看出《太玄》與王充對於自然思想論述的相似之處。他們均認為天地是沒終極的、神化的目的與意識，所以能成就天地之大事，便是因為虛空、玄理；此外，他們也都重視「氣」在世間溝通連結之用，並因而肯定氣規律秩序的呈顯，即是天地間的「自然」。只是在《太玄》，「物自為之化」的理論根源，上溯至虛無之玄，並且不脫離「玄」之用；而在王充，自然完全是天地之

〔註73〕〈自紀〉說：「充以元和三年徙家辟詣揚州部丹陽、九江、廬江，後入為治中。材小任大，職在刺割。筆箚之思，歷年寢廢。章和二年，罷州家居。年漸七十，時可懸輿。仕路隔絕，志窮無如。」

〔註74〕參見徐復觀，《兩漢思想史‧卷二》，臺北：臺灣學生書局，1979年9月，頁621。

無目的、人事之無參與，並且是「天地合氣，人偶自生」的偶然。也就是說王充改造借用了道家論證天地之道「自然」與「無為」的成果，而將「道」的運作，以「適偶」的之說代替了。

〈對作〉言：「是故《論衡》之造也，起眾書並失實，虛妄之言勝真美也」，由此可知王充《論衡》思想的特色在於「疾虛妄、求真實〔註75〕」，至於求真實的方法，《論衡》言：

> 論則考之以心，效之以事。浮虛之事，輒立證驗（〈對作〉）

> 事莫明如有效，論莫定於有證。……是非不徒耳目，必開心意。（〈薄葬〉）

> 凡論事者，違實不引效驗，則雖甘義繁說，眾不見信。事有證驗，以效實然。（〈實知〉）

王充重效驗，並以「心」作為判別事物真假的驗證工具，不過王充所說得「心」不單指一人耳目有限之所見所聞，而是以推類的方式，來開心意。《論衡》言：

> 揆端推類，原始見終。從閭巷論朝堂，由昭昭察冥冥。（〈知實〉）

其所採的思惟方式，即是「類推」。王充理性精神的發揮，以「開心意」、「考之以心」的方式來「疾虛妄、求真實」，他所採取「揆端推類，原始見終」的思惟方式，也就是「類推」，這其實也與《太玄》中「玄」能夠連綴萬物的妙用相通。只是王充的類推依據的是理性思惟的開展，但在《太玄》之中，則還是要回到「契玄」的修養層次之上。

《太玄》與王充的思想均對於災異、讖緯學說中的目的論做了反抗，而揭明萬物自生之說。不同的是，《太玄》旨在發揮道家學說修養論的思想特色，而仍保留虛無隱約的「玄」為萬物宗祖的基調，且希望用「在德不在星」（《法言‧五百》）以及「舍五經而濟乎道者末矣」（《法言‧吾子》）的儒家倫理維持人道的具體實踐，對於經學的態度只是修正。王充則是吸收道家自然無為的思想，作出了萬物「幸偶自生」的結論，而且王充不僅反對不實的經書說解──「儒者說五經多失其實」（《論衡‧正說》），還說「經之傳不可從，五經皆多失之說」（《論衡‧正說》）這便是正面挑戰經學系統的不合理。

《太玄》的類推側重體悟，想以玄理上的真來囊括知識上之真；王充尚智以「疾虛妄」則純以類推，〈自然〉說：「道家論自然，不知引物事以驗其言行，

〔註75〕〈佚文〉言：「《詩》三百，一言以蔽之，曰：思無邪。《論衡》篇以十數，亦一言也，曰：『疾虛妄』。」

故自然之說未見信也。」所以對於耳目驗證所不能及的狀況，則選擇「未見信」的態度，則可知王充呈現以知識上的真實凌駕道德藝術上之真實的傾向。〔註76〕

　　王葆玹從經學的角度比較《太玄》和《論衡》說：「這兩部書都是融合儒、道，背反潮流，極其異端，並且都以古文經傳為其知識背景。〔註77〕」其中《新論》今雖不存，但王充又特別的讚譽它。所以在學術思想部分，三人雖非學派的傳衍，但對於理性批判精神自覺的繼承，則從揚雄《太玄》中所呈現尚智的精神以及尚數的創新，都可說是為桓譚及王充的思想，作了最好的示範及啟發。

三、《太玄》與張衡、王弼思想

　　在桓譚、王充之後，相承揚雄《太玄》思想的，還有一位大科學家，就是張衡。張衡善天文、曆算，還是「漢賦四大家」之一。他好《玄》經，並曾撰《玄圖》，它說：

> 玄者，無形之類，自然之根。作於太始，莫之與先；包含道德，構掩乾坤；稟籥元氣，稟受無原。〔註78〕

《漢書‧張衡傳》也記錄張衡的言語說：

> 吾觀太玄，方知子雲妙極道數，乃與五經相擬，非徒傳記之屬，使人難論陰陽之事，漢家得天下二百歲之書也。復二百歲，殆將終乎？
> 所以作者之數，必顯一世，常然之符也。漢四百歲，玄其興矣

可知他欽服《太玄》之作，認為「玄」是宇宙的根本原理。並藉著揚雄的思想，闡述其宇宙論和天文學思想。他的著作《靈憲》說：

> 太素之前，幽清玄靜，寂漠冥默，不可為象，厥中惟虛，厥外惟無。如是者永久焉，斯謂溟涬，蓋乃道之根也。道根既建，自無生有。太素始萌，萌而未兆，并氣同色，渾沌不分。故道志之言云：『有物渾成，先天地生。』其氣體固未可得而形，其遲速固未可得而紀也。如是者又永久焉，斯為庬鴻，蓋乃道之幹也。道幹既育，有物成體。

〔註76〕參見徐復觀，《兩漢思想史‧卷二》，臺北：臺灣學生書局，1979年9月，頁593。

〔註77〕參見王葆玹，《今古文經學新論》，北京：中國社會科學出版社，1997年11月，頁168。

〔註78〕參見《太平御覽‧卷一‧天部一‧元氣》第一冊，北京：中華書局，1960年2月，頁1。

於是元氣剖判，剛柔始分，清濁異位。天成於外，地定於內。天體
於陽，故圓以動；地體於陰，故平以靜。動以行施，靜以合化，埂
鬱構精，時育庶類，斯謂太元，蓋乃道之實也。在天成象，在地成
形。天有九位，地有九域；天有三辰，地有三形；有象可效，有形
可度。情性萬殊，旁通感薄，自然相生，莫之能紀。〔註79〕

宇宙形成的三個階段，首先是「溟涬」，是氣先前的原始狀態，什麼都沒有，
是「無」的階段，是道的根；第二是「龐鴻」，是元氣開始發動、連結在一起、
混沌不分的狀態，是道之幹；第三是「太元」，元氣分化，有剛柔清濁之分，
天地各自形成，陰陽四時變化而生萬物，是道之實。則從一到三的階段，氣的
無到有，然後「九位」、「九域」，今觀張衡的宇宙論思想，實可將之視作《太
玄》架構的再次整理。

　　一如同揚雄、桓譚、王充等思想家鮮明的立場，張衡也反對讖緯預言，曾
上〈請禁絕圖讖疏〉：

臣聞聖人明審律歷，以定吉凶，重之以卜筮，雜之以九宮，經天驗
道，本盡於此。或觀星辰逆順，寒燠所由，或察龜策之占，巫覡之
言，其所因者，非一術也。立言於前，有徵於後，故智者貴，謂之
讖書。讖書始出，蓋知之者寡。自漢取秦，用兵力戰，功成業遂，
可謂大事，當此之時，莫或稱讖。若夏侯勝、眭孟之徒，以道術立
名，其所述著，無讖一言。劉向父子領校秘書，閱定九流，亦無讖
錄。成哀之後，乃始聞之。尚書：堯使鯀理洪水，九載績用不成，
鯀則殛死，禹乃嗣興。而春秋讖云「共工理水」。凡讖皆云黃帝伐蚩
尤，而詩讖獨以為「蚩尤敗然後堯受命」。春秋元命包中有公輸班與
墨翟，並當子思時，出仲尼後，事見戰國，非春秋時也。又言「別
有益州」。益州之置，在於漢世。其名三輔諸陵，世數可知。至於圖
中訖於成帝。一卷之書，互異數事，聖人之言，勢無若是，殆必虛
偽之徒，以要世取資。(《全後漢文·卷五十四》)

張衡先說明聖人明律歷、重卜筮、驗天道的優良傳統，而後明白指出讖語是成、
哀之後才興起的異端，並舉例來說明讖緯之荒謬不合理。這般的理性批判思維
以及道德勇氣，正與揚雄《太玄》修正經學，創建仿《易》天人思想體系的精
神，是相互輝映的。

〔註79〕參見《後漢書·天文志》注補引。

此外，與桓譚一樣，張衡也是反讖緯而不反天人感應。對於陽嘉二年京師地震，他對策言：

> 臣聞政善則休祥降，政惡則咎征見。苟非聖人，或有失誤。昔成王疑周公，而大風拔樹木，開金縢而反風至。天人之應，速於影響。故周《詩》曰：「無曰高高在上，日監在茲。」間者，京都地震，雷電赫怒。夫動靜無常，變改正道，則有奔雷土裂之異。(《全後漢文·卷五十四》)

他認為災異是對於政治上的錯誤的一種警告，看似與董子的「天人感應」同調，但根據《後漢書·張衡傳》他不僅針對天文地象的災異作研究，還以科學精神及技術發明了「渾天儀」和「候風地動儀」。可知他不迷信災異，而是和揚雄、桓譚一般，希望以重德義、重理性驗效的應天方式，達成天人相合的結果。

許抗生談到正始玄學產生的原因有三，其中兩項：一是正始玄學是在漢代經學墮壞的基礎上，為了彌補儒學，以維繫封建名教的產物；一是正始玄學是兩漢以來道家思想（黃老學）演變發展的歷史產物。〔註80〕由是觀之，《太玄》的會通思想產生的背景，正與此說相合，所以《太玄》思想的影響，當可推到魏晉玄學中，對王弼思想的影響啟發。《老子指略》說：

> 而法者尚乎齊同，而刑以檢之；名者尚乎定真，而言以正之；儒者尚乎全愛，而譽以進之；墨者尚乎儉嗇，而矯以立之；雜者尚乎眾美，而總以行之。夫刑以檢物，巧偽必生；名以定物，理恕必失；譽以進物，爭尚必起；矯以立物，乖違必作；雜以行物，穢亂必興。斯皆有其子而棄其母，物失所載，未足守地。

王弼批評了法、名、儒、墨、雜家思想各有侷限，所以他說：

> 然則老子之文，欲辯而詰者，則失其旨也；欲名而責者，則違其義也。故其大歸也，論太始之原，以明自然之性，演幽冥之極，以定惑罔之迷；因而不為，損而不施；崇本以息末，守母以存子；賤夫巧術，為在未有；無責於人，必求諸己；此其大要也。

以道能「崇本以息末，守母以存子」而尊道家之術。王弼注老時還說：

> 萬物萬形，其歸一也。……何由致一？由於無也。由無乃一，一可謂無。(《老子》注四十二章)

〔註80〕參見許抗生，《魏晉思想史》，臺北：桂冠圖書股份有限公司，1992年12月，頁11。

> 母,本也;子,末也;得本以知末,不舍本以逐末也。(《老子》注五
> 十二章)

可知《太玄》言玄的無形虛無,是要脫離神學、人格天的限制,強調在天地先
的渾沌與無所限制;而王弼崇無,則是著重「無、有」是體用、本末的關係,
試圖建立起「以無為本」的哲學本體論述。兩者對於「無」的詮解層次固然有
所不同,但以道家的道體為架構,去吸納掌握各家之所長的作法則相類似。

　　《三國志・魏書・鍾會傳》卷二十八《注》引何劭〈王弼傳〉記載:

> 弼幼而察慧,年十餘,好老氏,通辯能言。……時裴徽為吏部郎,
> 弼未弱冠,往造焉。徽一見而異之,問弼曰:「夫無者,誠萬物之所
> 資也,然聖人莫肯致言,而老子申之無已者何?」弼曰:「聖人體无,
> 无又不可以訓,故不說也。老子是有者也,故恆言無所不足。」則
> 是如出一轍。

裴徽認為孔子不言萬物之根源,老子卻申說道是無,兩者孰是孰非。則王弼的
回答表面上尊崇了孔子與道為契,不落形跡,而老子猶要言「無」。但實際上,
他還是以道家的「無」來會通詮釋儒家的聖人、倫常、名教等觀念。這其實也
可以視作《太玄》會通思想的進一步發展。《老子指略》說:

> 然彌綸無極,不可名細;微妙無形,不可名大。是以篇云「字之曰
> 道」,謂之曰「玄」而不名也。然則言之者失其常,名之者離其真,
> 為之者則敗其性,執之者則失其原矣。是以聖人不以言為主,則不
> 違其常;不以名為常,則不離其真;不以為為事,則不敗其性;不
> 以執為制,則不失其原矣。
>
> 安者實安,而曰非安之所安;存者實存,而曰非存所存;侯王實存,
> 而曰非尊之所為;天地實大,而曰非大之所能;聖功實存,而曰絕
> 聖之所立;仁德實著,而曰棄仁之所存。故使見形而不及道者,莫
> 不忿其言焉

可知王弼一方面強調「道」、「玄」微妙無形,另一方面,則又貫注儒家重視的
聖功、仁德等概念進入其思想。所以湯用彤評價王弼時說:「王弼為玄宗之始,
然其立義實取漢代儒學陰陽家之精神,並雜以校練名理之學說,探求漢學蘊攝
之原理,廓清其虛妄,而折衷於老氏。〔註81〕」可知儒道會通的思想架構,從

〔註81〕 參見湯用彤,《魏晉玄學・湯用彤全集・卷六》,臺北:佛光文化,2001 年 4
　　　　月,頁 30。

《太玄》與王弼的思想中，確實可以找到相承的痕跡。

晉人孫盛說：「六爻變化，群象所效，日時歲月，五氣相推，弼皆擯落，多所不關。雖有可觀者焉，恐將泥夫大道。」（《三國志‧魏書‧鍾會傳》卷二十八《注》）在《老子》與《論語》的著述之外，周《易》成為王弼溝通儒道思想的重要環節。王弼一改周《易》漢代以來的象數學研究風潮，以義理解《易》。牟宗三說：「王、韓之《易》是以道家玄義附會孔門義理……如無、自然、寂靜、一、本，皆形式特性也。從形式特性言之，儒、道皆同，甚且耶、佛亦同。惟從實際的內容特性言之，則體之所以為體，儒道不同。其不同之關鍵處在『心性』。」〔註82〕又說：「王、韓之易學，要在廢象數，至於義理，則未能握住孔門之管鑰，而是以道家之有無玄義而解經也。〔註83〕」雖然牟先生說思想發展的「形式特性」易而「內容特性」難，然關於《太玄》思想，許抗生則點明：「這種兼學老易與以老解易的思想，後來也就不能不對王弼的以老解易的周《易》研究產生深遠的影響。〔註84〕」

湯用彤論及魏晉玄學時說：「故學術，新時代之托始，恒依賴新方法之發現。〔註85〕」余敦康也說：「何晏只是提出了某些重要的玄學論點，而王弼則成功地建立了一個完整的體系，究其原因，何晏在解釋的方法上存在着缺陷，而王弼在《周易略例》和《老子指略》中則對方法問題進行了深入的研究，突破漢人的藩籬，找到了一個按照新的時代需要全面地解釋這幾部經典的方法。」〔註86〕由上所述，可知《太玄》思想體系對於王弼思想和魏晉玄學發展的影響。

第四節　小結

在漢代道家思想的領域之中，《太玄》的道家思想特色，是總結黃老道法思想，將天道治道貫通的大架構以及氣化宇宙論的圖式，以「數」理的方式，作了另一次的整理。而隨著黃老思想退出政治舞台，個人尚智理性思惟的轉

〔註82〕參見牟宗三，《才性與玄理》，臺北：臺灣學生書局，1974年10月，頁102。
〔註83〕參見牟宗三，《才性與玄理》，臺北：臺灣學生書局，1974年10月，頁101。
〔註84〕參見許抗生，《魏晉思想史》，臺北：桂冠圖書股份有限公司，1992年12月，頁14。
〔註85〕參見湯用彤，《魏晉玄學論稿》，上海：上海世紀，2005年3月，頁19。
〔註86〕參見余敦康，《何晏王弼玄學新探》，北京：方志出版社，2007年4月，頁100。

化，也是道家思想轉向養生及宗教的另外一條路線。與同時代的《老子指歸》作比較，則可見到：尚玄虛，重太和，會《易》《老》三項可相互聯繫對照的義理特色。這是《太玄》在西漢末年對於道家思想所作的總結與轉化。

在儒家思想的部分，《太玄》則是先秦孔孟的承繼與經（易）學純化的開創先聲。《太玄》建立了一種修正經學、橫跨儒道的天人之學。在《太玄》經傳文字中，不忘儒家人倫的維繫，將君子、小人對比告誡，並以聖人治天下的文化之功為基礎，將儒學、經學、陰陽思想結合，發揮當時儒家思想的影響力，但不言災異，且崇德尚理，保存一定的儒生本色。

從漢代思想發展的趨勢看來，對於《太玄》思想，徐復觀說：「揚雄另創一套符號數式，把它看成是玄的展現，而將儒、道、律、易、曆組成一個大系統，這只表現當時的學術風氣，及他的知識型的性格，向未知世界的熱心探求。」〔註87〕還說「嚴君平已有把《老子》與曆數及儒家倫理，統合成一個系統的企圖，這也未嘗不是《太玄》的一個影子。」〔註88〕馮友蘭認為，揚雄批判地吸收了漢人講《易》的許多說法，創造了一個世界圖式，和官方的正統哲學對立起來，「玄」是黃老學派和《淮南子》中的唯物主義哲學思想的繼續，其辨證觀點除《老子》外，更多地來於《易》傳。〔註89〕任繼愈認為，揚雄哲學體系來源於周《易》、《老子》、《淮南子》、《易緯》、嚴遵《老子指歸》、當時天文學和曆法方面的知識、儒家的三綱五常等等，因之創立了獨特的前所未有的哲學體系。〔註90〕則《太玄》思想的「會通」特色，其實已明白呈現而不需贅述。只是，在給予《太玄》思想定位時，《易》、道家、儒家、陰陽思想確實都是《太玄》之所以為《太玄》不可或缺的部分，所以，回到揚雄作《玄》的初衷本意，則橫跨儒道思想的會通特色，實也無需強自為分。

《太玄》對於王弼以及魏晉玄學也有所影響。湯用彤說：「《易》學關於天道，輔之以《太玄》，在漢末最流行。馬、鄭而外，荊州宋衷、江東虞翻、北方荀爽，各不相同。……漢代歸《易》偏於象數，率以陰陽為家。魏晉新《易》

〔註87〕參見徐復觀，《兩漢思想史·卷二》，臺北：學生書局，1976年6月，頁497。

〔註88〕同前注，頁488。

〔註89〕參見馮友蘭，《中國哲學史新編》（三），臺北：藍燈文化事業公司，1991年12月，頁237，248。

〔註90〕參見任繼愈，《中國哲學發展史》（秦漢篇），北京：北京人民出版社，1985年2月，頁364～415。

漸趨純理，遂常以《老》、《莊》解《易》。」〔註91〕解麗霞解釋此語，直接說出王弼《易》學吸取《老》、《莊》，荊州學派是融合《老》、《莊》的先鋒，而《太玄》就是先聲。解氏並作附圖說明其傳衍關係，今簡化摘錄於下：〔註92〕

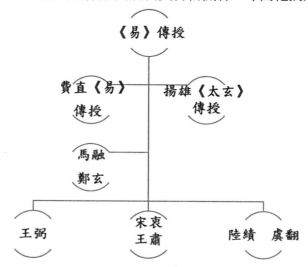

第一位注《太玄》的人是三國時的宋衷，《三國志‧魏書‧王朗傳》說王肅：「年十八，從宋衷讀《太玄》，而更為之解。」可作為《太玄》之學傳至荊州的證明。

由上觀之，《太玄》思想對漢代思潮而言，是站在先導地位的。西漢末年，揚雄的《太玄》不僅會通整合了儒道思想的發展成果，相繼桓譚、王充以來的批判思維，以及張衡對於《太玄》的推崇，乃至對王弼思想的啟發，則《太玄》思想的影響力，其實是相當的明顯可見。

〔註91〕參見湯用彤，《魏晉玄學論稿》，上海：上海古籍出版社，2005 年，頁 50。
〔註92〕參見解麗霞，《揚雄與漢代經學》，廣州：廣東人民出版社，2011 年 8 月，頁302～303。

第七章　結　論

　　《周易・繫辭》說：「上古結繩而治，後世聖人，易之以書契，百官以治，萬民以察，蓋取諸夬。」文化是思維的展現，人由感覺、知覺、思維、符號來行動，去堆砌化成出文化。漢人思維的特點，多從感觀出發，作經驗或神秘性的推測觀察。從五行認識自然，從卜筮利用自然。《太玄》就是採用「三之數」、和「易之符」建立起來的一套新思想系統。

　　《漢書・翼奉傳》說：

> 天地設位，懸日月，布星辰，分陰陽，定四時，列五行，以視聖人，
> 名之曰道。聖人見道，然後知王治之象，故畫州土，建君臣，立律
> 曆，陳成敗，以視賢者，名之曰經。賢者見經，然後知人道之務，
> 則詩、書、易、春秋、禮、樂是也。易有陰陽，詩有五際，春秋有災
> 異，皆列終始，推得失，考天心，以言王道之安危。

上文反映出漢儒以「經」為本，採取言陰陽災異的方式來論人道之務，揚雄《太玄》就是在這樣的思潮中，理出「分陰陽，定四時，列五行」與經書相輔的聖人之道，產生體系完整、內容豐富的治道思想。

　　以下將先綜理歷代學者對於《太玄》的評價，然後重申《太玄》一書在思想上的價值，作為本論文的結束。

一、《太玄》思想研究的侷限與展望

　　關於《太玄》思想研究的侷限，學者最常提出的批判，是：

（一）「屋下加屋」的評論

　　此當針對《易》而言。《易》的價值是不容置疑的，但《太玄》思想性質

到底是「經」？還是「子」？如果是「經」，有無「輔助解經」或是「羽翼教化」之功？如果是「子」，他的思想能否「成一家之言」？但無論研究的取向為何，我們可以確定的是，《太玄》不是模擬之作、無意義的數字遊戲，或者另一部曆法，而當《太玄》思想的主體性既已被確立，其價值也就應當被正視。

（二）《太玄》思想的雜駁

同樣是從「經」的角度觀測，張衡稱《太玄》「妙極道術〔註1〕」，朱熹卻說《太玄》「拙底工夫〔註2〕」。或以為《太玄》的思想是「儒」？是「道」？是「陰陽」？主軸到底為何？若能把觀察的角度立體化，或許更能理解揚雄創作《太玄》的用心。揚雄改造老子的「玄」概念作為萬物根本與世界本源，仿《易》卻沒有以太極的健動性來突顯人的善德，也改變了《易》之中道、器，形上、形下的關係；《太玄》中以「玄的用」來解釋儒家的道德概念「智、仁、勇、公、通、聖、道、德、義」，對於「五倫」關係和諧的嚮往，對於君臣父子相繼相處關係的強調以及對於「君子」形象的塑造，都是儒家思想的表現；另外，雖不言災異，《太玄》卻善用陰陽五行思想與當代音律、曆法、天文結合成了另一個龐大而精緻的數術系統。總之，在漢代思想中，能以會通思想的觀念來看《太玄》，其思想價值才容易顯現。

（三）遣奇辭僻字及首辭、贊辭、測辭的意義

蘇軾在〈與謝民師推事書〉說到：「揚雄好為艱深之詞，以文淺易之說，若正言之，則人人知之矣。此正所謂雕蟲篆刻者，其《太玄》、《法言》皆是類也。」他認為揚雄將淺顯易懂的道理，用艱深的語辭，這就如雕蟲篆刻，是一種賣弄而無謂的形式表現。

然而，觀察揚雄以一己之力所完成的思想鉅著《太玄》，固然其中有許多後人無法了解的用字、用意、用心，但司馬溫公以他的學養對《太玄》研究作

〔註1〕 《漢書‧張衡傳》：「吾觀太玄，方知子雲妙極道數，乃與五經相擬，非徒傳記之屬，使人難論陰陽之事，漢家得天下二百歲之書也。」
〔註2〕 立之問：「揚子與韓文公優劣如何？」曰：「各自有長處。文公見得大意已分明，但不曾去子細理會。如原道之類，不易得也。揚子雲為人深沈，會去思索。如陰陽消長之妙，他直是去推求。然而如太玄之類，亦是拙底工夫，道理不是如此。蓋天地間只有簡奇耦，奇是陽，耦是陰。春是少陽，夏是太陽，秋是少陰，冬是太陰。自二而四，自四而八，只恁推去，都走不得。而揚子卻添兩作三，謂之天地人，事事要分作三截。又且有氣而無朔，有日星而無月，恐不是道理。參見《朱子語類‧卷一三七》。

了一個最佳的示範。近代學者也在前人研究的基礎上，對於《太玄》的校釋、補正作了前所未有的努力。另外，對於時代背景的考證，以及前人研究提出疑義的釐清，也都有助於我們對於《太玄》思想，有更多面而深入的研究角度。

二、《太玄》思想研究之總體察

（一）《太玄》與《易》經文

《太玄》首文贊象強調的是一個陰陽氣消長的體系，從第 1 首「中」到第 40 首「法」，說的是陽氣由「潛盟」到「初生」到「強盛」的過程；從第 41 首「應」到第 81 首「養」，說的則是陰氣由萌到盛的變化。整體觀之，首辭著重陰陽氣息流動的思想，下貫到贊辭，就開始展現人世禍福吉凶由占卜而產生的指示原則。

關於首的定名，揚雄沒有明確說出自己定首名的原則，但可以判斷他是依據《易》的卦名來取名，所以後代思想家要將《易》卦與《太玄》首作配對，就會有參差不齊的狀況。

〈玄捝〉說明撰寫贊辭的依據為：「或以氣，或以類，或以事之歆卒。」至於贊辭及測辭，由於都是揚雄個人的創作，所以有很多地方都可以看出揚雄的忠君思想以及對於時事的點評（詳見本論文第三章）。另外，參見「踦」「嬴」兩贊的贊、測辭，可知揚雄賦予的意義，絕不是「湊數」而已。我們可以說，《太玄》不只是依照卦氣作形式上仿作；在思想上，它較卦氣說更進一步。再比照葉子奇《太玄本旨》「曆舉所求而未通者八條，以明未足盡易之旨」，則《太玄》體系之精縝，反而更顯明確。

在卜筮的部分，《太玄》也根據《易》衍生出了另一套卜筮法。由於周《易》爻的本質是基本的、抽象的、變動的；《太玄》贊的本質卻是數字推演，沒有保留《易》中天地萬物、仰觀俯察的基礎元素，而改以陰陽五行的基礎架構來堆疊。所以卜筮部分，《太玄》沒有《易》變化多樣。但規律化而定的吉凶，則需要多重的認定，也就是說，占斷要「或星，或時，或數，或辭」參合以驗福禍吉凶。而這樣的卜筮占斷方式，也就有其理路可循。

（二）《太玄》與《易》傳文

《太玄》的十一篇傳文經由司馬光〈說玄〉的提點，可知它與《易》傳的對應關係，本論文第四章依此製表比對，找出傳文說解《太玄》經文及思想架構的理路。〈玄衝〉、〈玄錯〉兩篇看似摹仿〈序卦〉、〈雜卦〉，但〈序卦〉是用

一卦接一卦，頂真方式的排序說解；〈玄衝〉則是用兩兩相對的方式，以首文的內容，相互對比，兩首的內容有相反亦有相成。〈雜卦〉多用一字，且兩卦的內容有相反有相成；〈玄錯〉則多用兩字。而本論文也依據學者研究成果，依依比對〈玄衝〉、〈玄錯〉置首比首的原理及用心。

〈玄攡〉、〈玄瑩〉、〈玄圖〉、〈玄告〉、〈玄掜〉比照《易》〈繫辭〉申明《太玄》的性質、基本原理以及卜筮原理。其實是居於研究《太玄》思想的核心地位。「玄」的形上、虛無性格，多在〈玄攡〉中申明。〈玄圖〉也說出了「玄有一道：一以三起，一以三生。以三起者，方州部家也。以三生者，參分陽氣以為三重，極為九營，是為同本離生，天地之經也。」以三生的基本原理。〈玄瑩〉提到卜筮的意義以及《太玄》的禍福觀，還用十三次的「玄數瑩之」詳細說明玄理在不同事物中的體現。

〈玄數〉、〈玄文〉用陰陽五行思想為基礎，將四方之數搭配五行之德、天文曆算等思想，試圖建立以「九」為數的思想系統，以呈現玄道與五行的陰陽之紀，一種物象與數、理的關係。而「罔、直、蒙、酋、冥」的提出，並與四方、四時配合，則更成為了《太玄》中重要的創發，也是核心的思想，表現了玄的性質與妙用，是理解八十一首的核心思想，也是理解宇宙運作以及福禍之端。

（三）《太玄》的哲學思想

《周易·繫辭》說：「《易》，無思也，無為也，寂然不動，感而遂通天下之故。非天下之至神，其孰能與於此？」《太玄》當受到《老子指歸》的道論影響，將「玄」作為其理論思想的核心。「玄」之妙用可以「聘取天下之合而連」，一方面是因為「氣」，但「玄」超越時空限制，在萬物生化之先就存在的本質，當才是揚雄立「玄」說的本意。

在哲學思想的部分，透過對宇宙的認識，人才能在宇宙之中安身立命。《太玄》的宇宙論重「氣」，建立氣化的宇宙論，但又不只強調氣，而提出「神」，在「玄」與「氣」之間作通聯。另外，它建立了完整而繁複的數字系統，希望以此來套用解說所有世間的事理。這都是《太玄》符合漢代宇宙論的特色展現。

在天人關係部分，董仲舒強調「人」的特別在於同類能應天。《太玄》一樣承《易》的三才之道，將人道與天、地並列，但它的天是道家的自然天，只有順隨著「玄」理思慮、體玄，人道便會與天道地道合而為一，這也是針對董仲舒式「天人感應」說與災異、神權牽絆的一種修正與反動。

（四）《太玄》與漢代思想

在漢代的儒家思想中，揚雄對於西漢末年經學思想的繁瑣僵化提出修正，他的《太玄》，一方面承繼了董仲舒《春秋》學及孟京《易》學對於經的創新詮解的精神；另一方面，又創造出另一種儒家式「通天、通地、通人」（《法言·淵騫》說「通天、地、人曰儒」）的思想。而由《太玄》中對於人道、人倫的重視，可見其以儒家思想為本、關懷人文世界的特色。

《太玄》承繼漢代道家思想的部分，其實便是對於黃老思想的繼承與轉化。它接著「道」的架子，建立起「數」系統，又以「氣」來貫串連通，同時囊括了道（玄）與《易》算系統的妙用，故在政治上，本文將之視作是黃老道法思想的一種轉型。而接著《老子指歸》所詮釋的老子思想，則可以看出《太玄》承接了「道」之虛無、陰陽與「和」以及儒道會通的思想，作了更進一步的發揮。在學術上，也可視為道家思想承《淮南子》、開魏晉玄學的新典型。

從思想會通到對其後漢代思想家的影響，《太玄》思想對漢代思潮而言，是居於舉足輕重地位的。西漢末年，《太玄》不僅會通整合了儒道思想的發展成果，繼之而起的桓譚、王充以來的理性批判思惟，以及張衡對於《太玄》都有極高的推崇，《太玄》思想的價值，實是研究漢代思想不可忽視的一環。而對於魏晉玄學中，王弼思想中以無為本、崇本息末、儒道會通的思想特色，顯然已在西漢後期的《太玄》思想中，開啟了先頁。

參考書目

壹、古籍（依朝代）

1. （晉）韓康伯、（周）王弼注：《易經正義點校本》，臺北：藝文印書館，1989 年。

2. （周）老子（晉）王弼注：《老子・帛書老子點校本》，臺北：學海出版社，1984 年。

3. （周）莊周、（民國）錢穆著：《莊子纂箋點校本》，臺北：東大圖書股份有限公司，1993 年。

4. （周）韓非、（民國）陳奇猷注：《韓非子集解點校本》，臺北：華正書局，1987 年。

5. （周）（民國）郭沫若等撰：《管子集注點校本》，北京：科學出版社，1956 年。

6. （周）（民國）高明校注：《帛書老子校注》，北京：中華書局，1996 年。

7. （漢）司馬遷：《史記三家注》，清・乾隆武英殿刊本，臺北：七略出版社，1991 年。

8. （漢）班固等：《漢書 王先謙漢書補注本》，臺北：臺灣商務印書館，1981 年。

9. （漢）揚雄：《太玄經》（四庫全書・數術類），北京：中國書店，萬玉堂本，2014 年 1 月。

10. （漢）揚雄、（清）汪榮寶注：《法言義疏》，臺北：藝文印書館，1968 年。

11. （漢）劉安、（民國）劉文典集解：《淮南鴻烈集解點校本》，臺北：文史哲出版社，1985 年。

12. （漢）王充、劉盼遂集解：《論衡集解點校本》，臺北：世界書局，1990 年。

13. （晉）‧范曄：《後漢書》宋紹興刊本，臺北：臺灣商務印書館，1976 年。

14. （晉）常璩、劉琳校注：《華陽國志》，臺北：新文豐出版公司，1988 年。

15. （隋）虞世南：《北堂書鈔》，臺北：宏業出版社，1974 年。

16. （唐）房玄齡奉敕撰：《晉書》金陵書局本，臺北：藝文印書館，1985 年。

17. （宋）徐天麟：《西漢會要》，臺北：世界書局，1960 年。

18. （宋）徐天麟：《東漢會要》，臺北：世界書局，1960 年。

19. （宋）司馬光校注：《太玄集注》，北京：中華書局，1998 年 9 月。

20. （宋）晁公武：《郡齋讀書志》，臺北：臺灣商務印書館，1981 年。

21. （宋）宋應麟著、（清）閻若璩注：《困學記聞》，臺北：臺灣商務印書館，1983 年。

22. （宋）朱熹、黎靖德編：《朱子語類》，北京：中華書局，1986 年。

23. （清）唐寅撰、（民國）吳東民點校：《兩漢三國學案》臺北：華世出版社，1987 年。

24. （清）朱彝尊：《經義考》，臺北：中研院文哲所籌備處，1997 年。

25. （清）嚴可均編：《全上古三代秦漢三國六朝文》，臺北：世界書局，1961 年。

26. （清）紀昀等總纂：《四庫全書》景印文淵閣本，臺北：臺灣商務印書館，1986 年。

27. （清）張澍：《蜀典》安懷堂藏版，上海；上海古籍出版社，1995 年。

28. （清）王鳴盛：《蛾術編》道光二十一年世楷堂藏版，臺北：信誼書局，1976 年。

29. （清）王先謙補注：《漢書補注》，上海：上海古籍出版社出版發行，2008 年。

30. （清）戴震：《戴東原集》，四部叢刊初編，第 1763～1766 冊。景上海涵芬樓藏經韻樓刊本，臺北：臺灣商務，1965 年。

貳、今人專著（依年代先後）

1. 錢穆：《國史大綱（修訂本）》，臺北：商務印書館，522 頁，1940 年 6 月。

2. 顧頡剛:《古史辯(第三冊)》,上海:上海古籍出版社,381 頁,1970 年 8 月。

3. 皮錫瑞:《經學歷史》,臺北:藝文印書館,394 頁,1987 年 10 月。

4. 高懷民:《兩漢易學史》,臺北:中國學術著作獎助委員會,345 頁,1970 年 12 月。

5. 鈴木由次郎:《太玄易研究》,東京:明德出版社,498 頁,1964 年 10 月。

6. 高木友之助、揚雄:《高木友之助 中國思想家(上卷)》,東京:勁草書房,頁 287～299,1963 年(昭 38 年)。

7. 張岱年、揚雄:《于首奎 中國古代著名哲學家評傳續編(1)》,濟南:齊魯書社,頁 307～356,1982 年 8 月。

8. 朱維錚編:《周予同經學史論著選集》,上海:上海人民出版社,876 頁,1983 年 11 月。

9. 黃開國、揚雄:《四川思想家》,成都:巴蜀書社,頁 35～64,1988 年 3 月。

10. 鄭萬耕:《太玄校釋》,北京:北京師範大學出版社,436 頁,1989 年 2 月。

11. 黃開國:《一位玄靜的儒學倫理大師——揚雄思想初探》,成都:巴蜀書社,184 頁,1989 年 11 月。

12. 陳麗桂:《戰國時期的黃老思想》,臺北:聯經出版社,253 頁,1991 年 4 月。

13. 朱伯崑:《易學哲學史》,臺北:藍燈文化事業股份有限公司,453 頁,1991 年 9 月。

14. 鄭萬耕:《揚雄及其太玄》,臺北:藍燈文化事業公司,296 頁,1992 年 9 月。

15. 陳福濱:《揚雄》,臺北:東大圖書公司,205 頁,1993 年 3 月。

16. 沈冬青:《揚雄——從模擬到創新的典範》,臺北:幼獅文化事業公司,179 頁,1993 年 12 月。

17. 陳麗桂:《秦漢時期的黃老思想》,臺北:文津出版社,253 頁,1997 年 2 月。

18. 朱榮智:《揚雄之年譜》,〈新編法言(附錄二)〉,臺北:臺灣古籍出版公司,頁 482～484,2000 年 10 月。

19. 陳鼓應：《道家易學建構》，臺北：台灣商務印書館，206 頁，2003 年 7 月。

20. 趙中偉：《周《易》「變」的思想研究》，臺北：花木蘭文化出版社，295 頁，2009 年 3 月。

21. 劉韶軍：《楊雄與太玄研究》，北京：人民出版社，574 頁，2011 年 8 月。

22. 解麗霞：《揚雄與漢代經學》，廣州：廣東人民出版社，456 頁，2011 年 8 月。

23. 陳麗桂：《漢代道家思想》，臺北：五南出版股份有限公司，423 頁，2013 年 11 月。

參、單篇論文（每種以揚雄、太玄在前）

一、期刊論文

（一）考據類

1. 夏敬觀：〈太玄經考〉，《藝文》，第 1 卷第 2 期，1935 年 5 月。

2. 夏敬觀：〈太玄經考〉，《藝文》，第 1 卷第 3 期，1936 年 6 月。

3. 楊文園：〈太玄初釋序錄〉，《國學月刊（北平）》，第 1 卷第 5 期，頁 9～12，1945 年 5 月。

4. 楊文園：〈太玄初釋（卷一）〉，《國學月刊（北平）》，第 1 卷第 6 期，頁 14～16，1945 年 8 月。

5. 鈴木由次郎，《太玄經》，東京：明德出版社，278 頁，1972 年 4 月（中國古典新書）。

6. 束景南：〈太玄創作年代考〉，《歷史研究》，第 5 期，頁 142～147，1981 年 10 月。

7. 董作賓：〈方言學家揚雄年譜〉，《中山大學語言歷史學研究所周刊，第 8 卷第 85～87 期，總頁 3480～3486，1929 年 6 月。

8. 施之勉：〈揚雄待詔承明之庭在成帝永始元年考〉，《大陸雜誌》，第 51 卷第 2 期，頁 45～46，1975 年 8 月。

9. 徐復觀：〈揚雄待詔承明之庭的年代問題〉，《大陸雜誌》，第 51 卷第 6 期，頁 48～49，1975 年 12 月。

10. 施之勉：〈揚雄待詔承明之庭在成帝永始元年續考〉，《大陸雜誌》，第 52 卷第 2 期，頁 47～48，1976 年 2 月。

11. 王以憲：〈揚雄著作繫年〉，《湘潭大學社會科學學報，第 3 期，頁 96～104，1983 年 9 月。

12. 劉韶軍：〈揚雄太玄校讀散論〉，《華中師範學院研究生學報》，第 1 期，頁 82～89，1985 年 1 月。

13. 張添丁：〈揚雄待詔為郎年歲考〉，《新竹師院學報》，第 1 期，頁 103～127，1987 年 12 月。

14. 韓敬：〈玄首都序、玄測都序注——太玄注登摘〉，《周易研究》，1991 年第 3 期（總第 9 期），頁 58～67，1991 年 8 月。

15. 周清泉：〈揚雄世系考辨〉，《成都大學學報（社會科學版）》，1992 年第 2 期（總第 38 期），頁 51～59，1992 年 4 月。

16. 黃開國：〈揚雄的著述活動與著作〉，《成都大學學報（社會科學版）》，1992 年第 2 期（總第 38 期），頁 64～67 轉頁 59，1992 年 4 月。

17. 王春淑：〈揚雄著述考略〉，《四川師範大學學報（社會科學版）》第 23 卷第 3 期，頁 119～123，1996 年 7 月。

18. 楊福泉：〈揚雄至京、待詔、奏賦、除郎的年代問題〉，《上海大學學報（社會科學版）》，第 9 卷第 1 期，頁 17～21，2002 年 1 月。

19. 張曉明：〈二十年來揚雄研究綜述〉，《青島大學師範學院學報》，第 19 卷第 4 期，頁 90～93，2002 年 12 月

20. 劉保貞：〈揚雄著作及其流傳〉，《山東大學學報（哲學社會科學版）第 1 期》，頁 155～158，2003 年 1 月。

21. 張曉明：〈揚雄著作存佚考及繫年研究〉，《青島大學師範學院學報》，第 21 卷第 4 期，2004 年 12 月，頁 21～27。

22. 熊良智：〈揚雄「四賦」時年考〉，《四川師範大學學報（社會科學版）》，第 32 卷第 3 期，頁 70～72，2005 年 5 月。

23. 紀國泰：〈揚雄「四賦」考論—兼論揚雄「三世不徙官」的重要原因〉，《西華大學學報（哲學社會科學版）》，第 6 期，頁 27～30，2005 年 12 月。

24. 趙為學、王棟：〈揚雄研究的源流與不足〉，《湖南科技學院學報》，2006 年第 6 期，頁 1～3，2006 年 12 月。

25. 易小平：〈校獵賦就是羽獵賦嗎？兼論揚雄初為郎的時間及年齡〉，《廣西

大學學報（哲學社會科學版）》，第 29 卷第 3 期，頁 117～120，2007 年
3 月。

26. 馮樹勳：〈揚雄初仕與為郎考〉，《書目季刊》，第 43 卷 2 期，頁 53～74，
2009 年 9 月。

（二）綜述

1. 楊殿森：〈太玄筮法正誤〉，《國學月刊（北平）》，第 1 卷第 2 期，頁 14～
20，1945 年 2 月。

2. 魏啟鵬：〈太玄‧黃老‧蜀學〉，《四川大學學報（哲學社會科學版）》，1996
年第 2 期，頁 89，1996 年 2 月。

3. 白壽彝：〈跋揚雄法言卷十、卷十一〉，《北京師範大學學報（社會科學版）》，
第 3 期，頁 32～33，1963 年 12 月。

4. 李鍌：〈揚雄人格評議〉，《國文學報》，第 2 期，頁 185～194，1973 年 4
月。

5. 毛一波：〈大醇小疵的揚雄〉，《四川文獻》，第 158 期，頁 30～35，1976
年 3 月。

6. 李鍌：〈揚雄生平考述〉，《東海學報》，第 17 卷，頁 15～31，1976 年 6
月。

7. 周桂鈿：〈揚雄研究的新進展〉，《社會科學研究》，1990 年第 5 期（總第
70 期），頁 123～124，1990 年 9 月。

8. 劉曉勤：〈評揚雄的政治操行〉，《西南民族學院學報（哲學社會科學版）》，
1996 年第 2 期，頁 41～49，1996 年 2 月。

9. 吳全蘭：〈揚雄是「摹擬大師」之辨正〉，《桂林市教育學院學報》，第 14
卷 3 期（總 43 期），頁 23～27，2000 年 9 月。

10. 譚繼和：〈「西道孔子」揚雄的大一統觀與儒風在巴蜀的流布〉，《中華文
化論壇》，2001 年第 1 期，頁 28～33，2001 年 1 月。

11. 邊家珍：〈揚雄對西漢新儒學的重構及其意義〉，《東岳論叢》，2002 年第
6 期，頁 93～96，2002 年 11 月。

12. 鄭萬耕：〈揚雄身心觀述評〉，《河北師範大學學報：哲社版》，2004 年第
3 期（總 110 期），頁 27～32，2004 年 5 月。

13. 陳強：〈略論揚雄思想的理論來源〉，《青海社會科學》，2007 年第 5 期（總
167 期），2007 年 9 月，頁 156～158。

（三）義理

A. 揚雄

1. 徐昂：〈演玄〉，《之江學報》，第 4 期，1934 年 8 月。

2. 姚璋：〈揚雄的哲學〉，《光華大學半月刊》，第 3 卷第 1、2 期，1934 年 10 月。

3. Zach, E.Von Zur Verteidigung des Chinesischen Philosophen Yang Hsiung. Einige Kritische Bemerkungen. (*MS1*) 1935 *Mon. ser. i* (1935~1936): 186~191.

4. 張鴻來：〈揚雄〉，《師大學刊》，第 2 期，1943 年 6 月。

5. Walker, Richard L. Some Notes on the *Yen-tze Ch'un-ch'iu. Jaos.* LXXIII, 3: July~Sept. 1953)

6. 吳則虞：〈揚雄思想平議〉，《哲學研究》，1957 年第 6 期，頁 123~138，1957 年 12 月。

7. 張韋飛：〈論揚雄在中國哲學史上的地位〉，《哈爾濱師院學報（人文科學版）》，第 1 期，1962 年。

8. Herzer, Rudolf, *Zur Frageder ungesetzlichen Opfer Yin-tzu and ungesetzlich errichteten kultstatten Yin-tzu.* Berlin, Freie University, 1962, 94pp. (German: The Problem of Illegal Sacrifices (*Yin-szu*) and Illegally Built Cultic Places (*Yin-tzu*))

9. 周世輔：〈論淮南子與揚雄的哲學思想〉，《革命思想》，第 29 卷第 4 期，頁 26~28，1970 年 10 月。

10. 徐復觀：〈揚雄論究〉，《大陸雜誌》，第 50 卷第 3 期，頁 1~43，1975 年 3 月。

11. 徐復觀：《增訂兩漢思想史（卷二）》，頁 419~563，臺北：臺灣學生書局，1976 年 6 月。

12. 李鍌：〈揚雄的儒家思想〉，《孔孟學報》，第 31 期，頁 159~180，1976 年 4 月。

13. 李鍌：《青年戰士報》，1977 年 3 月 17 日，第 10 版。

14. 李鍌：《青年戰士報》，1977 年 3 月 25 日，第 10 版。

15. 游麗華：〈揚雄的政治思想〉，《公民訓育學系研讀生集體著述（中國政治思想新探選集之一）》，頁 243~252，臺北：國立臺灣師範大學出版組，

1978 年 5 月。

16. 李周龍：〈揚雄學案提要〉，《華學月刊》，第 99 期，頁 50～51，1980 年 3
月。

17. 李鎏：〈博學深思的揚雄〉，《中華文化復興月刊》，第 13 卷第 6 期，頁 65
～75，1980 年 6 月。

18. 黃建一：〈揚雄人性論〉，《國教世紀》，第 16 卷第 5 期，頁 2～5，1980 年
11 月。

19. 韓敬：〈揚雄思想研究〉（1），《研究集刊》（雲南省社會科學院歷史研究
所），第 1 期，1981 年。

20. 韓敬：〈揚雄思想研究〉（2），《研究集刊》（雲南省社會科學院歷史研究
所），第 2 期，1981 年。

21. 鄭文：〈揚雄的社會倫理觀點〉，《中國歷史文獻研究集刊》，第 4 期，頁
105～114，1984 年 3 月。

22. 張岱年：〈揚雄〉，《中國哲學史研究》，第 3 期（總第 16 期），頁 6～23，
1984 年 7 月。

23. 鄭萬耕：〈揚雄無神論思想的幾個範疇〉，《中國哲學史研究》，第 4 期，
頁 44～47，1984 年 10 月。

24. 劉曉東：〈試論揉合儒道的思想家——揚雄〉，《江西社會科學》，第 4 期
（總第 41 期），頁 69～73，1987 年 8 月。

25. 黃開國：〈揚雄的諸子學和儒學批判論〉，《重慶社會科學》，1988 年第 2
期，頁 44～48，1988 年 2 月。

26. 李建釗：〈揚雄的「驗證」思想與「數」的演繹系統〉，李建釗等，《中國
邏輯史（兩漢魏晉南北朝卷）》，頁 19～31，蘭州：甘肅人民出版社，1989
年 12 月。

27. 劉哲浩：〈揚雄知識學研究〉，《哲學論集》，第 25 期，頁 75～97，1991 年
7 月。

28. 陳福濱：〈太玄經與易經的比較論「數」與「變化」〉，《哲學與文化》，第
21 卷 8 期，頁 674～679，1994 年 8 月。

29. 李軍：〈揚雄與玄學〉，《中華文化論壇》，1997 年第 1 期，頁 64～66 轉
95，1997 年 1 月。

30. 葉幼明：〈揚雄的「玄」是一個唯物主義命題〉，《湖南師範大學社會科學

學報》，第 26 卷，1997 年 4 期，頁 14～18，1997 年 4 月。

31. 王世達：〈簡論太玄外易內道的結構特色〉，《人文雜誌》，1998 年第 6 期（總 116 期），頁 38～41，1998 年 11 月。

32. 張運華：〈從太玄看道家理論思辨對揚雄的影響〉，《唐都學刊》，第 15 卷第 1 期，頁 19～21，1999 年 1 月。

33. 王國忠：〈揚雄太玄的象數結構與形上思想〉，《中華易學》，第 19 卷，第 9～11 期，頁 113～123，1999 年 1 月。

34. 董根洪：〈「動化天下　莫尚于中和」——論揚雄的中和哲學〉，《社會科學研究，1999 年第 6 期，頁 76～79，1999 年 6 月。

35. 劉保貞：〈論太玄對周易的模仿與改造〉，《周易研究》，2001 年第 1 期（總 47 期），頁 49～55，2001 年 1 月。

36. 陳廣忠：〈揚雄太玄的道家精神（上）〉，《鵝湖月刊》，第 26 卷 7 期（總 307 期），頁 17～25，2001 年 1 月。

37. 陳廣忠：〈揚雄太玄的道家精神（下）〉，《鵝湖月刊》，第 26 卷 8 期（總 308 期），頁 57～63，2001 年 2 月。

38. 劉保貞：〈太玄贊辭所倡明君、賢臣思想述評〉，《齊魯學刊》，2001 年第 2 期（總 161 期），頁 29～33，2001 年 2 月。

39. 周立升：〈太玄對「易」「老」的會通與重構〉，《孔子研究》，2001 年第 2 期，頁 86～92 轉 100，2001 年 2 月。

40. 問永寧：〈讀玄釋中——試論太玄所本的宇宙說〉，《周易研究》，2001 年第 3 期（總第 49 期），頁 23～31，2001 年 3 月。

41. 王青：〈太玄研究〉，《漢學研究》，第 19 卷第 1 期，頁 77～102，2001 年 6 月。

42. 劉懷榮：〈從「九天」說看揚雄「文必艱深」論〉，《山西師大學報（社會科學版）》，第 30 卷第 4 期，頁 54～59，2003 年 10 月。

43. 問永寧：〈從太玄看揚雄的人性論思想〉，《周易研究》，2002 年第 4 期（總第 54 期），頁 67～73，2002 年 4 月。

44. 鄭萬耕：〈試論太玄對易傳辯證思維的發展〉，《哲學與文化》，第 31 卷 10 期，頁 95～108，2004 年 10 月。

45. 問永寧：〈試論太玄與古易的關係〉，《深圳大學學報（人文社會科學版）》，第 23 卷 4 期，頁 25～28，2006 年 7 月。

46. 閆永寧：〈試論太玄的筮法〉，《陝西教育（理論版）》，2006 年第 8 期，頁 222 轉 224，2006 年 8 月。

47. 田小中：〈朱熹論太玄〉，《周易研究》，2007 年第 3 期，頁 47～53，2007 年 6 月。

48. 清宮剛：〈揚雄與道家思想〉，《河北大學學報（哲學社會科學版）》，第 22 卷 4 期，頁 13～20，1997 年 12 月。

49. 張濤：〈略論揚雄對漢代易學發展的貢獻〉，《河北大學學報（社會科學版）》，第 40 卷 1 期，頁 47～52，2000 年 1 月。

50. 王萍：〈嚴遵、揚雄的道家思想〉，《山東大學學報（哲學社會科學版）》，2001 年第 1 期，頁 72～77，2001 年 1 月。

51. 王琛：〈西漢「卦氣」與「玄」世界圖式的數理試探——消息用事之「二」、「三」一分〉，《湖南科技學院學報》，第 29 卷 7 期，頁 8～10＋23，2008 年 7 月。

52. 解麗霞：〈「今古轉型」中的揚雄經學觀〉，《中華文化論壇》，2007 年第 3 期，頁 130～135，2007 年 7 月。

53. 解麗霞：〈綜參古易：太玄的易學淵源〉，《周易研究》，2007 年第 4 期（總 84 期），頁 37～43，2007 年 8 月。

54. 解麗霞：〈重構象數：太玄的贊易之道〉，《周易研究》，2008 年第 6 期（總 92 期），頁 18～26，2008 年 7 月。

55. 王兆立、于成寶：〈太玄的筮法和天道觀略論〉，《周易研究》，2009 年第 4 期（總 96 期），頁 23～28，2009 年 5 月。

56. 馮樹勳：〈太玄儒道思想歸趨辨〉，《師大學報》，第 51 卷 1 期，頁 21～51，2011 年 3 月。

57. 馮樹勳：〈太玄與易的「殊塗同歸」關係〉，《政大中文學報》，第 17 期，頁 51～92，2012 年 6 月。

58. 徐貴圓：〈揚雄眼中的道家思想——以太玄為例〉，《雞西大學學報》，2014 年第 1 期，頁 45～46，2014 年 1 月。

59. 陳麗桂：〈由道到術——漢代道家相關文獻對「道」的理解與詮釋〉，《政大中文學報，第 22 期，頁 43～68，2014 年 12 月。

60. 侯道儒：〈北宋思想家對於揚雄太玄經的看法〉，《清華學報》，新 44 卷第 4 期，頁 541～587，2014 年 12 月。

B. 揚雄與太玄

1. 江紹原：〈太玄新解〉，《華北日報（中國占卜術研究）》，1936 年 3 月 22 日。

   《華北日報（中國占卜術研究）》，1936 年 4 月 4 日。

   《華北日報（中國占卜術研究）》，1936 年 4 月 16 日。

   《華北日報（中國占卜術研究）》，1936 年 4 月 22 日。

   《華北日報（中國占卜術研究）》，1936 年 5 月 1 日。

   《華北日報（中國占卜術研究）》，1936 年 5 月 16 日。

   《華北日報（中國占卜術研究）》，1936 年 5 月 31 日。

   《華北日報（中國占卜術研究）》，1936 年 6 月 19 日。

   《華北日報（中國占卜術研究）》，1936 年 7 月 8 日。

   《華北日報（中國占卜術研究）》，1936 年 8 月 31 日。

   《華北日報（中國占卜術研究）》，1936 年 9 月 18 日。

   《華北日報（中國占卜術研究）》，1936 年 10 月 10 日。

   《華北日報（中國占卜術研究）》，1936 年 11 月 7 日。

   《華北日報（中國占卜術研究）》，1936 年 11 月 21 日。

   《華北日報（中國占卜術研究）》，1936 年 11 月 28 日。

   《華北日報（中國占卜術研究）》，1936 年 12 月 20 日。

   《華北日報（中國占卜術研究）》，1937 年 1 月 25 日。

2. 宇野澤精一：〈評「太玄易 研究」（鈴木由次郎著）〉，《斯文》，復刊第 42 號，頁 46～47，1965 年 3 月。

3. 町田三郎：〈「太玄經」について〉，《哲學年報》，第 37 號，頁 103～131，1978 年 3 月。

4. 鄭文：〈玄學說初探〉，《甘肅師大學報（哲學社會科學版）》，第 4 期，頁 59～70，1979 年 11 月。

5. 韓敬：〈論太玄的哲學體系〉，《中國哲學史研究》，1982 年第 1 期（總第 6 期），頁 82～85，1982 年 1 月。

6. 鄭萬耕：〈揚雄太玄中的宇宙形成論〉，《社會科學研究》，第 4 期（總第 27 期），頁 109～115，1983 年 7 月。

7. 鄭萬耕：〈太玄與自然科學〉，中國哲學編輯部，《中國哲學》，第 12 輯，頁 76～86，北京：北京人民出版社，1984 年 4 月。

8. 韓敬：〈太玄與周易之比較研究——兼論揚雄在中國哲學史上的地位與作用〉，《思想戰線（雲南大學學報）》，第 5 期（總第 77 期），頁 11～18，1987 年 10 月。

9. 李煥明：〈揚子太玄研究〉，《中華易學》，第 9 卷第 7 期，頁 63～67，1988 年 7 月。

10. 李煥明：〈揚子太玄研究〉，《中華易學》，第 9 卷第 8 期，頁 61～67，1988 年 8 月。

11. 高亨、董治安：〈太玄經釋義〉，《山東大學學報（哲學社會科學版）》，第 4 期，頁 1～7，1989 年 12 月。

12. 黃開國：〈析太玄架構形式〉，《孔子研究》，1989 年第 4 期（總第 16 期），頁 79～83，1989 年 12 月。

13. 黃開國：〈太玄與西漢天文曆法〉，《江淮論壇》，1990 年第 2 期（總第 119 期），頁 61～66，1990 年 4 月。

14. 李周龍：〈從周易到太玄〉，《孔孟學報》，第 60 期，頁 73～112，1990 年 9 月。

15. 黃開國：〈論揚雄哲學的玄範疇〉，《社會科學研究》，第 1 期，頁 53～57，1990 年。

16. 劉韶軍、謝貴安：〈太玄大戴禮研究〉，漢口：武漢出版社，317 頁，1991 年 1 月（中國歷史文獻整理論叢）。

17. 李周龍：〈周易與太玄占筮之比較〉，《孔孟學報》，第 62 期，頁 113～160，1991 年 9 月。

18. 鄭萬耕：〈太玄「罔直蒙酋冥」的易學史意義〉，《孔子研究》，第 3 期（總第 23 期），頁 66～68，1991 年 9 月。

19. 王啟林：〈太玄美學思想三題〉，《西南民族學院學報（哲學社會科學版）》，第 1 期，頁 41～46，1992 年 2 月。

20. 李煥明：〈揚子太玄之研究〉，《李煥明 易經的生命哲學》，頁 213～246，臺北：文津出版社，1992 年 3 月。

21. 鄭軍：《太極太玄體系——普適規律的易學探奧》，北京：中國社會科學出版社，155 頁，1992 年 6 月。

22. 周文英：〈揚雄對太玄符號系統的語形、語義解釋〉，《江西大學學報（社科版）》，第 1 期，頁 92～97，1993 年。

23. Nylan, Michael *The Canon of Supreme Mystery. (Tai Hsüan Ching by Yang Hsiung.)* Albany, N.Y.: State University of New York Press, 1993, 680pp. (SUNY Series in Chinese Philosophy and Culture)

24. 陳福濱：〈太玄經與易經的比較——論「數」與「變化」〉，《哲學與文化》，第 21 卷第 8 期（總第 243 期），頁 674～679，1994 年 8 月。

25. Nylan, Michael *Tai Hsüan Ching. (The Elemental of Changes.)* Albany, N.Y.: State University of New York Press, 1994, 391pp. (SUNY Series in Chinese Philosophy and Culture)

26. 趙中偉：〈揚雄太玄「玄」義的研究〉，《王初慶等 兩漢文學學術研討論文集》，頁 25～59，臺北：華嚴出版社，1995 年 5 月。

27. 楊汝舟：〈太玄之玄〉，《中華老莊學會與慈惠堂 新儒學經濟思想的開拓》，頁 131～164，臺北：中華老莊學會，1995 年 6 月。

C. 揚雄與各家

1. 金公亮：〈揚雄與王充〉，《中國哲學史》，頁 116～123，臺北：正中書局，1940 年 12 月。

2. 張岱年：〈揚雄的自然觀念與桓譚的無神論思想〉，《中國唯物主義思想簡史——從周秦到明清唯物主義思想的發展》，頁 52～55，北京：中國青年出版社，1957 年 3 月。

3. 任繼愈：〈揚雄・桓譚反對讖緯・神仙迷信的無神論思想〉，《中國哲學史（第二冊）》，頁 102～112，北京：北京人民出版社，1963 年 12 月初版；1979 年 3 月 5 版。

4. 馮友蘭：〈古文經學派反對神秘主義思潮的鬥爭——劉歆、揚雄、桓譚〉，《中國哲學史新編（二）》，頁 228～241，北京：人民出版社，1964 年 6 月初版；1984 年 10 月第 2 版。

5. 周世輔：〈論淮南子、揚雄的哲學思想〉，《革命思想》，第 29 卷第 4 期，頁 26～28，1970 年 10 月。

6. 北大哲學系中國哲學史教研室：〈揚雄和桓譚的哲學思想〉，《中國哲學史（上冊）》，頁 213～225，北京：中華書局，1980 年 7 月。

7. 馮友蘭：〈揚雄和王充〉，《中國哲學簡史》，頁 244～245，北京：北京大學出版社，1985 年 2 月。

8. 馮友蘭：〈古文經學的興起及其哲學家——劉歆、揚雄、桓譚〉，《中國哲

學史新編（三），頁 223～256，北京：北京人民出版社，1985 年 3 月；臺北：藍燈文化事業公司，1991 年 12 月。

9. 王邦雄等：〈從董仲舒春秋繁露到揚雄太玄〉，《中國哲學家與哲學專題（下冊）》，頁 24～33，蘆洲：國立空中大學，1989 年 9 月；1990 年 9 月再版。

10. 蒙培元：〈揚雄、王充、王符的自然決定論〉，《中國心性論》、頁 161～184，臺北：臺灣學生書局，1990 年 4 月。

11. 孟繁治：〈劉向劉歆揚雄之比較〉，《許昌師專學報（社科版）》，1991 年第 3 期（總第 32 期），頁 28～33，1991 年 7 月。

12. 張豈之：〈揚雄、桓譚對讖緯迷信的詳說〉，《中國思想史》，頁 306～311，臺北：水牛出版社，1992 年 6 月。

13. 姜書閣：〈揚雄、桓譚、王充間的思想傳承關係〉，《湘潭大學學報（社科版）》，1994 年第 3 期，頁 41～43，1994 年 9 月。

14. 劉保貞：〈太玄贊辭所倡明君、賢臣思想述評〉，《齊魯學刊》，2001 年第 2 期（總 161 期），頁 29～33，2001 年 3 月。

15. 張靜環：〈揚雄、王充自然說之人性論〉，《嘉南學報（人文類）》，第 29 期，頁 388～399，2003 年 12 月。

16. 張兵：〈儒主道輔本道兼儒：論揚雄法言的思想特徵〉，《管子學刊》，2005 年第 1 期（總 71 期），頁 55～60，2005 年 2 月。

17. 丁光泮：〈揚雄尊孟思想淺論〉，《西華師範大學學報（哲社版）》，2006 年第 5 期（總 145 期），頁 55～58，2006 年 9 月。

18. 李瀋陽：〈揚雄人性論辨析〉，《蘭州學刊》，2006 年第 8 期（總 155 期），頁 38～40，2006 年 8 月。

19. 解麗霞：〈「今古轉型」中的揚雄經學觀〉，《中華文化論壇》，2007 年第 3 期，頁 130～135，2007 年 7 月。

20. 侯文學：〈揚雄智論發微〉，《寧夏社會科學》，2008 年第 2 期（總 152 期），頁 129～133，2008 年 3 月。

二、專書論文

1. 范壽康：〈揚雄〉，《中國哲學史通論》，頁 159～163，上海：開明書店，1936 年。

2. 范壽康：〈揚雄〉，《中國哲學史綱要》，頁 131～135，臺北：開明書店，

1964 年 9 月初版；1976 年 1 月 10 版。

3. 金公亮：〈揚雄與王充〉，《中國哲學史》，頁 116～123，臺北：正中書局，1940 年 12 月。

4. 宇野哲人著、唐玉貞譯：〈揚雄〉，《中國哲學史》，頁 133～136，臺北：中華文化出版事業委員會，1955 年 1 月。

5. 侯外廬：〈揚雄的二元論思想〉，《中國思想通史（第二卷）》，頁 208～216，北京：北京人民出版社，1957 年 4 月。

6. 狩野直喜：〈揚雄〉，《中國哲學史》，頁 278～281，東京：岩波書店，1957 年 12 月。

7. 韓逋仙：〈揚雄以「模擬之雄」調和儒道〉，《中國中古哲學史要》，頁 43～54，臺北：正中書局，1960 年 10 月。

8. 孫實明：〈揚雄的唯物主義和無神論〉，《簡明漢唐哲學史》，頁 52～57，哈爾濱：黑龍江人民出版社，1961 年 9 月。

9. 渡邊秀方著、劉侃元譯：〈揚雄〉，《中國哲學史概論》，頁 31～35，臺北：臺灣商務印書館，1965 年 1 月。

10. 賈豐臻〈揚雄〉，《中國理學史》，頁 126～129，臺北：臺灣商務印書館，1965 年 1 月。

11. 黃公偉：〈揚雄的復古思想〉，《中國哲學史》，頁 214～215，臺北：帕米爾書局，1966 年 11 月。

12. 謝无量：〈揚雄〉，《中國哲學史》，頁 246～249，臺北：中華書局，1967 年。

13. 郭湛波：〈揚雄〉，《中國中古思想史》，頁 157～166，香港：龍門書店，1967 年 12 月。

14. 王雲五：〈揚雄的政治思想〉，《兩漢三國政治思想》，頁 149～169，臺北：臺灣商務印書館，1968 年 12 月。

15. 周世輔：〈揚雄的哲學思想〉，《中國哲學史》，頁 205～209，臺北：三民書局，1971 年 1 月。

16. 周紹賢：〈揚雄〉，《兩漢哲學》，頁 157～165，臺北：文景出版社，1972 年 8 月初版。

17. 周紹賢：《漢代哲學》，頁 163～170，臺北：中華書局，1983 年 2 月。

18. 楊君勱：〈揚雄〉，《中華倫理思想史》，頁 128～132，臺北：臺灣商務印

書館，1973 年 7 月。

19. 嚴靈峰：〈周秦漢魏諸子知見書〉，《太玄研究》，頁 357～389，臺北：正中書局，1975 年。

20. 李鍌：〈揚雄〉，《王壽南　中國歷代思想家》，頁 1171～1258，臺北：臺灣商務印書館，1978 年 6 月。

21. 羅光〈揚雄的哲學思想〉，《中國哲學思想史（兩漢、南北朝篇）》，頁 217～251，臺北：臺灣學生書局，1978 年 11 月。

22. 黃錦鋐：〈揚雄——西漢孔學之殿將〉，《秦漢思想研究》，頁 271～303，臺北：學海出版社，1979 年 1 月。

23. 黎建球：〈揚雄〉，《中國百位哲學家》，頁 116～122，臺北：東大圖書公司，1979 年 4 月初版；1990 年 4 月再版。

24. 韋政通〈揚雄〉，《中國思想史》，頁 495～524，臺北：水牛出版社，1980 年 4 月初版；1986 年 10 月第 8 版。

25. 孫叔平：〈揚雄〉，《中國哲學史稿（上）》，上海：上海人民出版社，頁 298～308，1980 年 8 月。

26. 唐華：〈揚雄〉，《中國哲學思想史》，頁 436～445，臺北：大中國圖書公司，1981 年 6 月。

27. 臧廣恩：〈揚雄〉，《中國哲學史》，頁 143～146，臺北：臺灣商務印書館，1982 年 3 月。

28. 王友三：〈揚雄對神學目的論和神仙方術的批判〉，《中國無神論史綱》、頁 55～57，上海：上海人民出版社，1982 年 5 月。

29. 武內義雄：〈兩漢的諸子（揚雄）〉，《中國哲學思想史》，頁 149～154，新竹：仰哲出版社，1982 年 9 月。

30. 呂子方：〈天數在蜀——揚雄〉，《中國科學技術史論文集（上冊）》，頁 244～247，成都：四川人民出版社，1983 年 3 月。

31. 孫再生：〈揚雄學說中的形上思想〉，《漢唐文化思想與基督真理》，頁 26～28，臺北：弘智出版社，1983 年 12 月。

32. 勞思光：〈揚雄之思想〉，《新編中國哲學史（第二卷）》，頁 114～124，臺北：三民書局，1984 年 9 月。

33. 任繼愈：〈揚雄擺脫神學經學和創立新儒學理論的嘗試〉，《中國哲學發展史（秦漢篇），頁 364～415，北京：北京人民出版社，1985 年 2 月。

34. 陶建國：〈自然主義之覺醒·揚雄〉，《兩漢魏晉之道家思想》，頁 320～335，臺北：文津出版社，1986 年 8 月。

35. 蔡仁厚：〈揚雄之太玄與法言〉，《中國哲學史大綱》，頁 94～96，臺北：臺灣學生書局，1988 年 8 月

36. 唐君毅：〈漢世學者之模擬為學之道見於揚雄者〉，《中國哲學原論（原道篇·卷二）》，頁 749～752，臺北：臺灣學生書局，1973 年 5 月。

37. 燕國材：〈揚雄論性、神、學〉，《漢魏六朝心理思想研究》，頁 88～92，新店：谷風出版社，1988 年 6 月

38. 許結：〈揚雄與兩漢思想〉，《中國哲學史研究》，第 4 期（總第 33 期），頁 41～48，1988 年 10 月

39. 馮友蘭：〈揚雄〉，《中國哲學史新編（三）》，頁 21～35，北京：北京人民出版社，1986 年 9 月。

40. 楊憲邦：〈揚雄的唯物主義思想因素和無神論傾向〉，《中國哲學通史（第二卷）》，頁 111～116，北京：中國人民大學，1988 年 12 月。

41. 祝瑞開：〈揚雄的二元論傾向和改良思想〉，《兩漢思想史》，頁 249～259，上海：上海古籍出版社，1989 年 6 月。

42. 馮友蘭：〈揚雄〉，《中國哲學史》，頁 576～588，臺北：藍燈文化事業公司，1989 年 10 月。

43. 溫公頤：〈揚雄的數的演繹邏輯〉，《中國中古邏輯史》，頁 98～128，上海：上海人民出版社，1989 年 11 月。

44. 陳遵媯：〈漢代論天三家·渾蓋合一說〉，《中國天文學史（第六冊）》，頁 1836～1843，臺北：明文書局，1990 年 6 月。

45. 張立文：〈揚雄、張衡、王符的元氣思想〉，《氣》，頁 64～70，北京：北京人民出版社，1990 年 12 月。

46. 陳俊輝：〈揚雄〉，《中國哲學思想的古今》，頁 73～74，臺北：水牛出版社，1992 年 8 月。

47. 中國大百科全書出版社編輯部：〈秦漢哲學·揚雄·荀悅〉，《中國大百科全書出版社　中國哲學史通覽》，頁 135，上海：中國大百科全書出版社上海分社，1994 年 1 月。

48. 余書麟：〈揚雄的心理思想〉，《中國儒家心理思想史（上冊）》，頁 389～415，臺北：心理出版社，1994 年 8 月。

49. 唐宇元：〈揚雄「尚知」的知識道德論〉，《中國倫理思想史》，頁 143～151，
　　臺北：文津出版社，1996 年 8 月。

50. 岑溢成：〈漢代思想的兩種發展：揚雄與王充〉，《中國哲學史》，頁 284～
　　289，蘆洲：國立空中大學，1995 年 8 月。

51. 熊鐵基：〈論揚雄的道家思想〉，《秦漢新道家》，頁 408～433，上海：上
　　海人民出版社，2001 年 3 月。

52. 趙雅博：〈揚雄的思想〉，《秦漢思想批評史》，頁 205～260，臺北：文景
　　書局，2001 年 10 月。

53. 周立升：〈太玄對易、老的會通與重構〉，《兩漢易學與道家思想》，頁 105
　　～133，上海：上海文化出版社，2001 年 11 月。

54. 張濤：〈嚴遵易學對揚雄天人思想的影響〉，《秦漢易學思想研究》，頁 195
　　～211，北京：中華書局，2005 年 3 月。

55. 王鐵：〈宋代太玄學與易學的關係〉，《宋代易學，頁 104～110，上海：上
　　海古籍出版社，2005 年 9 月。

56. 金生楊：〈揚雄與太玄經〉，《漢唐巴蜀易學研究》，頁 75～148，成都：四
　　川巴蜀書社，2007 年 8 月。

57. 曾仕禮〈劉向、劉歆父子和揚雄、桓譚的無神論〉，《兩漢哲學》，頁 223
　　～244，昆明：雲南大學出版社，2011 年 4 月。

三、會議論文

1. 林宣祐：〈從太玄看揚雄的「宇宙論」思想〉，國立政治大學哲學研究所主
　　辦《第十屆政大哲學系研究生論文發表會》，2007 年 6 月 7～8 日，地點：
　　國立政治大學文學院百年樓一樓會議廳。

四、學位論文

1. 藍秀隆：《揚子法言研究》，臺北：國立政治大學中文研究所碩士論文，
　　169 頁，1972 年 6 月，熊公哲指導

2. 李周龍：《揚雄學案》，臺北：國立臺灣師範大學國文研究所博士論文，
　　542 頁，1979 年 5 月，高明、李鎏指導。

3. 張慧芳：《西漢之儒學》，臺北：國立臺灣師範大學國文研究所碩士論文，
　　122 頁，1982 年 5 月，黃錦鋐指導。

4. 石啟瑤：《揚雄的實踐哲學》，臺北：臺灣大學哲學研究所碩士論文，69
　　頁，1986 年 6 月，張永儁指導。

5. 劉韶軍：《太玄校注》，華中師範大學博士論文，1988 年。

6. 謝大寧：《從災異到玄學》，臺北：國立臺灣師範大學國文研究所博士論文，325 頁，1989 年 5 月，張亨、戴璉璋指導。

7. 許時珍：《揚雄桓譚的反讖緯神道思想》，臺北：國立政治大學中文研究所碩士論文，181 頁，1994 年 6 月，呂凱指導。

8. 劉慧珍：《漢代易象研究》，臺北：輔仁大學中國文學研究所博士論文，633 頁，1997 年 6 月，王金凌、曾春海指導。

9. 蔡妮芳：《理論與實踐——揚雄文學思想及其賦結合之考察》，臺中：逢甲大學中國文學所碩士論文，276 頁，2003 年 6 月，簡宗梧指導。

10. 黃嘉琳：《揚雄太玄法言之氣論思想研究》，臺北：中國文化大學中國文學研究所碩士論文，285 頁，2007 年 6 月，王俊彥指導。

11. 田小中：《太玄易學思想研究》，山東：山東大學博士論文，129 頁，2009 年 3 月，劉玉建教授指導。

12. 井雷：《《太玄》象數與漢代易學卦氣說》，山東：山東師範大學碩士論文，41 頁，2013 年 6 月，王克奇教授指導。